MANUAL BÍBLICO

DE MAPAS, GRÁFICOS E CRONOLOGIA

JOHN A. BECK

MANUAL BÍBLICO
DE MAPAS, GRÁFICOS E CRONOLOGIA

JOHN A. BECK

1ª edição
Santo André – SP
2021

Título original: *The Baker Book of Bible charts, maps, and time lines.*
Publicado originalmente por Baker Publishing Group, USA.

© Geográfica Editora
Todos os direitos desta obra pertencem a Geográfica Editora © 2024
O conteúdo desta obra é de responsabilidade de seus idealizadores.
www.geografica.com.br
Quaisquer comentários ou dúvidas sobre este produto escreva para:
produtos@geografica.com.br

Editores responsáveis
Maria Fernanda Vigon
Marcos Simas

Revisão
João Rodrigues
Marcelo Miranda
Nataniel Gomes
Ângela Baptista

Tradução
João Costa

Diagramação e capa
LET Design Brasil

Preparação de texto
Roberto Barbosa

SIGA-NOS NAS REDES SOCIAIS

 geograficaed

 geoeditora

 geograficaeditora

 geograficaeditora

B393m   Beck, John A.
                Manual bíblico de mapas, gráficos e cronologias / John A. Beck.
            – Santo André : Geográfica, 2021.

            240p. ; il. ; 17x24cm
            ISBN 978-65-5655-153-1

            1. Bíblia. 2. Geografia bíblica. 3. Mapa bíblico. 4. História. I. Título.

                                    CDU 22(091)

Índice

Parte Um - A Bíblia

Cronologia geral   11

Mapas da Bíblia

- Antigo Oriente e seus sistemas de estradas e caminhos
- Mundo mediterrâneo moderno
- Cidades do Antigo e do Novo Testamento na Terra Prometida
- Áreas geográficas da Terra Prometida
- Pluviosidade na Terra Prometida
- Sistemas de estradas e caminhos na Terra Prometida

Tabelas

- O lado humano da Bíblia
- O lado divino da Bíblia
- Panorama dos livros da Bíblia
- Tradução da Bíblia
- Textos antigos da Bíblia
- Plano de leitura da Bíblia em 52 semanas
- Preciso que Deus fale comigo
- Gêneros literários na Bíblia
- Cinquenta pessoas-chave na Bíblia
- Cinquenta lugares-chave na Bíblia
- A arqueologia e a Bíblia
- Períodos arqueológicos
- Glossário de termos arqueológicos
- Áreas geográficas da Terra Prometida
- Estações e cultura
- Circulação de ar na Terra Prometida
- Fontes para abastecimento de água na Terra Prometida
- Flora da Bíblia
- Fauna da Bíblia
- Calendário agrícola em Israel
- Agricultura
- Pesos e medidas
- Profetas da Bíblia (Que não são autores de livros completos)

Parte Dois - Antigo Testamento

Cronologia do Antigo Testamento   61

Mapas do Antigo Testamento

- Abraão e sua família na Terra Prometida
- Viagens de Abraão
- Êxodo e caminhada no deserto
- Conquista
- Divisões tribais
- Juízes
- Reino unido
- Reino dividido
- Exílio e retorno
- Império Assírio
- Império Babilônico
- Império Persa
- Jerusalém durante o período do Antigo Testamento

Tabelas

- Divisão canônica e organização do Antigo Testamento
- Antigas fontes adicionais
- Feriados e celebrações
- Alianças
- Divindades do Antigo Oriente e a Bíblia
- Expectativas do Antigo Testamento cumpridas por Jesus
- Armas do Antigo Testamento
- Ciclo da semana da criação em Gênesis 1.1–2.4
- Descendentes de Abraão
- Teofanias-chave em Gênesis
- Pragas, divindades e economia egípcias
- A data do êxodo
- Animais, insetos e a dieta israelita
- Cosmovisões bíblicas e do Antigo Oriente
- Sacrifícios do Antigo Testamento
- Marcha e acampamento israelitas
- Os números em Números
- Conquistas de Josué
- Guerra Santa
- Ciclos literários em Juízes
- Juízes
- Arca da aliança em movimento
- Reinado
- Rei Saul, sucessos e fracassos
- A família de Davi
- Rei Davi, sucessos e fracassos
- Apresentação paralela de Saul e Davi
- Rei Salomão, sucessos e fracassos
- Nações vizinhas de Israel
- Dinastias do Reino do Norte (Israel)
- Governadores do Reino do Sul (Judá)
- Reis de Israel e de Judá
- Reis da Síria
- Reis da Assíria
- Assíria, Israel e Judá
- Reis da Neo-Babilônia
- Reis da Pérsia
- Profetas do Antigo Testamento
- Tipos de Salmos
- Lendo a poesia do Antigo Testamento
- Literatura de sabedoria
- Exílios e regressos
- O sonho de Nabucodonosor e as visões de Daniel

Arqueologia do Antigo Testamento 128

Ilustrações ou reconstruções

- Arca de Noé
- Tabernáculo
- Indumentária do sumo sacerdote
- Templo de Salomão
- Mobiliário de adoração
- Típica casa israelita de quatro cômodos
- Tenda beduína
- Práticas de sepultamento
- Sistemas de defesa da cidade
- Embarcações antigas: mercantis e militares
- Instrumentos musicais
- Jerusalém de Davi
- Jerusalém de Salomão
- Jerusalém de Ezequias

Parte Três - Novo Testamento

Cronologia do Novo Testamento 155

Mapas do Novo Testamento

- Israel no período do Novo Testamento
- Galileia nos tempos de Jesus
- Galileia e regiões circunvizinhas nos tempos de Jesus
- Jerusalém no período do Novo Testamento
- Primeiras viagens de Filipe, Pedro e Paulo
- Primeira viagem missionária de Paulo
- Segunda viagem missionária de Paulo
- Terceira viagem missionária de Paulo
- Paulo viaja até Roma
- As sete igrejas do Apocalipse
- Centros populacionais judaicos no mundo romano

Tabelas

- Citações-chave do Antigo Testamento no Novo Testamento
- Figuras-chave do Antigo Testamento no Novo Testamento
- Promessas de Jesus cumpridas antes de 100 d.C.
- Seitas judaicas e Jesus
- Sistema monetário do Novo Testamento
- Mundo religioso greco-romano
- Roma e suas províncias
- Imperadores romanos e o Novo Testamento
- Prefeitos romanos e o Novo Testamento
- Reis herodianos e o Novo Testamento
- Genealogias de Jesus
- Harmonia dos Evangelhos
- Os apóstolos
- Sermões e discursos de Jesus
- Declarações de Jesus como o "Eu Sou"
- Milagres de Jesus
- Parábolas e ilustrações de Jesus
- Do Domingo de Ramos para o Domingo de Páscoa
- A localização da morte e ressurreição de Jesus
- Sermões e discursos-chave em Atos
- Ministério e cartas de Paulo
- Dons espirituais
- Lendo o livro de Apocalipse

Arqueologia do Novo Testamento   210

Ilustrações ou reconstruções

- Casa judaica (caverna)
- Complexo domiciliar ínsula
- Cafarnaum
- Sinagoga
- Técnicas de pesca
- Mikveh
- Mesa de triclínio
- Métodos de crucificação
- Túmulo Kochim
- Complexo do templo de Herodes
- Design do templo no Novo Testamento
- Jerusalém no período do Novo Testamento
- Jesus em Jerusalém
- Palácio e porto de Cesareia Marítima
- Templo de Ártemis em Éfeso

Índice de mapas

PARTE 1

A BÍBLIA

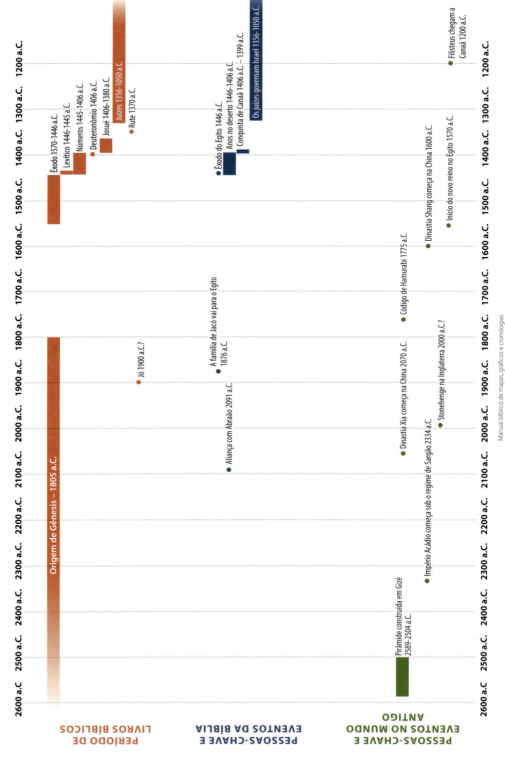

CRONOLOGIA GERAL

Manual bíblico de mapas, gráficos e cronologias

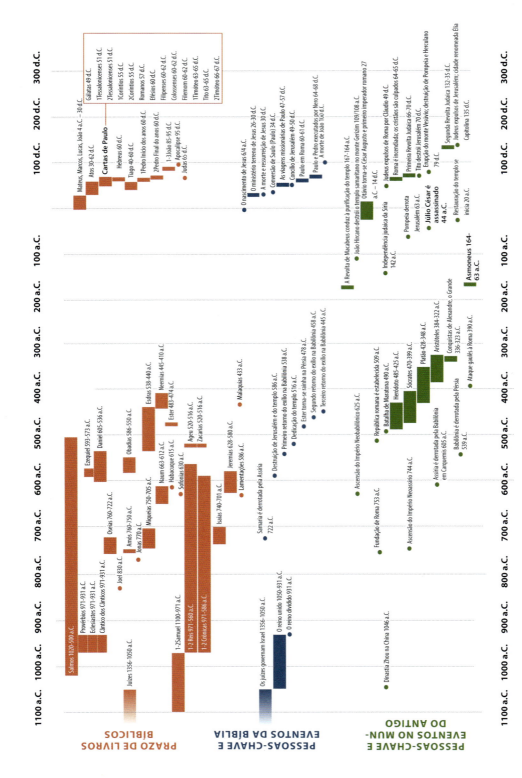

Manual bíblico de mapas, gráficos e cronologias

Antigo oriente e seus sistemas de estradas e caminhos

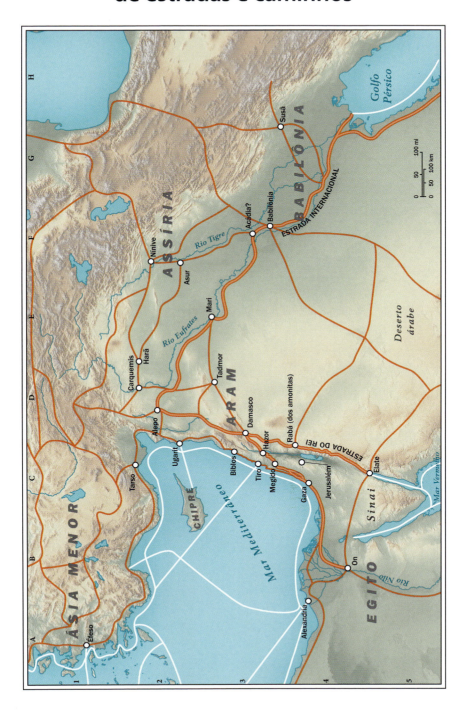

Mundo mediterrâneo moderno

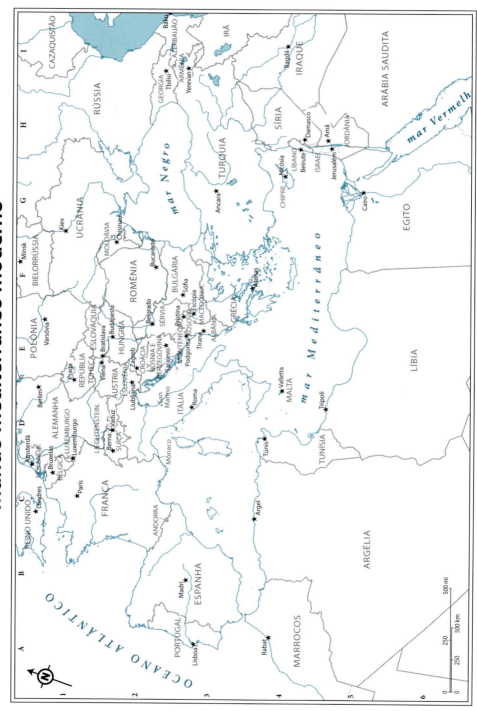

Manual bíblico de mapas, gráficos e cronologias

Cidades na Terra Prometida – Antigo e Novo Testamento

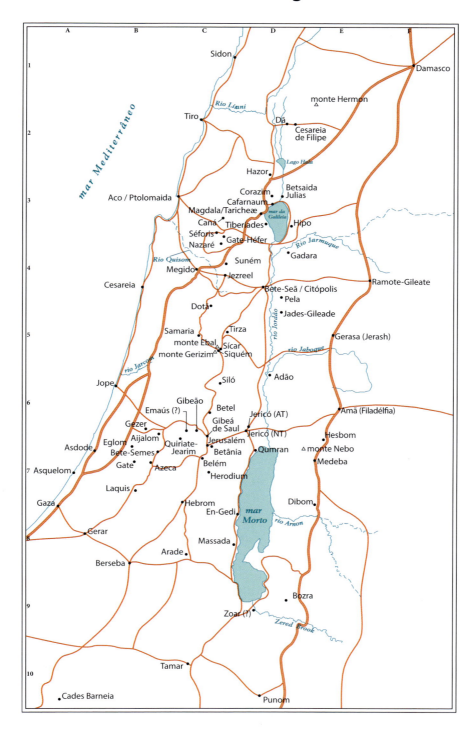

Manual bíblico de mapas, gráficos e cronologias

Áreas geográficas da Terra Prometida

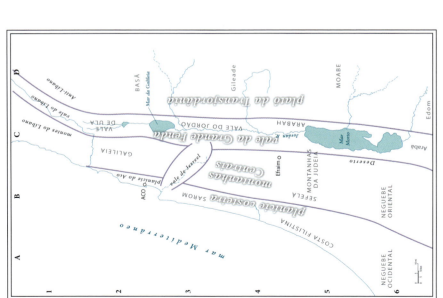

Pluviosidade na Terra Prometida

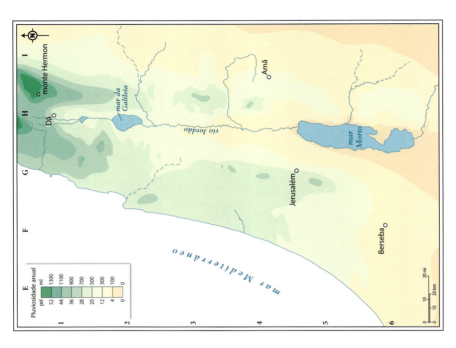

Manual bíblico de mapas, gráficos e cronologias

Sistemas de estradas e caminhos na Terra Prometida

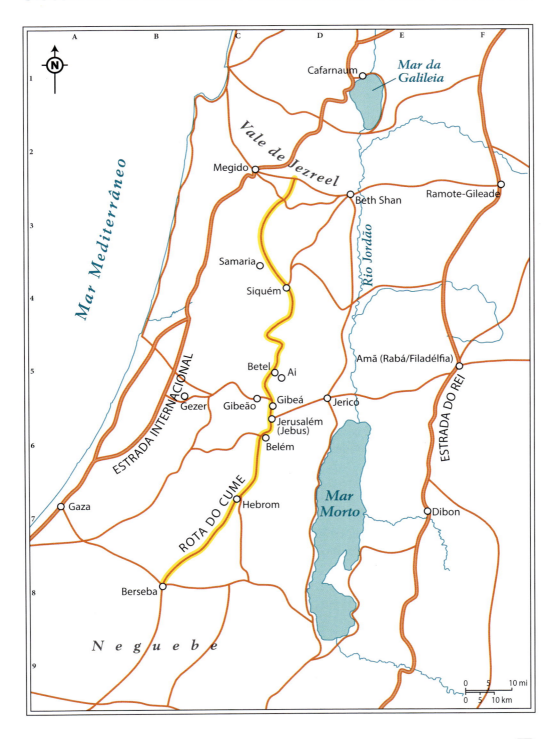

Manual bíblico de mapas, gráficos e cronologias

O lado humano da Bíblia

A Bíblia é uma coletânea de livros com uma perspectiva humana.

Passagem-chave na Bíblia

2Pedro 1.21

Fatos

- A Bíblia foi escrita por cerca de quarenta autores diferentes, que vieram de uma variedade ampla de origens, como: política, medicina, pecuária, pesca e coleta de impostos.
- A Bíblia foi escrita do século 15 a.C. até o século 1 d.C.
- A Bíblia foi escrita em diversos lugares, incluindo África, Oriente Médio e Europa.
- A Bíblia foi escrita em línguas conhecidas: hebraico, aramaico e grego.

Impacto

- Os livros da Bíblia diferem uns dos outros em seu estilo de escrita.
- Os livros da Bíblia incluem referências à geografia e à cultura das pessoas que os escreveram.
- Os livros da Bíblia apresentam o mundo usando a perspectiva científica da época de seus autores.
- Os livros da Bíblia podem apresentar os mesmos pensamentos de Deus em diferentes perspectivas.
- Os livros da Bíblia soam verdadeiros e relevantes porque fluem da vida de pessoas reais, que experimentaram as mesmas questões que nós enfrentamos.

O lado divino da Bíblia

A Bíblia é uma coletânea de livros que apresentam os pensamentos de Deus.

Passagens-chave na Bíblia

João 17.17
1Coríntios 2.13
2Timóteo 3.16-17
2Pedro 1.20-21

Fatos

- A Bíblia chegou até nós por meio de um processo sobrenatural chamado inspiração divina.
- O Espírito Santo convergiu os pensamentos de Deus em texto, por intermédio de mãos humanas, sem extinguir as origens, os vocabulários e os estilos únicos dos escritores.
- O Espírito Santo supervisionou os escritores, de modo a evitar erros naquilo que escreveram.
- A Bíblia apresenta uma compreensão a respeito da vida indisponível em qualquer outra fonte.

Impacto

- A Bíblia é verdadeira em tudo aquilo que afirma.
- A Bíblia é digna de nossa atenção e confiança.
- A Bíblia nos concede respostas transformadoras para as grandes questões e dilemas da vida.

Panorama dos livros da Bíblia

Gênesis

Este livro "dos começos" apresenta a origem do mundo e sua ruína em virtude do pecado, antes de Deus revelar seu plano para redimir o mundo por meio de um Salvador, que está vinculado ao povo escolhido, Israel, uma nação descendente da família de Abraão.

Organização

1. Nosso mundo criado e arruinado – Gênesis 1-11
2. O plano da salvação de Deus e a família de Abraão – Gênesis 12-50

Conteúdo-chave

A queda – Gênesis 3.1-24
Primeira promessa de um Salvador – Gênesis 3.15
Aliança com Noé – Gênesis 9.8-17
Aliança com a família de Abraão – Gênesis 12.1-7; 15.1-21; 17.1-16

Êxodo

Com Moisés como líder, o Senhor leva Israel da escravidão no Egito ao monte Sinai, onde os organiza como o povo da sua aliança.

Organização

1. Israel no Egito – Êxodo 1-11
2. Do Egito ao Sinai – Êxodo 12-18
3. A aliança mosaica e o código da lei – Êxodo 19-40

Conteúdo-chave

Deus chama Moisés para liderar Israel – Êxodo 3.1-4.17
As dez pragas – Êxodo 7.14-12.30
A travessia do mar Vermelho – Êxodo 13.17-14.31
Dez Mandamentos – Êxodo 20.1-17
Bezerro de ouro – Êxodo 32.1-35

Levítico

Deus oferece instruções detalhadas sobre como Israel deve pensar, viver e adorar como uma nação santa, separada de todos os outros povos, como seu povo da aliança.

Organização

1. Instruções sobre como se tornar santo – Levítico 1-16
2. Instruções sobre como manter santidade (Código de Santidade) – Levítico 17-27

Conteúdo-chave

O chamado para ser santo – Levítico 11.45; 19.2; 20.26
Leis alimentícias – Levítico 11.1-47; 17.1-16
Dia da expiação – Levítico 16.1-34

Números

Embora Israel tivesse se tornado uma nação numericamente considerável, sua fé não tinha crescido com seus números. Este registro dos 38 anos de Israel no deserto é marcado por repetidas rebeliões e punições da parte de Deus, culminando em Israel se aproximando, mas falhando, em entrar na terra prometida.

Organização

1. Recenseamento e preparação para deixar o monte Sinai – Números 1-9
2. Rebelião e peregrinação no deserto – Números 10-25
3. Preparativos para entrar na terra prometida – Números 26-36

Conteúdo-chave

Rebelião contra a liderança de Moisés – Números 12.1-16
Rebelião do povo em virtude do relatório sobre a terra prometida – Números 13.1-14.45
Rebelião contra Arão – Números 16.1-50
Rebelião de Moisés – Números 20.1-13
Rebelião de Balaão – Números 22.1-35

Deuteronômio

Este livro apresenta uma série de orientações dadas por Moisés – que está prestes a morrer – aos israelitas, que estão prestes a entrar na terra prometida. Essas orientações contêm uma mistura de história e lei, destinada a encorajar a fidelidade absoluta de Israel à aliança, e suas obrigações definidas dentro dela.

Organização

1. Panorama histórico – Deuteronômio 1-4
2. Termos da aliança – Deuteronômio 5-26
3. Aviso final e encorajamento – Deuteronômio 27-34

Conteúdo-chave

Dez Mandamentos – Deuteronômio 5.1-21
Shemá – Deuteronômio 6.4-9
Bênçãos e maldições – Deuteronômio 28.1-68
A morte de Moisés – Deuteronômio 34.1-12

Josué

Israel derrota os principais centros urbanos cananeus em várias batalhas, tomando, assim, a terra conforme a promessa feita pelo Senhor a Abraão. A terra conquistada é, então, dividida proporcionalmente entre as 12 tribos de Israel.

Organização

1. Conquista da terra prometida—Josué 1–12
2. Divisão da terra prometida—Josué 13–21
3. O altar da testemunha e a palavra final de Josué—Josué 22–24

Conteúdo-chave

Raabe esconde os espias—Josué 2
Cruzando o rio Jordão—Josué 3–4
A queda de Jericó—Josué 6
Renovação do convênio em Siquém—Josué 8:30–35; 24:1–27

Juízes

A falha de Israel em concluir a conquista dos cananeus que deixaram a terra, resultou na assimilação da adoração e da ideologia pagã. Juízes apresenta uma série de histórias individuais, organizadas em um padrão que mostra o povo de Deus em um ciclo destrutivo de apostasia e punição, causado pela infidelidade à aliança..

Organização

1. A falha da última conquista – Juízes 1 e 2
2. Seis episódios de apostasia, opressão e libertação – Juízes 3-16
3. O caos reina – Juízes 17 - 21

Conteúdo-chave

Eúde – Juízes 3.12-30
Débora – Juízes 4-5
Gideão – Juízes 6-8
Sansão – Juízes 13-16

Rute

Durante o período tumultuado dos Juízes, Rute, a moabita, e Boaz, um israelita, ilustram a fidelidade e a bondade que fluem de um relacionamento saudável com o Senhor; por sua vez, o Senhor expõe as bênçãos que ele deseja derramar sobre aqueles que vivem cheios de fé. Rute torna-se bisavó de Davi e uma ancestral de Jesus.

Organização

1. Rute se conecta com Israel e o Senhor – Rute 1
2. Rute encontra Boaz – Rute 2
3. Rute e Boaz tornam-se uma família – Rute 3 e 4

Conteúdo-chave

Seu Deus é o meu Deus – Rute 1.16-17
A genealogia de Davi – Rute 4.13-22

1º e 2º Samuel

Estes livros contam a história da transição ocorrida em Israel, da incerteza moral e política do tempo dos juízes para a maior estabilidade e sucesso da nação sob o regime monárquico. O rei de Israel deve governar como um campeão da aliança mosaica e como um modelo do filho maior de Davi, o Messias, que governará em um reino eterno.

Organização

1. Os dias de Samuel – 1Samuel 1-7
2. Os dias de Samuel e Saul – 1Samuel 8-15
3. Os dias de Saul e Davi – 1Samuel 16-21
4. Os dias de Davi – 2Samuel 1-24

Conteúdo-chave

O chamado de Samuel – 1Samuel 3
Narrativas da Arca – 1Samuel 4-6
Israel pede um rei – 1Samuel 8.6, 20
Davi e Golias – 1Samuel 17
A morte de Saul – 1Samuel 31
Jerusalém torna-se a capital – 2Samuel 5.6-12
A arca da aliança em Jerusalém – 2Samuel 6
A aliança davídica – 2Samuel 7.8-16
Davi e Bate-Seba – 2Samuel 11

1º e 2º Reis

Estes livros apresentam o governo de Salomão, a divisão de seu reino e o declínio espiritual de Israel e Judá, que culmina no seu exílio em terra estrangeira. Eles ilustram que as fortunas crescentes e decrescentes desses reis e seus súditos, estão relacionadas à sua vacilante dedicação à aliança mosaica.

Organização

1. Salomão – 1Reis 1-11
2. O reino dividido de Israel e Judá – 1Reis 12 – 2Reis 17
3. Judá – 2Reis 18-25

Conteúdo-chave

A sabedoria de Salomão – 1Reis 3
A construção e a dedicação do templo – 1Reis 5-8
A visita da rainha de Sabá – 1Reis 10.1-13
O reino é dividido – 1Reis 12.1-24
Adoração do bezerro de ouro – 1Reis 12.25-33
Elias e os profetas de Baal – 1Reis 18
As vinhas de Nabote – 1Reis 21

Elias é levado aos céus – 2Reis 2.1-18
Eliseu ora e o filho de uma mulher sunamita ressuscita – 2Reis 4.8-37
Exílio de Israel – 2Reis 17
As reformas de Ezequias – 2Reis 18.1-8
As reformas de Josias – 2Reis 22.1-23.25
Exílio de Judá – 2Reis 25.1-21

1° e 2° Crônicas

Estes dois livros recontam a história do povo de Deus, com ênfase especial nos tempos de Davi, de Salomão e dos reis de Judá. Mesmo apresentando o exílio como o preço dos pecados de Israel, o tom é mais positivo, apontando para o sucesso futuro, que a obediência à aliança de Moisés irá trazer.

Organização

1. Genealogias de Adão até o retorno do exílio – 1Crônicas 1-9
2. O reino de Davi – 1Crônicas 10-29
3. O reino de Salomão – 2Crônicas 1-9
4. Reis de Judá – 2Crônicas 10-36

Conteúdo-chave

A morte de Saul – 1Crônicas 10
Davi conquista Jerusalém – 1Crônicas 11.4-9
Aliança de Davi – 1Crônicas 17
A sabedoria de Salomão – 2Crônicas 1.1-12
A construção do templo – 2Crônicas 3-4
O reino se divide – 2Crônicas 10
As reformas de Ezequias – 2Crônicas 29
As reformas de Josias – 2Crônicas 34
Exílio e retorno de Judá – 2Crônicas 36.15-23

Esdras

Após o exílio, Judá retorna para a terra prometida e restabelece a adoração no templo em Jerusalém. Mas esses dias cheios de alegria são conturbados com desafios que acompanham a reconstrução do templo e com o trabalho de reparação espiritual que precisa ocorrer na vida dos exilados que retornam, para que eles possam se tornar o povo fiel de Deus que foram chamados a ser.

Organização

1. Primeiro retorno supervisionado por Zorobabel – Esdras 1 e 2
2. Reconstrução do templo e restauração da adoração – Esdras 3-6
3. Segundo retorno supervisionado por Esdras e suas reformas – Esdras 7-10

Conteúdo-chave

Decreto de Ciro liberta os exilados – Esdras 1.1-4
Fundação do templo estabelecida – Esdras 3.7-13
Conclusão e dedicação do templo – Esdras 6.13-18
O problema dos casamentos indevidos – Esdras 9.1-10.17

Neemias

Neemias retorna à Jerusalém com a missão de reconstruir os muros de defesa da cidade. Entretanto, é a restauração espiritual de Israel liderada por Esdras e Neemias, e não a reconstrução dos muros, que traz a verdadeira segurança para o povo de Deus.

Organização

1. Neemias reconstrói os muros – Neemias 1-7
2. Esdras lê a lei e edifica o povo – Neemias 8-12
3. Neemias lê a lei e edifica o povo – Neemias 13

Conteúdo-chave

Neemias retorna da Pérsia – Neemias 2.1-10
Neemias inspeciona o muro – Neemias 2.11-18
Dedicação do muro – Neemias 12.27-47

Ester

O livro de Ester conta a história de uma jovem judia exilada, que se torna rainha da Pérsia a fim de defender o plano de Deus de resgatar, mais uma vez, seu povo escolhido de uma aniquilação autorizada pelo governo. Esta história é a base da festa judaica do Purim.

Organização

1. Ester torna-se uma rainha – Ester 1.1-2.18
2. Ameaças reveladas – Ester 2.19-3.15
3. Ester contesta a ameaça – Ester 4-8
4. A festa judaica do Purim – Ester 9, 10

Conteúdo-chave

O apelo apaixonado de Mordecai por Ester – Ester 4.12-14
O Purim é estabelecido – Ester 9.18-28

Jó

Esta história extensa, com longo diálogo, explora as causas do sofrimento na vida do povo de Deus. Porque os mortais são incapazes de se erguerem acima do horizonte de suas próprias limitações, uma explicação satisfatória para cada situação de sofrimento não será encontrada. Nosso espírito cansado, encontra descanso apenas confiando no Deus todo-poderoso e onisciente, que nos ama.

Organização

1. O bem-estar de Jó é tirado – Jó 1-2
2. A causa é explorada por meio do diálogo – Jó 3-37
3. Deus declara seu poder e seus conhecimentos sem limites – Jó 38-41
4. O bem-estar de Jó é restaurado – Jó 42

Conteúdo-chave

O Senhor deu e o Senhor tomou – Jó 1.21
Eu sei que meu Redentor vive – Jó 19.25
Poema: "Onde a sabedoria pode ser encontrada?" – Jó 28

Salmos

Os Salmos são uma coleção de poesias divinamente inspirada que encontra palavras para cada estação da vida. Aqui, nós encontramos refinadas composições, em forma de canções, de instrução e correção, poemas que dão voz à nossa tristeza e à nossa alegria e refrãos que elevam nosso coração em ações de graça.

Organização

1. Livro 1 – Salmos 1-41
2. Livro 2 – Salmos 42-72
3. Livro 3 – Salmos 73-89
4. Livro 4 – Salmos 90-106
5. Livro 5 – Salmos 107-150

Conteúdo-chave

Uma vida abençoada – Salmo 1
O Senhor é meu Pastor – Salmo 23
Deus é nosso refúgio e nossa força – Salmo 46
Tenha misericórdia de mim – Salmo 51
Louve o Senhor – Salmo 103
Cânticos da subida – Salmos 120-134

Provérbios

Este livro é uma coletânea de provérbios ou declarações, que investigam e ensinam os saberes, habilidades e atitudes básicas necessárias para uma vida bem-sucedida. Toda essa sabedoria é baseada em uma confiança absoluta no Senhor.

Organização

1. Introdução à sabedoria e seu valor – Provérbios 1-9
2. Seis coletâneas de provérbios de sabedoria – Provérbios 10-31

Conteúdo-chave

O temor do Senhor é o princípio da sabedoria – Provérbio 1.7
Confia no Senhor de todo o seu coração – Provérbios 3.5
A esposa de caráter exemplar – Provérbios 31.10-31

Eclesiastes

Eclesiastes é uma reflexão que explora os muitos caminhos diferentes que prometem uma vida significativa e satisfatória. A conclusão é que viver sem Deus leva ao desapontamento.

Organização

1. Observação geral dos caminhos que prometem uma vida significativa – Eclesiastes 1-11
2. Lembre-se do seu criador – Eclesiastes 12

Conteúdo-chave

Nada faz sentido – Eclesiastes 1.2
Há tempo para tudo – Eclesiastes 3.1-8
Tema o Senhor e guarde seus mandamentos – Eclesiastes 12.13-14

Cântico dos Cânticos

Este livro é uma série de poemas líricos que celebram a intimidade sexual e o prazer que o Senhor quer que um marido desfrute com sua esposa.

Organização

1. Antecipação – Cântico 1-3
2. Casamento – Cântico 4
3. Prazer – Cântico 5-8

Conteúdo-chave

Você fez meu coração disparar – Cântico 4.9
A beleza da esposa celebrada em metáforas – Cântico 4.1-7; 7.1-9

Isaías

Isaías exorta Judá a se arrepender de sua rebelião contra Deus, advertindo-a sobre o exílio da terra prometida. Quando o exílio para a Babilônia acontece, Isaías se utiliza de palavras de consolo e encorajamento, falando do perdão que o Messias trará e da vida em um lar eterno.

Organização

1. Juízo divino para Judá e as nações – Isaías 1-39
2. Consolo para Judá e as nações – Isaías 40-66

Conteúdo-chave

Cântico da vinha – Isaías 5.1-7
A vocação de Isaías – Isaías 6

Um menino nos nasceu – Isaías 9.1-7
Consolem, consolem meu povo – Isaías 40.1-8
Servo sofredor – Isaías 53
Levante-se e brilhe, porque a sua luz chegou – Isaías 60.1-3
Novos céus e nova terra – Isaías 65.17-25

Jeremias

Jeremias censura o povo de Deus por não assumir a sua responsabilidade em viver de acordo com a aliança e condena os reis que estão exilando seu povo. Quando seu persistente chamado ao arrependimento fracassa, o exílio babilônico torna-se uma realidade. Então, Jeremias profetiza a restauração dentro de setenta anos, tornada possível pela misericórdia de Deus e o retorno à fidelidade à aliança.

Organização

1. O chamado de Jeremias – Jeremias 1
2. Palavras vívidas de advertência e esperança – Jeremias 2-35
3. Jeremias sofre e Jerusalém declina – Jeremias 36-45
4. Julgamento das nações – Jeremias 46-51
5. Revisitando a destruição de Jerusalém – Jeremias 52

Conteúdo-chave

Sermão no templo – Jeremias 7
Um renovo justo – Jeremias 23.5-6
Carta aos exilados – Jeremias 29
Nova Aliança – Jeremias 31.31-34
Jeremias é levado ao Egito – Jeremias 42-43

Lamentações

Esta coleção de lamentos poéticos dá voz à tristeza e ao horror causados pela destruição de Jerusalém e pela demolição do templo.

Organização

1. A cidade chora – Lamentações 1
2. É Deus que está operando – Lamentações 2
3. Esperança no meio das cinzas – Lamentações 3
4. Terror – Lamentações 4
5. Pedido de perdão – Lamentações 5

Conteúdo-chave

Vocês não se comovem, todos vocês que passam por aqui? – Lamentações 1.12
Graças ao grande amor do Senhor é que não somos consumidos – Lamentações 3.22

Ezequiel

Como um companheiro exilado na Babilônia, Ezequiel emprega linguagem altamente visual para fundamentar a razão do exílio, antes de declarar a promessa de restauração.

Organização

1. O chamado de Ezequiel – Ezequiel 1-3
2. Profecias contra Judá e Jerusalém – Ezequiel 4-24
3. Profecias contra as nações – Ezequiel 25-32
4. Profecias de restauração – Ezequiel 33-48

Conteúdo-chave

O cerco simbolizado de Jerusalém – Ezequiel 4
A glória de Deus deixa o templo – Ezequiel 10
Pastores do povo de Deus – Ezequiel 34
Vale de ossos secos – Ezequiel 37
Visão do templo e retorno do Senhor – Ezequiel 40-43
Um rio purificador flui do templo – Ezequiel 47

Daniel

Usando os eventos da vida de Daniel e suas visões a respeito do futuro, o povo de Deus é lembrado no exílio de que o Senhor determinará seu destino. Há esperança para aqueles que estão exilados, porque o Messias estabelecerá o reino de Deus à custa de qualquer nação que se oponha a ele.

Organização

1. Eventos da vida de Daniel e seus amigos – Daniel 1-6
2. Visões do futuro – Daniel 7-12

Conteúdo-chave

Uma estátua representando quatro impérios mundiais – Daniel 2
A fornalha ardente – Daniel 3
A escrita na parede – Daniel 5
Daniel na cova dos leões – Daniel 6
Filho do homem e Ancião dos Dias – Daniel 7.13-14

Oseias

Nos dias que antecederam a queda do Reino do Norte pela Assíria, a adoração ao Senhor foi deteriorada em formalismo vazio, enquanto o povo buscava apaixonadamente adorar o deus Baal. Oseias compara Israel à sua esposa infiel, que, embora punida, terá uma segunda chance.

Organização

1. Mulher infiel, marido fiel – Oseias 1-3
2. Israel infiel, Deus fiel – Oseias 4-14

Conteúdo-chave

O conturbado casamento de Oseias – Oseias 1.2-9
Vinde, voltemos ao Senhor – Oseias 6.1
Misericórdia, não sacrifício – Oseias 6.6
Colhendo tempestade – Oseias 8.7

Joel

Uma horrível peste de gafanhotos, que afeta Judá, torna-se um símbolo do julgamento iminente no Dia do Senhor. Apenas aqueles que se arrependem e confiam na misericórdia de Deus serão poupados.

Organização

1. O dia do Senhor e a praga dos gafanhotos – Joel 1.1-2.17
2. A misericórdia de Deus prevalece – Joel 2.18-3.21

Conteúdo-chave

Não rasgueis as vossas vestes – Joel 2.13
Derramar do Espírito Santo – Joel 2.28-32
Vale de Josafá (julgamento) – Joel 3.2

Amós

Como os ricos no Reino do Norte desfrutam de um momento econômico mais próspero, aderem à adoração de Baal com atos de injustiça, ignorando as necessidades dos pobres e as exigências de Deus. Amós declara que essas questões serão tratadas futuramente, no Dia do Senhor.

Organização

1. Julgamento sobre as nações – Amós 1.1-2. 5
2. Julgamento sobre Israel – Amós 2.6-6.14
3. Visões de julgamento e restauração – Amós 7-9

Conteúdo-chave

Que a justiça seja como um rio – Amós 5.24
O prumo divino – Amós 7.7-9
Restauração da tenda caída de Davi – Amós 9.11

Obadias

Embora relacionados com Israel e obrigados a apoiá-los na realização de sua missão, os edomitas se regozijaram com suas desgraças e, até mesmo, se mobilizaram para prejudicar o povo de Deus durante a invasão babilônica da terra prometida. O dia do Senhor é profetizado para eles.

Organização

1. O pecado de Edom – Obadias 1-14
2. O castigo de Edom – Obadias 15-21

Conteúdo-chave

A águia não voará mais – Obadias 4

Jonas

A vida de Jonas se torna a grande mensagem. À medida que Deus corrige a sua estreita visão a respeito de quem merece a misericórdia divina, ele próprio vai sendo corrigido. A misericórdia de Deus se estende além dos limites que erguemos, para aqueles que parecem menos merecedores dela.

Organização

1. Jonas foge da missão – Jonas 1-2
2. Missão cumprida apesar de Jonas – Jonas 3-4

Conteúdo-chave

O chamado de Jonas – Jonas 1.1-2
O grande peixe – Jonas 1.17
Não devo me preocupar? – Jonas 4.11

Miqueias

Enquanto a Assíria se prepara para invadir Israel e Judá, Miqueias conecta essa invasão com uma falta de justiça social e adoração difusa de Deus, que são um produto do relacionamento quebrado de Israel com o Senhor. Palavras de julgamento são alternadas com palavras de esperança.

Organização

1. Julgamento sobre Israel e Judá – Miqueias 1-3
2. Esperança para Israel e Judá – Miqueias 4-5
3. O caso da destruição de Israel – Miqueias 6
4. Sião tem razão para a esperança – Miqueias 7

Conteúdo-chave

O Rei de Belém – Miqueias 5.2
Aja com justiça, ame a misericórdia, ande humildemente – Miqueias 6.8
Eu espero pelo Senhor – Miqueias 7.7

Naum

O Senhor ordenou aos assírios que punissem Israel, mas essa nação gentílica realizou sua tarefa com extrema crueldade. Consequentemente, Naum usa uma linguagem viva e gráfica para a crueldade correspondente que cairá sobre a capital assíria de Nínive.

Organização

1. O caso contra Nínive – Naum 1
2. O ataque a Nínive – Naum 2-3

Conteúdo-chave

Deus é um refúgio para o seu povo perturbado – Naum 1.7

Habacuque

O livro apresenta um diálogo entre Deus e o profeta. Habacuque suscita duas questões que os fiéis em Israel estão levantando: Por que Deus permite que a maldade prospere em Judá? Como Deus poderia usar a Babilônia pagã para punir o seu povo escolhido?

Organização

1. Por que o mal fica impune? – Habacuque 1.1-11
2. Por que punir com a injusta Babilônia? – Habacuque 1.12-2.20
3. As respostas de Deus produzem confiança e alegria – Habacuque 3

Conteúdo-chave

Por que ficas calado, Senhor? – Habacuque 1.13
Eu exultarei no Senhor e me alegrarei no Deus da minha salvação – Habacuque 3.18

Sofonias

O Dia do Senhor será um dia de julgamento para Judá e para as nações, à medida que rejeitam o governo de Deus e o demovem do lugar devido na vida deles. Mas também será um dia de libertação para o remanescente fiel, que será trazido para casa e honrado perante todas as pessoas da terra.

Organização

1. Julgamento sobre Judá e as nações – Sofonias 1.1-3.8
2. Redenção dos fiéis – Sofonias 3.9-20

Conteúdo-chave

O grande dia do Senhor – Sofonias 1.14-18

Ageu

O retorno do exílio criou a oportunidade para o povo reconstruir o templo do Senhor e viver de maneira santa, mas atitudes equivocadas e prioridades erradas fizeram com que o projeto parasse e a vida de fé declinasse. Ageu pede uma mudança de coração para que o templo e as pessoas possam estar preparados para a chegada do Messias.

Organização

1. Chamado para reconstruir o templo – Ageu 1.1-2.9
2. Chamado para uma vida santa – Ageu 2.10-19
3. Chamada à confiança – Ageu 2.20-23

Conteúdo-chave

Glória do novo templo – Ageu 2.9
Zorobabel como anel de selar – Ageu 2.23

Zacarias

Palavras de encorajamento, para reiniciar a construção do templo em Jerusalém, juntam-se com visões e linguagem que exortam Israel a se preparar em todas as dimensões da vida e do pensamento para o tempo da vinda do Messias.

Organização

1. Chamado ao arrependimento – Zacarias 1.1-6
2. Oito visões – Zacarias 1.7-6.8
3. Prepare-se para a vinda do Messias – Zacarias 6.9-8.23
4. O tempo da vinda do Messias – Zacarias 9-14

Conteúdo-chave

A entrada do Messias em Jerusalém – Zacarias 9.9
Olharão para mim, aquele a quem traspassaram – Zacarias 12.10
Golpeie o pastor, e as ovelhas se espalharão – Zacarias 13.7

Malaquias

A passagem do tempo começou a minar a confiança nos dias vindouros prometidos pelos profetas. Em seis diálogos, Malaquias argumenta que o atraso não é causa para se tornar descuidado em ter uma vida santa ou para duvidar de que o dia do Senhor está próximo.

Organização

1. O amor de Deus confirmado – Malaquias 1.1-5
2. Chamado ao arrependimento – Malaquias 1.6-2.17
3. O Dia do Senhor está próximo – Malaquias 3-4

Conteúdo-chave

O precursor, um novo Elias – Malaquias 3.1; 4.5
O sol da justiça se levantará – Malaquias 4.2

Mateus

A história de Jesus é contada para enfatizar sua identidade como o Messias, o filho real de Davi, que cumpre as profecias do Antigo Testamento que prometiam antecipadamente a sua vinda.

Esboço

1. Nascimento e primeiros anos – Mateus 1-2
2. O ministério de Jesus – Mateus 3-20
3. A paixão e ressurreição de Jesus – Mateus 21-28

Conteúdo-chave

Jesus, o Emanuel – Mateus 1.22
Visita dos magos – Mateus 2.1-12
Viagem para o Egito – Mateus 2.13-18
Sermão do Monte – Mateus 5-7
Tu és o Cristo – Mateus 16.16
Parábola das dez virgens – Mateus 25.1-13
As ovelhas e os bodes – Mateus 25.31-46
A Grande Comissão – Mateus 28.16-20

Marcos

Esta apresentação mais simples e mais objetiva da vida de Jesus, enfatiza a necessidade do Filho do homem sofrer para cumprir sua missão na terra como Redentor. Marcos dedica-se em particular ao reconhecimento público de Jesus como aquele que ensina com autoridade.

Esboço

1. O ministério de Jesus – Marcos 1-10
2. A paixão e ressurreição de Jesus – Marcos 11-16

Conteúdo-chave

Autoridade – Marcos 1.22, 27; 2.10; 3.15; 6.7; 10.42; 11.27-29, 33
Nomeação dos Doze – Marcos 3.13-19
Ressuscitando a filha de Jairo – Marcos 5.21-43
Cego curado em Betsaida – Marcos 8.22-26
Jesus fala de sua morte – Marcos 9.30-32; 10.32-34
A oferta da viúva – Marcos 12.41-44

Lucas

Neste primeiro volume de sua apresentação em duas partes sobre as origens da igreja cristã e da mensagem única que ela compartilha (Lucas–Atos), o evangelista oferece um relato mais abrangente da vida de Jesus, enfatizando o lado humano do Salvador, a sua compaixão pelos outros e a sua paixão para salvar tanto judeus quanto gentios.

Esboço

1. O nascimento e os primeiros anos de Jesus – Lucas 1-2
2. O ministério de Jesus – Lucas 3.1-19.27
3. A paixão e a ressurreição de Jesus – Lucas 19.28-24.53

Conteúdo-chave

A anunciação a Maria – Lucas 1.26-38
A profecia de Zacarias – Lucas 1.67-80
A história do Natal – Lucas 2.1-20
Jesus como um menino no templo – Lucas 2.41-52
Rejeitado em Nazaré – Lucas 4.14-30
O filho da viúva ressuscitado em Naim – Lucas 7.11-17
O bom samaritano – Lucas 10.30-37
Maria e Marta – Lucas 10.38-42
O homem rico e o pobre Lázaro – Lucas 16.19-31
Zaqueu – Lucas 19.1-10
A revelação no caminho para Emaús – Lucas 24.13-35

João

Este relato da vida de Jesus, escrito de forma simples mas estimulante, acrescenta informações não incluídas nos outros Evangelhos, focando particularmente o fim da vida de Jesus na Judeia e em Jerusalém. O objetivo de João é convencer os membros da igreja primitiva de que Jesus é o Cristo prometido, o Filho de Deus, que abre o caminho para a vida eterna (João 20.31).

Esboço

1. O ministério de Jesus – João 1-11
2. A paixão e a ressurreição de Jesus – João 12-21

Conteúdo-chave

O Verbo se fez carne – João 1.1-18
A água torna-se em vinho – João 2.1-11
A mulher samaritana no poço de Jacó – João 4.1-38
Cura no tanque de Betesda – João 5.1-15
O pão da vida – João 6.25-59
Um homem nascido cego é curado – João 9.1-12
A ressurreição de Lázaro – João 11.1-44
A oração de Jesus por todos os crentes – João 17.6-26
A restauração de Pedro – João 21.15-25

Atos

Neste segundo volume de sua apresentação em duas partes sobre as origens da igreja cristã e a mensagem única que ela compartilha (Lucas–Atos), Lucas apresenta os triunfos e os desafios da igreja à medida que as boas-novas sobre Jesus se expandiram de Jerusalém, Judeia, Samaria e Galileia em seu caminho até os confins da terra (1.8).

Esboço

1. O evangelho na Judeia, Samaria e Galileia – Atos 1.1-11.18
2. O evangelho na Síria e no Chipre – Atos 11.19-13.12
3. O evangelho na Ásia Menor e na Europa – Atos 13.13-28.31

Conteúdo-chave

A ascensão de Jesus – Atos 1.1-11
Pentecostes – Atos 2.1-47
A morte de Estêvão – Atos 7.54-60
Filipe e o etíope – Atos 8.26-40
A conversão de Saulo – Atos 9.1-31
Pedro e Cornélio – Atos 10.1-48
Conselho em Jerusalém – Atos 15.1-35
Paulo apela a César – Atos 25.9-12
Naufrágio de Paulo – Atos 27.13-44

Romanos

Paulo compõe este ensaio teológico para os cristãos em Roma, com o objetivo de ancorar a sua compreensão da vida e do perdão como fundamentos da fé cristã, que são válidos para todos os tempos, tanto para judeus quanto para gentios.

Esboço

1. Justiça de Deus – Romanos 1-8
2. A esperança de Israel – Romanos 9-11
3. A vida como um sacrifício vivo – Romanos 12-16

Conteúdo-chave

Não me envergonho do evangelho – Romanos 1.16-17
Justificado não pela lei, mas pela fé – Romanos 3.19-24
O legado de Cristo e Adão – Romanos 5.12-19
A luta com a natureza pecaminosa – Romanos 7.18-25
A confiança na glória vindoura – Romanos 8.18-39

1Coríntios

Muitos convertidos na igreja em Corinto vieram de um passado pagão, que continuava a influenciar as suas atitudes e o seu estilo de vida. Esta carta de Paulo aborda uma longa lista de preocupações que, se não fosse abordada, poderia comprometer a integridade e o bem-estar da igreja.

Esboço

1. Divisões na igreja – 1Coríntios 1-4
2. Casos de imoralidade – 1Coríntios 5-6
3. Casamento – 1Coríntios 7
4. Significado da liberdade cristã – 1Coríntios 8-10
5. Adoração – 1Coríntios 11-14
6. Ressurreição – 1Coríntios 15-16

Conteúdo-chave

A cruz como loucura e poder – 1Coríntios 1.18
A Ceia do Senhor – 1Coríntios 11.17-34
Dons espirituais – 1Coríntios 12.1-31
Ensaio sobre o amor – 1Coríntios 13.1-13
Dom de línguas – 1Coríntios 14.1-25

2Coríntios

Após a sua primeira carta e uma visita de regresso tardia a Corinto, um grupo de indivíduos começou a atacar a integridade da liderança de Paulo, além de sua mensagem. Esta carta, altamente pessoal e espiritual, dissolve todo o criticismo.

Esboço

1. Visão geral do ministério de Paulo – 2Coríntios 1-7
2. Coleta para os pobres em Jerusalém – 2Coríntios 8-9
3. A defesa do papel de Paulo como apóstolo – 2Coríntios 10-13

Conteúdo-chave

O que se vê é transitório, mas o que não se vê é eterno – 2Coríntios 4.17-18
Ministério da reconciliação – 2Coríntios 5.17-21
Instrução sobre doações de caridade – 2Coríntios 9.6-11
Gloriando-se somente no Senhor – 2Coríntios 10.17
A suficiência da graça de Deus – 2Coríntios 12.8

Gálatas

Alguns judeus cristãos têm insistido em que os gentios tinham de observar as leis cerimoniais do Antigo Testamento, incluindo a lei da circuncisão. Paulo responde com uma vigorosa e apaixonada defesa do evangelho: salvação pela graça somente pela fé, sem o auxílio da observância da lei.

Esboço

1. A autoridade de Paulo estabelecida – Gálatas 1-2
2. Graça, fé e liberdade – Gálatas 3-6

Conteúdo-chave

Redimidos da maldição da lei – Gálatas 3.13-14
Um em Jesus – Gálatas 3.28
Fique livre para permanecer livre – Gálatas 5.1
O fruto do Espírito é definido – Gálatas 5.22-23

Efésios

Paulo estabelece a grande e edificante visão de uma igreja unida, intimamente ligada a Cristo e revela como essa visão pode se tornar realidade.

Esboço

1. O propósito de Deus para a igreja – Efésios 1-3
2. O plano de Deus para cumprir esse propósito – Efésios 4-6

Conteúdo-chave

Graça e fé – Efésios 2.8-9
Unidade em Cristo – Efésios 2.14; 4.3-6
Maridos e esposas – Efésios 5.22-33
A armadura de Deus – Efésios 6.10-18

Filipenses

Durante o tempo desanimador de sua detenção em Roma, Paulo é levado a escrever uma calorosa carta de agradecimento pelo suporte que os cristãos da cidade de Filipos tinham dado a ele. Nessa carta, Paulo fala o que está fazendo com que ele atravesse esse momento difícil: um foco na humildade, contentamento e sua cidadania eterna no céu.

Esboço

1. Saudações e notícias pessoais – Filipenses 1.1-26
2. Viva humildemente – Filipenses 1.27-2.30
3. Advertências e encorajamento – Filipenses 3.1-4.23

Conteúdo-chave

Viver é Cristo, morrer é ganho – Filipenses 1.21
O modelo da humildade de Cristo – Filipenses 2.6-8
Cidadania celestial – Filipenses 3.20-21
Alcançar o contentamento – Filipenses 4.12-13

Colossenses

Quando os cristãos da cidade de Colossos começam a misturar as boas-novas sobre Jesus com outras ideias pagãs e religiosas, Paulo lhes escreve esta carta orientadora, que destaca a plenitude e a superioridade de Cristo.

Esboço

1. Saudações – Colossenses 1.1-14
2. Toda a plenitude e a superioridade de Cristo – Colossenses 1.15-2.23
3. Um viver santo em Cristo – Colossenses 3.1-4.18

Conteúdo-chave

Cristo é Deus – Colossenses 2.9-10
Vivificados em Cristo – Colossenses 2.13
O relacionamento com as leis cerimoniais do Antigo Testamento – Colossenses 2.16-17
Colocando coração e mente nas coisas do alto – Colossenses 3.1-2

1 e 2Tessalonicenses

Uma estada mais curta e a partida abrupta dessa cidade fizeram com que Paulo escrevesse estas duas cartas. Ao esclarecer o ensinamento sobre a segunda vinda de Jesus, Paulo usa seu retorno antecipado para encorajar e dirigir as ações desses crentes, que enfrentavam um tempo de perseguição. A segunda carta, escrita apenas alguns meses após a primeira, comemora o crescimento dessa igreja, mas reforça o conteúdo da carta anterior.

Esboço

1º Tessalonicenses

1. Saudações – 1Tessalonicenses 1
2. O caráter e o papel de Paulo – 1Tessalonicenses 2.1-3.13
3. Viva como aqueles que esperam a volta do Senhor – 1Tessalonicenses 4.1-5.28

2º Tessalonicenses

1. Saudação – 2Tessalonicenses 1
2. Viva como aqueles que esperam a volta do Senhor – 2Tessalonicenses 2-3

Conteúdo-chave

1º Tessalonicenses

Ressurreição dos que dormem – 1Tessalonicenses 4.13-18
Viver na luz do dia – 1Tessalonicenses 5.7-8

2Tessalonicenses

O homem da iniquidade – 2Tessalonicenses 2.1-12
Fiquem firmes – 2Tessalonicenses 2.15

1º Timóteo

Esta carta contém os sábios conselhos de Paulo, um experiente líder, dirigidos ao jovem Timóteo, que foi deixado em Éfeso para assumir a liderança da igreja naquela cidade.

Esboço

1. Saudações e preocupações iniciais – 1Timóteo 1
2. Orientações sobre adoração, liderança e gestão – 1Timóteo 2-6

Conteúdo-chave

Jesus como único mediador – 1Timóteo 2.5
Homens e mulheres na adoração – 1Timóteo 2.8-15
A sua juventude não é um problema – 1Timóteo 4.12
Contentamento e dinheiro – 1Timóteo 6.6-10

2º Timóteo

Quando chega ao fim de sua vida, Paulo expressa a preocupação de seu coração com a igreja em Éfeso e com seu discípulo Timóteo, ao passo que os cristãos se preparam para enfrentar dias mais difíceis de perseguição e apostasia.

Esboço

1. Perseverança nos dias difíceis que virão – 2Timóteo 1.1-3.9
2. Ancorado na Palavra que é digna de confiança – 2Timóteo 3.10 - 4.22

Conteúdo-chave

Toda a Escritura é inspirada por Deus – 2Timóteo 3.16-17
Combati o bom combate – 2Timóteo 4.7-8

Tito

Paulo orienta e encoraja seu amigo Tito, que o havia deixado na ilha de Creta para liderar a igreja naquela localidade.

Esboço

1. Instruções pessoais para Tito – Tito 1
2. Sã doutrina e fazer o bem – Tito 2-3

Conteúdo-chave

O lavar regenerador e renovador do Espírito Santo – Tito 3.5

Filemom

Nesta carta pessoal, Paulo pede a Filemom que acolha novamente em sua família o escravo fugitivo, Onésimo, porque ele foi de grande ajuda para o apóstolo, tornando-se um companheiro fiel e especial.

Esboço

1. Saudação – Filemom 1-7
2. Pedido – Filemom 8-25

Conteúdo-chave

"Mando-o de volta a você, como se fosse o meu próprio coração". – Filemom 12

Hebreus

Esta carta foi escrita a cristãos judeus que estavam tentando misturar os padrões de pensamento e o ritual da antiga aliança com a nova. Aqui, seu autor argumenta que a nova aliança é superior, porque é mediada por Jesus Cristo. Ele é o autor da nossa salvação e o consumador da nossa fé que cumpriu a promessa redentora, descrita nos símbolos da antiga aliança.

Esboço

1. Cristo é o líder absoluto – Hebreus 1-7
2. Cristo é o sumo sacerdote e o sacrifício definitivo – Hebreus 8-10
3. Cristo é digno de nossa fé – Hebreus 11-12
4. Incentivos finais – Hebreus 13

Conteúdo-chave

A Palavra de Deus é viva e eficaz, mais penetrante que uma espada de dois gumes – Hebreus 4.12
Jesus foi tentado como nós somos, mas sem pecar – Hebreus 4.15
Jesus é o sacrifício suficiente – Hebreus 7.27
Fé é ter certeza do que esperamos – Hebreus 11.1
Jesus é o autor e consumador da nossa fé – Hebreus 12.2

Tiago

Tiago argumenta que crer é também agir. Confissão e ética não podem andar separadas. O escritor demonstra a natureza da fé em ação, discutindo como ela responde diante da raiva, do favoritismo, da riqueza, da presunção e das dificuldades.

Esboço

1. Provações e tentações – Tiago 1.1-18
2. O estilo de vida que a fé produz – Tiago 1.19-5.20

Conteúdo-chave

Toda boa dádiva e todo dom perfeito vêm do alto – Tiago 1.17
A fé sem obras está morta – Tiago 2.17
Seja paciente até a vinda do Senhor – Tiago 5.7
A oração é poderosa e eficaz – Tiago 5.16

1º Pedro

Antecipando a vinda da perseguição, Pedro escreve aos crentes das cinco províncias romanas para incentivá-los na perseverança e na procura pela santidade durante estes tempos mais difíceis.

Esboço

1. Saudações e louvor – 1Pedro 1.1-12
2. Vivam em santidade em meio ao sofrimento – 1Pedro 1.13-5.14

Conteúdo-chave

Uma herança que não pode perecer ou desaparecer – 1Pedro 1.4

Chamado a ser santo – 1Pedro 1.16

Vocês são um povo escolhido – 1Pedro 2.9

Lancem sobre ele toda a sua ansiedade, porque ele tem cuidado de vocês – 1Pedro 5.7

2° Pedro

Com sua vida chegando ao fim, Pedro escreve à sua amada igreja sobre a base segura na Palavra de Deus revelada e o futuro seguro na volta de Jesus.

Esboço

1. A fonte da verdade – 2Pedro 1
2. Falsos mestres e o seu destino – 2Pedro 2
3. A irrefutável volta de Jesus – 2Pedro 3

Conteúdo-chave

A verdade revelada pelo Espírito Santo – 2Pedro 1.21

O Senhor não tarda em cumprir suas promessas – 2Pedro 3.9

1° João

Uma forma primitiva de gnosticismo, que compreendia o espírito como algo essencialmente bom e o corpo como essencialmente mau, levou a percepções equivocadas sobre a natureza de Jesus e a necessidade de viver uma vida moralmente reta. João usa a imagem da luz e do amor para confirmar a justiça do Deus feito homem, Jesus; e convoca o povo de Deus para viver na luz e no amor.

Esboço

1. Deus é luz; viva na luz – 1João 1-2
2. Deus é amor; viva no amor – 1João 3-5

Conteúdo-chave

O sangue de Jesus purifica todo pecado – 1João 1.7

O amor de Deus e o sacrifício expiatório de Jesus – 1João 4.10

O amor perfeito expulsa todo o medo – 1João 4.18

2° e 3° João

Estas duas cartas têm algumas coisas em comum. Ambas são muito curtas, dirigidas a uma pessoa específica e fluem da prática comum de convidar mestres visitantes para suas casas até fornecer comida e abrigo para eles. Segunda João adverte sobre a extensão dessa hospitalidade a falsos mestres que, assim, expandem o alcance de sua heresia. Terceira João recomenda Gaio e outros que deem apoio aos mestres enviados por João para compartilharem a verdade.

Conteúdo-chave

Andem em amor – 2João 6

Imitem o que é bom – 3João 11

Judas

O irmão mais novo de Jesus exorta os escolhidos de Deus a resistirem às palavras persuasivas de falsos mestres, que ensinam que os salvos pela graça são capazes de pecar sem restrição ou penalidade (Judas 4).

Esboço

1. Saudações – Judas 1-2
2. Falsos mestres e seu destino – Judas 3-16
3. Apegue-se à verdade – Judas 17-25

Conteúdo-chave

Edifiquem-se em fé e oração – Judas 20

Só Jesus nos impede de cair – Judas 24

Apocalipse

Por meio de cartas escritas para as sete igrejas localizadas na Ásia Menor e de uma série de visões, João pinta um retrato da história deste mundo, que culmina no retorno de Jesus. Os desafios e as incertezas dos últimos dias aumentam à medida que Satanás e seus aliados lutam para destruir o povo de Deus. Mas a vitória de Jesus nunca é posta em dúvida. Ele sustentará o seu povo, destruirá aqueles que se opõem ao seu reino e governará em um novo céu e em uma nova terra, que será o lar eterno de todos os crentes.

Esboço

1. Cartas para as sete igrejas – Apocalipse 1-3
2. Visões de revolta contra Jesus – Apocalipse 4-16
3. Visões da vitória certa de Jesus – Apocalipse 17-22

Conteúdo-chave

Jesus é o Alfa e Ômega – Apocalipse 1.8

Digno é o Cordeiro que foi morto – Apocalipse 5.12

Bem-aventurados os que morrem no Senhor – Apocalipse 14.13

Armagedom – Apocalipse 16.16

Nova Jerusalém – Apocalipse 21.1-2

Tradução da Bíblia

Necessidade

O Antigo Testamento escrito em hebraico clássico com algumas passagens em aramaico (encontradas em Daniel e Esdras).

Novo Testamento escrito em grego koiné (comum).

Objetivo

Transferir o pensamento global da Bíblia do hebraico, do aramaico e do grego para o português, minimizando a possibilidade de equívocos ou distorções.

Complicação

Uma vez que cada idioma irá naturalmente comunicar uma ideia usando seu próprio vocabulário, sua própria gramática e sua estrutura de sentenças, os tradutores devem tomar a decisão de favorecer a língua original ou a língua receptora.

Estilos de tradução

Os tradutores adotarão uma filosofia que favoreça a equivalência formal ou a equivalência dinâmica.

Equivalência formal

Esse estilo de tradução favorece os padrões da língua original. Em um modelo de "palavra por palavra", o tradutor deseja fazer aparentes na tradução o vocabulário, a gramática e o estilo da língua original.

Esse estilo de tradução torna a relação da tradução com o texto original mais clara, porém resulta em uma tradução que é menos natural e mais difícil de ler na linguagem receptora.

Equivalência dinâmica

Esse estilo de tradução favorece os padrões da língua receptora. Em um modelo de "pensamento para pensamento", o tradutor trabalha para reproduzir o significado do texto original o mais preciso e naturalmente possível na língua receptora.

Nessa forma de tradução lemos mais naturalmente, mas se obscurece a relação da tradução com os elementos de linguagem do original.

Formal Espectro de tradução **Dinâmica**
Favorece o idioma original — Linguagem de recepção de fatores

NASB KJV NKJV ESV NRSV NAB CSB NIV TNIV GW NCV NLT CEV CEB NIrV ICB MSG

EVANGÉLICAS
ACF (Almeida Corrigida Fiel) – SBTB
ARA (Almeida Revista e Atualizada) – SBB
ARC (Almeida Revista e Corrigida) – SBB
NTLH (Nova Tradução na Linguagem de Hoje) – SBB (equivalência dinâmica)
TB (Tradução Brasileira) – SBB

ARC 97 (Almeida Revista e Corrigida – edição 97) – Juerp/IBB
AR (Almeida Revisada, de acordo com os Melhores Textos) – Juerp/IBB
A21 (Almeida Século 21) – Vida Nova/IBB (revisão e atualização da AR)
NVI (Nova Versão Internacional) – Bíblica Brasil (equivalência dinâmica)

ABV (A Bíblia Viva) – Bíblica Brasil (paráfrase)
NBV (Nova Bíblia Viva) – Bíblica Brasil (paráfrase)

MSG (A Mensagem) – Vida (paráfrase)
BJU (Bíblia Judaica) – Vida
ECA (Edição Contemporânea de Almeida) – Vida

NVT (Nova Versão Transformadora) – Mundo Cristão (equivalência dinâmica)

CATÓLICAS
BJ (A Bíblia de Jerusalém) – Paulus
BP (Bíblia do Peregrino) – Paulus

TEB (Tradução Ecumênica Brasileira) – Paulinas/Loyola

CNBB (Tradução da CNBB)

Textos antigos da Bíblia

O Senhor não julgou oportuno preservar os documentos originais que os autores da Bíblia escreveram sob inspiração divina (os chamados manuscritos). No entanto, cópias desses originais e traduções das cópias nos permitem reconstituir com confiança o conteúdo desses documentos originais. Estes são os principais textos antigos que auxiliam nesse processo.

Texto	Língua	Data mais remota
Septuaginta	Grego	Século 3 a.C.
Rolos do mar Morto	Hebraico	Século 3 a.C.
Pentateuco samaritano	Hebraico "antigo"	Século 2 a.C.
Aquila, Simaco e Teodócio	Grego	Século 2 d.C.
Latim antigo	Latim	Século 2 d.C.
Peshitta	Siríaco	Século 2 d.C.
Targum	Aramaico	Século 3 d.C.
Cópta	Cópta	Século 3 d.C.
Vulgata	Latim	Século 4 d.C.
Códex Sinaiticus	Grego	Século 4 d.C.
Códex Vaticanus	Grego	Século 4 d.C.
Códex Alexandrinus	Grego	Século 5 d.C.

Plano de Leitura da Bíblia em 52 semanas

Semana	Texto para leitura
1	João 1–21
2	Gênesis 1–26
3	Gênesis 27–50
4	Êxodo 1–24
5	Êxodo 25–40
6	Levítico 1–27
7	Números 1–21
8	Números 22–36; Deuteronômio 1–9
9	Deuteronômio 10–34
10	Josué 1–24
11	Juízes 1–21
12	Mateus 1–28
13	Rute 1–4; 1Samuel 1–15
14	1Samuel 16–31; 2Samuel 1–9
15	2Samuel 10–24; 1Reis 1–9
16	1Reis 10–22; 2Reis 1–8
17	2Reis 9–25; 1Crônicas 1–9
18	1Crônicas 10–29
19	2Crônicas 1–18
20	2Crônicas 19–36
21	Esdras 1–10; Neemias 1–13
22	Ester 1–10; Marcos 1–16
23	Jó 1–21
24	Jó 22–42
25	Salmos 1–21
26	Salmos 22–44
27	Salmos 45–67
28	Salmos 68–90
29	Salmos 91–113
30	Salmos 114–136

Semana	Texto para leitura
31	Salmos 137–150; Provérbios 1–9
32	Provérbios 10–31
33	Eclesiastes 1–11; Cântico dos Cânticos 1–8
34	Lucas 1–24
35	Isaías 1–23
36	Isaías 24–48
37	Isaías 49–66
38	Romanos 1–16
39	Jeremias 1–20
40	Jeremias 21–45
41	Jeremias 46–52; 1Coríntios 1–16
42	Lamentações 1–5; 2Coríntios 1–13; Gálatas 1–6
43	Ezequiel 1–24
44	Ezequiel 25–48
45	Efésios 1–6; Filipenses 1–4; Colossenses 1–4; 1Tessalonicenses 1–5; 2Tessalonicenses 1–3
46	Daniel 1–12; 1Timóteo 1–6; 2Timóteo 1–4
47	Oseias 1–14; Joel 1–3; Amós 1–9
48	Tito 1–3; Filemom; Hebreus 1–13; Tiago 1–5; 1Pedro 1–5
49	Obadias; Jonas 1–4; Miqueias 1–7; Naum 1–3; Habacuque 1–3; Sofonias 1–3; Ageu 1–2
50	Zacarias 1–14; Malaquias 1–4; 2Pedro 1–3; 1João 1–5; 2–3João; Judas
51	Atos 1–28
52	Apocalipse 1–22

Preciso que Deus fale comigo

Preciso saber que Deus me perdoa.

Salmo 51
Salmo 103.2–5, 11–12
Salmo 130
Isaías 1.18
Miqueias 7.18-19
Mateus 9.1–8
Lucas 15
João 3.16
João 8.1–11
Atos 2.38-39
Romanos 3.21–24
Romanos 5.15–19
Romanos 8.31–34
2Coríntios 5.14–21
Gálatas 3.10–14
Efésios 2.4–10
Colossenses 1.13-14
1João 1.7–9

Preciso de esperança.

Salmo 27
Salmo 42
Salmo 46
Salmo 71
Isaías 12.2
Isaías 40.29–31
Jeremias 29.11
Romanos 8.18–27
Romanos 15.4, 13
Filipenses 4.13
Hebreus 10.23
1Pedro 1.3–9

Preciso de paz.

Números 6.24–26
Lucas 2.13-14
João 14.1–4, 27
João 16.33
Romanos 5.1–2
Efésios 2.14–18
Filipenses 4.4–7

Preciso saber que Deus está comigo.

Deuteronômio 31.6
Deuteronômio 33.27
Josué 1.5
Salmo 23
Salmo 28.7–8
Salmo 91
Salmo 121
Isaías 41.10
Isaías 58.9

Preciso de direção para a minha vida.

Salmo 1
Salmo 55.22
Provérbios 3.5–6
Provérbios 16.3
Jeremias 29.11
2Coríntios 1.8–11
Filipenses 2.3-4
1João 2.15–17

Preciso de ajuda a respeito de finanças.

Salmo 49.16–20
Provérbios 23.5
Eclesiastes 5.10
Mateus 6.25–34
Mateus 19.23–24
Marcos 12.41–44
Lucas 12.13–21
Lucas 12.32–34
Lucas 16.13
1Coríntios 16.2
1Timóteo 3.3
1Timóteo 6.6–10
Hebreus 13.5

Preciso reduzir meu estresse.

Salmo 55.22
Isaías 40.29–31
Mateus 6.25–34
Lucas 12.22–31

Filipenses 4.4–7
1Pedro 5.7

Preciso de ajuda para enfrentar a enfermidade.

Salmo 46
Salmo 50.15
Salmo 73.25.26
Salmo 103.1–5
Salmo 120.1
Mateus 8.14–17
Lucas 18.35–43
Romanos 5.1–5
2Coríntios 4.16–18
2Coríntios 12.7–10
Tiago 1.2–4
Tiago 5.10–11

Preciso de ajuda para enfrentar a morte.

Jó 19.25
Salmo 23
Salmo 27.1
Salmo 48.14
Salmo 68.19-20
Mateus 5.4
João 10.27-28
João 11.17–44
João 14.1–4
Romanos 8.28–39
1Coríntios 15.20–22, 35–57
1Tessalonicenses 4.13–18
Hebreus 2.14–15
1Pedro 1.3–9
Apocalipse 7.9–17
Apocalipse 21.1–7
Apocalipse 22.12–17

Gêneros literários da Bíblia

Cada gênero representa um estilo de escrita escolhido pelo autor ou poeta, que funciona como um contrato entre o escritor e os leitores. Isso define a natureza da comunicação, de modo a limitar o equívoco do leitor.

Tipos

Narrativa histórica

Escritores transformam um evento em uma história, selecionando e organizando cuidadosamente os detalhes, para que as lições a serem aprendidas a partir do evento tornem-se mais evidentes. Para esse fim, o autor faz uso do desenvolvimento do enredo, narração, manipulação do tempo e caracterização.

Dica: O enredo (conflito evoluindo para solução) fornece uma pista importante para as lições que estão sendo ensinadas.

Poesia hebraica

Os poetas falam de forma mais abstrata, expressando suas ideias em porções compactas de linguagem engenhosamente projetada, cheia de emoção, expressa por meio do som, da metáfora, das imagens e da repetição.

Dica: A poesia aponta tanto para a mente quanto para o coração. Ela é projetada para ser lida lenta e repetidamente, de modo a alcançar a apreciação da arte linguística e convidar à reflexão. Repare sempre na ideia central a ser enfatizada pela repetição, pelo contraste e desenvolvimento.

Lei

A lei consiste em diretivas divinas, contendo pouco ou nenhum embelezamento literário. De forma direta, elas são destinadas a moldar a maneira como o povo de Deus pensa e vive.

Dica: O maior desafio da leitura das leis na Bíblia é determinar quais são aquelas limitadas, na aplicação, a um tempo específico e quais são atemporais, universalmente aplicáveis em qualquer contexto.

Sabedoria

A sabedoria combina poesia hebraica e lei, oferecendo generalizações sobre como viver e pensar de forma bem-sucedida. Essa poesia pode tomar a forma de um provérbio ou de um diálogo estendido (como no livro de Jó).

Dica: A sabedoria destaca as escolhas feitas e suas consequências. Procure opções a serem oferecidas e direção para fazer uma escolha que resultará na maior satisfação possível na vida.

Profecia

Os profetas trazem uma mensagem de Deus a pessoas cujas circunstâncias imediatas revelam uma necessidade de correção, de esperança ou de percepção para o futuro. A maior parte da literatura profética do Antigo Testamento é escrita sob a forma de poesia hebraica.

Dica: Saiba tudo o que é possível sobre as circunstâncias que precederam a mensagem, examinando os livros históricos; em seguida, procure as ideias norteadoras entregues na poesia.

Parábola

A parábola é um retrato do ambiente cotidiano do escritor, que, por analogia, a transforma numa verdade divina.

Dica: Aprenda tudo o que puder sobre a realidade da imagem que está sendo destacada antes de tentar rastrear a verdade teológica que ela ensina.

Carta (Epístola)

À medida que a notícia de Jesus se espalhou em novos contextos e culturas, surgiram questões relacionadas com o estilo de vida e a teologia. Essas questões morais foram esclarecidas em cartas endereçadas a indivíduos e grupos de mestres cristãos.

Dica: Porque as cartas saltam rapidamente para os tópicos que são discutidos, aprenda tudo o que é possível sobre o contexto delas, lendo as sessões apropriadas que as identificam no livro de Atos.

Apocalíptico

A literatura apocalíptica faz uso de imagens simbólicas e metáforas visuais estendidas, em uma tentativa de criar esperança para aqueles que enfrentam momentos difíceis. Geralmente, a mensagem gira em torno do tema "As coisas vão melhorar".

Dica: A linguagem codificada do gênero apocalíptico destina-se a impedir que pessoas de fora entendam a mensagem. Uma leitura bem-sucedida desse gênero exige que o leitor aprenda o significado da simbologia que está sendo usada.

Cinquenta pessoas-chave na Bíblia

Abel	Filho de Adão e Eva assassinado por seu irmão Caim (Gênesis 4.2, Hebreus 11.4).
Abraão	Patriarca da nação judaica e herdeiro da promessa de Deus, que usaria essa nação para salvar o mundo do pecado (Gênesis 12.1-3, Hebreus 11.8-19).
Adão	Primeiro mortal criado por Deus (Gênesis 2.7; Romanos 5.18-19).
Ana	Mãe de Samuel, que dedicou seu filho ao serviço de Deus (1Samuel 1.12-28).
Arão	Irmão de Moisés e primeiro sumo sacerdote de Israel (Êxodo 4.14, 29.4-9, Hebreus 7.11).
Barnabé	Fez Saulo (Paulo) ser bem-vindo em Jerusalém, levou-o para a Antioquia e participou da sua primeira viagem missionária (Atos 9.27; 11.22-26; 13.1-2).
Caifás	Judeu sumo sacerdote que supervisionou o julgamento religioso de Jesus (Mateus 26.57, João 11.49-53).
Caim	Filho de Adão e Eva que matou seu irmão Abel (Gênesis 4.8; 1João 3.12).
Daniel	Judeu exilado na Babilônia que escapou da cova dos leões e tornou-se um dos principais funcionários da corte durante seu exílio (Daniel 1.6-11; 2.48-49).
Davi	O segundo rei de Israel, poeta aclamado e antepassado do Messias (1Samuel 16.12-13; 2Samuel 7.11-16; Salmo 23; Lucas 1.26-32; Apocalipse 22.16).
Débora	Profetisa e juíza em Israel que provocou a ação de Baraque (Juízes 4-5).
Elias	Profeta que lutou contra os profetas de Baal e foi levado em glória numa carruagem de fogo (1Reis 18.16-46; 2Reis 2.1-12; Mateus 17.3-4).
Eliseu	Profeta que sucedeu a Elias, restaurou uma vida em Suném e curou a lepra de Naamã (2Reis 2.15; 4.8-37; 5.1-19; Lucas 4.27; 7.11-17).
Esaú	Filho de Isaque e irmão de Jacó, que era o antepassado dos edomitas (Gênesis 25.24-30; 36.43; Hebreus 11.20).
Esdras	Mestre que ensinou os que retornaram do exílio a pensar e viver como povo de Deus na terra prometida (Esdras 7.1-10, Neemias 8.1-6).
Ester	Rainha judia da Pérsia, que salvou seu povo de um plano de extermínio (Ester 2.7-9; 8.1-13).
Estêvão	Líder na igreja primitiva que deu sua vida testemunhando sobre a sua fé, tornando-se o primeiro mártir cristão (Atos 6.8-7.60).
Ezequias	Rei judeu que seguiu um curso de agressiva reforma religiosa (2Reis 18.1-8).
Hagar	Serva de Sara que se tornou a segunda esposa de Abraão, mencionada na discussão de Paulo a respeito das alianças feitas por intermédio de Abraão e Moisés (Gênesis 16.1-3; Gálatas 4.21-31).
Herodes Antipas	Filho de Herodes, o Grande, que governava a Galileia, executou João Batista e participou do julgamento de Jesus em Jerusalém (Mateus 14.1-12; Lucas 9.7-9; 23.10-12).
Herodes, o Grande	Mestre político e arquiteto que governou a terra prometida para Roma e cuja paranoia levou à execução de crianças em Belém (Mateus 2.1-18).
Isabel	Esposa de Zacarias e mãe de João Batista (Lucas 1.5-7, 57).
Isaías	O profeta que falou frequentemente sobre o Messias vindouro enquanto advertia o povo de Deus a respeito das consequências da deslealdade de sua aliança (Isaías 7.14; 9.1-7; 11.1-5; 53.1-12).
Isaque	Filho de Abraão e herdeiro das promessas da aliança, foi "sacrificado" em um teste de fé de seu pai (Gênesis 17.19, 22.1-19, Hebreus 11.17-19).
Jacó	Filho de Isaque e herdeiro das promessas da aliança, cujos filhos tornaram-se os pais das 12 tribos de Israel (Gênesis 28.10-22, 49.1-28, Hebreus 11.21).
Jeremias	Profeta que preparou o povo de Deus para o exílio na Babilônia e introduziu a ideia de uma nova aliança posterior ao retorno do cativeiro (Jeremias 1.9-10; 31.1-34).

Cinquenta pessoas-chave na Bíblia

Jesus	O filho de Maria e Filho de Deus, o Pai, que o enviou ao mundo para salvar os pecadores da punição eterna (Lucas 1.26-37).
Jó	Homem cuja história cria um diálogo sobre as razões do sofrimento do povo de Deus neste mundo (Jó 1-2; 38-42, Tiago 5.11).
João Batista	Mensageiro prometido que preparou o coração daqueles que iriam encontrar Jesus. Batizou Jesus (Isaías 40.3-5; 3.13-17; Lucas 3.1-18).
Jonas	Profeta relutante de ir a Nínive cuja história de vida demonstrou que o reino de Deus se estendia ao mundo dos gentios (Jonas 1-4, Mateus 12.39-41).
José	Filho de Jacó vendido como escravo e elevado ao poder no Egito, que garantiu o futuro de sua família durante um grande período de fome, cuidando deles na terra em que ele havia se tornado governador (Gn 45-46).
José de Nazaré	Marido de Maria, que cuidou do menino Jesus. Sua ascendência familiar fez com que Jesus fosse um filho de Davi (Mateus 1.18-25, Lucas 2.1-7).
Josias	Rei reformador em Judá que clamou pela renovação da aliança, depois que o Livro da Lei, outrora negligenciado, foi encontrado (2Reis 22.1–23.27).
Josué	O sucessor de Moisés, que levou Israel à terra prometida e derrotou as principais cidades inimigas daquele contexto, antes de dividir a terra entre as tribos (Josué 1.1-5; 18.1-10; Hebreus 4.8).
Judas Iscariotes	Discípulo desonesto de Jesus, que traiu seu Senhor por trinta moedas de prata (Mateus 26.14-16; João 12.4-5).
Lázaro	Amigo próximo de Jesus e irmão de Maria e Marta, a quem Jesus ressuscitou dos mortos (João 11.1-44).
Maria, a mãe de Jesus	Jovem de Nazaré que deu à luz Jesus, levantou-o e permaneceu ao seu lado na morte (Lucas 1.26-2.52; João 19.25-27).
Maria Madalena	Mulher de quem Jesus expeliu sete demônios; dedicou sua vida a apoiar o Senhor na vida e na morte (Mateus 27.55-56; 28.1; Marcos 15.40-47; Lucas 8.2; João 19.25; 20.10-18).
Mateus (Levi)	Coletor de impostos a quem Jesus chamou para ser um discípulo (Mateus 9.9-10).
Moisés	O único profeta que levou Israel para fora do Egito, através do deserto e até o limite da terra prometida (Êxodo 3.1-20, Deuteronômio 34.1-12).
Noé	Homem justo, o construtor da grande arca que permitiu a raça humana e as promessas de Deus sobreviverem ao grande dilúvio (Gênesis 6-9)
Paulo	O maior missionário do Cristianismo e o autor mais prolífico do Novo Testamento, outrora conhecido como Saulo, que foi um zeloso perseguidor de cristãos (Atos 9.1-16).
Pedro	Discípulo impetuoso de Jesus, que se levantou como líder no dia de Pentecostes e depois convenceu a igreja judaico-cristã de que os gentios eram bem-vindos (Mateus 4.18-20, Atos 2.14-41, 10.1 – 11.18).
Pilatos	Prefeito romano que presidiu o julgamento civil de Jesus e ordenou sua execução (Mateus 27.11-26).
Rute	Moabita, que era nora de Noemi, mulher de Boaz e ancestral de Davi (Rute 1-4; Mateus 1.5).
Salomão	Filho de Davi e o terceiro rei de Israel que recebeu grande sabedoria de Deus, organizou o reino e supervisionou uma época próspera, embora menos fiel, na história de Israel (1Reis 3.4-15, 4.1-34; 6.29; 12.42).
Samuel	Profeta de Israel que liderou uma reforma espiritual e ungiu os dois primeiros reis da nação (1Samuel 7.2-17; 10.1; 16.13).
Sara	Anteriormente conhecida como Sarai, esposa de Abraão, mencionada por Paulo na discussão das alianças feitas por meio de Abraão e Moisés (Gênesis 12.5, Gálatas 4.21-31).
Saul	O primeiro rei de Israel, cuja rebelião e arrogância o levou a ser rejeitado pelo Senhor (1Samuel 10.1; 15.20-23; Atos 13.21-22).
Zacarias	Pai de João Batista, o primeiro a cantar a canção conhecida como Benedictus (Lucas 1.5-25, 57-80).

Cinquenta lugares-chave na Bíblia

Antioquia	Este centro político e comercial da Síria tinha uma população de mais de meio milhão de habitantes. Seguidores de Jesus foram chamados pela primeira vez de "cristãos" nesta cidade (Atos 11.26), que se tornou a base de envio das três viagens missionárias de Paulo.
Asdode	(Novo Testamento: Azoto) Esta cidade teve uma infeliz experiência com a arca de Deus durante o tempo dos filisteus (1Samuel 5.1-8) e opôs-se à reconstrução do templo em Jerusalém (Ne 4.7-8), antes de ouvir o evangelho pregado por Filipe (Atos 8.40).
Babilônia	A capital do Império Neobabilônico, que derrotou Judá, destruiu Jerusalém e exilou os judeus por setenta anos (2Reis 25.1-21). Tornou-se símbolo do destino dos poderes do mundo que se opõem ao avanço do reino de Deus (Apocalipse 18.10, 21).
Benjamim	O alto planalto entre os territórios tribais de Judá e Efraim facilitou a viagem através do centro do interior montanhoso da terra prometida. Tornou-se uma estrada estratégica, que permitia o acesso de Jerusalém ao mundo e o acesso mundial a Jerusalém. Acontecimentos bíblicos ligados a esta região irão, naturalmente, ter grande relevância (como Josué 9-10).
Belém	Uma aldeia em Judá, perto de Jerusalém, onde morava Rute e Noemi, a cidade natal de Davi e o berço de Jesus (Rute 1.1, 22; 1Samuel 16.1; Miqueias 5.2; Lucas 2.4-7).
Berseba	Uma cidade no Neguebe, usada frequentemente para adoração pela família de Abraão (Gênesis 21.33; 26.23-25; 46.1). Quando se juntou com Dã, foi usada para demarcar os trechos norte e sul da terra prometida (Juízes 20.1, 2Samuel 24.2).
Betânia	Uma aldeia perto de Jerusalém, no lado leste do monte das Oliveiras, diversas vezes visitada por Jesus por ser o lar de Maria, Marta e Lázaro. O Senhor ressuscitou Lázaro neste lugar e, próximo dali, ascendeu aos céus (Lucas 24.50, João 11.1, 18; 12.1).
Betel	Uma aldeia na fronteira entre Benjamim e Efraim, que se tornou um importante local de adoração para a família de Abraão (Gênesis 12.8; 28.10-22; 35.1-7). Jeroboão manchou sua reputação, estabelecendo um santuário para um bezerro de ouro neste lugar (1Reis 12.28-33).
Bete-Semes	Uma cidade reservada para os levitas, no lado leste do vale de Soreque (Josué 21.16), cujos habitantes desviaram-se da arca da aliança, ilustrando quão drasticamente a fé de Israel tinha se deteriorado, antes que as reformas de Samuel começassem (1Samuel 6.19-20).
Betfagé	Uma aldeia no monte das Oliveiras, onde eram localizados os prováveis limites de Jerusalém. Jesus montou em uma jumenta para entrar nesta aldeia e em Jerusalém, cumprindo o que o Antigo Testamento prometia sobre ele (Mateus 21.1-5; Lucas 19; 28-35).
Betsaida	Esta cidade estava no lado norte do mar da Galileia e era a casa de Filipe, André e Pedro (João 1.44). Esta comunidade teve a oportunidade de ouvir Jesus e ver seus milagres com mais frequência do que outras. Sua incapacidade de responder em fé resultou em uma censura aguda (Mateus 11.21).
Cafarnaum	Uma cidade construída na costa noroeste do mar da Galileia, perto da Estrada Internacional, que se tornou conhecida como o "lar" de Jesus (Marcos 2.1). Jesus se muda para esta localidade para cumprir a profecia do Antigo Testamento, estabelecendo uma base de operações na Galileia e fornecendo acesso internacional à sua mensagem (Mateus 4.13-17; 11.23).
Cesareia Marítima	Esta cidade portuária, completamente romana, construída na costa mediterrânea de Israel, era o lar de Cornélio e o lugar onde Pedro aprendeu que o evangelho estava destinado aos gentios também (Atos 10.1-35). Durante sua detenção prolongada neste lugar, Paulo aprendeu como funcionava o mundo dos romanos antes de embarcar para Roma (Atos 23.23–26.32).
Cesareia de Filipe	Uma cidade estabelecida na base do monte Hermom e nas nascentes do rio Jordão; foi reforçada por Herodes Filipe, para servir como sua capital regional. Os santuários pagãos desta cidade tornaram-se o cenário para uma discussão a respeito da identidade de Jesus, que levou à grande confissão de Pedro (Mateus 16.13-20).
Colossos	Esta foi uma cidade proeminente na província romana da Ásia Menor, por fazer parte de uma importantíssima rota comercial. Embora a cidade não seja mencionada no livro de Atos, crentes receberam uma carta de Paulo por causa de inúmeras heresias que haviam adotado (Cl 1.2).

Corinto	Devido à sua vantajosa localização geográfica entre o mar Egeu e o Adriático, Corinto tornou-se o principal centro comercial na Grécia antiga. O fluxo de pessoas fez dele um local atraente para Paulo, que visitou (Atos 18.1-18) e enviou cartas aos cristãos desta que era uma cidade moralmente desafiadora (1-2Coríntios).
Dã	Esta cidade se localizava ao longo da Estrada Internacional, a crítica estação de vigia que poderia primeiramente sentir o ataque do norte (Jeremias 8.16). Seu nome tornou-se sinônimo com a fronteira do norte da terra prometida (Juízes 20.1, 2Samuel 24.2). Jeroboão foi alvo de censura por ter edificado um santuário ao bezerro de ouro neste lugar (1Reis 12.28-30).
Damasco	A capital de Aram, estrategicamente localizada ao longo de antigas rotas de transporte (Isaías 7.8). Embora um adversário frequente do reino de Deus durante o Antigo Testamento, os judeus desta cidade rapidamente reconheceram Jesus como Messias (Atos 9.2). Quando Saulo foi para Damasco resolver esse "problema", Jesus o encontrou e o converteu pouco antes de sua chegada (Atos 9.3-22).
Decápolis	Um grupo de dez grandes cidades greco-romanas, estabelecidas ao longo de rotas de transporte importantes. Elas foram projetadas com arquitetura e experiências culturais únicas, destinadas a vender o helenismo aos habitantes locais. Para os judeus praticantes, este país gentio (a leste do mar da Galileia e associado a Hipopótamos) foi o temível "outro lado" (Marcos 4.35) em que Jesus estendeu a mão para os gentios (Marcos 5.20, 8.1-13).
Deserto judeu	O terreno íngreme, o solo pobre e a falta de chuvas tornam esta região hostil à habitação humana. Davi se escondeu aqui das mãos assassinas de Saul (1Samuel 24.1, 26.1-3). Este deserto forneceu o cenário austero para a mensagem firme de João Batista (Isaías 40.3, Mateus 3.1) e o cenário para a tentação de Jesus (Mateus 4.1-4).
Éfeso	Uma importante cidade romana cresceu neste local, onde as rotas terrestres encontravam as docas de transporte marítimo. Paulo passou anos neste grande centro urbano, que forneceu uma entrada para a Ásia (Atos 19.1-10; 20.17). Tanto Paulo quanto João escreveram cartas aos cristãos em Éfeso (Efésios, Apocalipse 2. 1-7).
Filipos	Esta era uma colônia romana e cidade proeminente no distrito da Macedônia, que foi visitada por Paulo (Atos 16.12; 20.6). Ele deu sequência às suas visitas com uma carta de agradecimento e encorajamento, preservada em Filipenses.
Gate	Uma das cinco principais cidades-estados dos filisteus, Gate era o lar de Golias (1Samuel 17.4). Depois da derrota do gigante e durante os dias em que Saul ameaçou a vida de Davi, ele buscou refúgio nesta cidade. Nela, Davi aprendeu estratégias de batalha dos filisteus. Ironicamente, mais tarde, ele usou essas informações para derrotar os filisteus e apoderar-se de Gate (1Samuel 27, 2-4; 1Cr 18.1).
Gibeá	Uma cidade em Benjamim, ao longo do sistema de estradas e caminhos central na terra prometida, que se tornou o lar de Saul. Seu passado obscuro (Juízes 19.12-26) lança uma sombra em toda a ascensão do primeiro rei de Israel. Saul faz desta cidade a primeira capital de Israel (1Samuel 10.26). Torna-se conhecida como "Gibeá de Saul".
Gibeom	Centralmente localizada em uma pequena elevação no meio do planalto de Benjamim, esta aldeia compreendia a rota leste-oeste que ligava Jerusalém ao mundo e aos exércitos do mundo para Jerusalém. O engano permitiu que seus habitantes mantivessem alguma autonomia na época da conquista de Josué (Josué 9). Mais tarde, esta cidade levítica tornou-se o lar do tabernáculo e do altar de bronze (1Crônicas 16.39; 2Crônicas 1.3, 5), um centro de adoração em que Salomão pediu e recebeu o dom da sabedoria (1Reis 3.4-15).
Hazor	Uma importante interseção da Estrada Internacional ao sul de Hazor promoveu o desenvolvimento de uma grande cidade neste local. Apesar da cananeia Hazor ser derrotada por Josué (Josué 11.10), ela se reergueu para lutar contra Israel nos dias de Débora e Baraque (Juízes 4.2). Salomão fortificou mais tarde este local para o uso de Israel (1Reis 9.15).
Hebrom	Uma cidade em Judá, localizada ao longo da Rota do Cume. Abraão construiu um altar memorial em Hebrom para recordar a terra prometida à sua família (Gênesis 13.14-18), e mais tarde comprou a caverna de Macpela, que serviu como túmulo da família (Gênesis 23.17-20). Seu papel religioso continuou, como uma cidade levítica (Josué 21.11), e tornou-se a capital de Davi durante a época da guerra civil que seguiu a morte de Saul (2Samuel 2.11).

Jericó	A área de Jericó, do Antigo e do Novo Testamento era um oásis à beira do deserto judaico, a partir da qual as estradas abriam caminho para o interior da terra prometida. O Senhor deu esta cidade nas mãos de Josué (Josué 6). Perto dali, Elias deixou o palco da história (2Reis 2.5) e o "novo" Elias, João Batista, entrou para a história (Mateus 3.1, João 1.28). Em Jericó, Jesus curou Bartimeu (Marcos 10.46) e acolheu Zaqueu no reino de Deus (Lucas 19.1-2).
Jerusalém	Esta cidade tem um papel mais poderoso na Bíblia do que qualquer outro lugar. Tornou-se a capital política de Israel (2Samuel 5.1-12), o centro religioso do judaísmo e a casa da arca (2Samuel 6) e do templo do Senhor (1Reis 5-8). "Jerusalém" frequentemente personifica o povo de Deus e seu destino (Salmo 87, Lamentações 1). É onde Jesus foi crucificado e ressuscitado e é a cidade que antecipa seu retorno em glória (Apocalipse 21.1-2).
Jope	O porto de Israel, no Antigo Testamento por meio do qual madeira foi trazida à terra prometida para a construção do templo em Jerusalém (2Crônicas 2.16, Esdras 3.7) e do qual Jonas fugiu quando foi direcionado para ir à Nínive (Jonas 1.3). Aqui, Pedro ressuscitou Dorcas e recebeu uma visão que o levou a testemunhar aos gentios em Cesareia (Atos 9.36-10.23).
Mar da Galileia	Este lago interior de baixa elevação tem alta relevância nos Evangelhos, porque muitos dias do ministério de Jesus foram gastos em suas águas e costas. Do meio de pescadores que trabalhavam nas águas do mar da Galileia, Jesus chamou seus discípulos (Mateus 4.18), milagrosamente alimentou milhares de pessoas (Mateus 15.29) e acalmou uma tempestade (Mateus 8.24).
Mar Morto	Este lago interior formou a fronteira oriental da terra prometida (Números 34.3, 12). Este é o lugar mais baixo na superfície terrestre (392 metros abaixo do nível do mar) e sem nenhum tipo de vida que esperamos em um lago, devido ao seu alto teor de sal (30% em peso). Ezequiel fala desta faixa de água morta que vem à vida na era vindoura (Ezequiel 47.1-7).
Megido	A cidade mais estrategicamente localizada no mundo antigo, guardando um passe estreito na borda do vale de Jezreel e ao longo da Estrada Internacional. Embora tomada por Josué (Josué 12.21), Manassés não conseguiu mantê-la (Juízes 1.27). Megido finalmente chega às mãos dos israelitas e é fortificada por Salomão (1Reis 9.15). O rei Josias morreu na batalha contra o Egito aqui (2Reis 23.29-30).
Monte Carmelo	Uma montanha que alcança aproximadamente cinquenta metros de altura, bloqueando a viagem de norte a sul na planície costeira, canalizando, então, o fluxo do tráfego através dos caminhos inóspitos que conduzem ao vale de Jezreel. Tornou-se o local da disputa de Elias com os profetas de Baal (1Reis 18).
Monte Ebal	Esta elevação ergue-se ao norte de Siquém e foi o foco geográfico da cerimônia de dedicação realizada por Josué no início da conquista. Neste monte, Josué ergueu pilares de pedra inscritos com a lei juntamente com um altar (Deuteronômio 27.1-8, Josué 8.30-32). As tribos anunciando as maldições para a desobediência do pacto estavam nesta montanha (Deuteronômio 27.13, Josué 8.33-35).
Monte Moré	Esta elevação no vale de Jezreel foi usada por Gideão como local de preparação para atacar os invasores midianitas (Juízes 7.1). Ele também foi cenário de dois milagres paralelos nas aldeias em seus flancos. Eliseu ressuscitou um menino em Suném (2Reis 4.8, 32-37). Jesus ressuscitou um jovem em Naim (Lucas 7.11-17).
Monte das Oliveiras	Esta extensa cordilheira ergue-se ao leste, mais alta do que a cidade de Jerusalém. Este monte recebeu uma série de eventos importantes na última semana da vida de Jesus, incluindo a sua entrada montado em uma jumenta em Betfagé (Mateus 21.1), sua entrada triunfal no Domingo de Ramos (Lucas 19.37), sua reflexão sobre o fim dos tempos (Mateus 24.3) e sua sofrida oração no jardim de Getsêmani (Mateus 26.30).
Monte Sinai	Após a estada prolongada dos israelitas no Egito, o Senhor os conduziu até este monte, antes de os levar à terra prometida, a fim de apresentar-se visivelmente a eles e organizá-los como o povo da sua aliança (Êxodo 19.2-16). O local tornou-se emblema da aliança mosaica (Neemias 9.13, Gálatas 4.24-25).
Monte Tabor	Esta elevação em forma de cúpula no vale de Jezreel fez dele um marco singular, celebrado com o monte Hermom como um símbolo da obra criativa de Deus (Salmo 89.12). Era a área de preparação para o ataque de Baraque e Débora contra as forças cananeias reunidas no vale abaixo (Juízes 4.6, 12, 14).

Nazaré	Uma vila pequena, geograficamente isolada em um cume ao norte do vale de Jezreel. Foi o cenário para o anúncio do nascimento de Jesus (Lucas 1.26) e tornou-se o lar da infância do Senhor (Lucas 2.39). Ao viver lá, Jesus cumpriu profecias do Antigo Testamento feitas sobre ele (Mateus 2.23). O desdém público para com aqueles que viviam em Nazaré afetava a forma como as pessoas pensavam sobre Jesus (João 1.46; 19.19).
Nínive	Esta metrópole no topo do arco do Crescente Fértil era a cidade pagã à qual o Senhor enviou Jonas para ensiná-lo sobre a amplitude do reino de Deus (Jonas 1-4). Jesus usou isso como parte de seu ensino (Mateus 12.41). Nínive acabou se tornando a capital do império da Assíria e o foco do livro de Naum, pois superou o seu papel de corretor divino do povo de Deus.
Quiriate--Jearim	Uma cidade nos montes de Judá, que se tornou o lar da arca da aliança durante vinte anos no tempo de Samuel (1Sm 6.21; 7.1-2). Davi trouxe a arca desta cidade para Jerusalém (1Crônicas 13.5-6).
Rio Jordão	Este rio sinuoso conecta o mar da Galileia ao mar Morto. Foi a fronteira de Canaã (Números 34.12), mencionada frequentemente em conexão com a entrada de Israel na terra prometida (Deuteronômio 4.14, 11.11, Josué 1.2) e milagrosamente secou à frente deles (Josué 3-4). O ministério público de Jesus começou quando ele foi batizado neste rio (Marcos 1.9).
Roma	A capital do Império Romano e centro natural de transporte que conectou suas explorações mais distantes por meios de vias marítimas e terrestres. Os convertidos no Pentecostes levaram as boas-novas de Jesus até Roma (Atos 2.10). Paulo escreveu aos crentes uma carta (Romanos) que antecipa uma visita posterior (Atos 19.21; 23.11). Essa importante visita aconteceu quando Paulo fez um apelo para que seu caso fosse ouvido pelo imperador em Roma (Atos 25.25; 28.14).
Samaria	Omri fez desta cidade a capital do Reino do Norte de Israel (1Reis 16.24). Acabe e Jezabel construíram um santuário para Baal nesta cidade (1Reis 16.32), o que trouxe condenação por parte dos profetas, desencadeando o declínio da capital que resultaria em sua destruição pela Assíria (2Reis 17.5-6).
Sicar	Esta aldeia samaritana do Novo Testamento ficava adjacente ao local do Antigo Testamento de Siquém. Jesus declarou-se Messias neste lugar, tão intimamente ligado às alianças que antecipam a sua chegada, identificando os samaritanos não judeus como o campo fértil para a colheita (João 4.1-42).
Siló	A cidade do santuário tornou-se o lar do tabernáculo no tempo de Josué (Josué 18.1) e foi onde a distribuição final da terra aconteceu (Josué 18.8-10). Embora Samuel fosse chamado para servir nesta localidade (1Samuel 3), o fracasso dos sacerdotes e do povo em manter a santidade do lugar levou à sua destruição pelos filisteus (1Samuel 2.27-36, Salmo 78.60; Jr 7.12-14).
Siquém	Esta cidade era o local de adoração mais marcante na terra prometida antes de Josué estabelecer o tabernáculo em Siló. Siquém tornou-se intimamente ligada à aliança de Abraão como o local da primeira teofania na terra prometida (Gênesis 12.6-7). Estava ligada à aliança de Moisés pelo fato de Josué ter renovado a aliança nesta cidade no final da conquista (Josué 24.1-27).
Tessalônica	Como o porto principal da Macedônia, esta cidade ofereceu a ponte entre o golfo Termaico e a via Inácia (o caminho das nações). Era um arejado centro cultural no qual novas ideias encontrariam um público interessado. Paulo visitou esta cidade e escreveu cartas para os cristãos dali (Atos 17.1-9, 1-2Tessalonicenses).
Vale de Jezreel	Este vale triangular interrompe a montanha central, tornando a passagem leste-oeste mais acessível a viajantes internacionais. Suas vantagens agrícolas e de transporte eram compartilhadas por quatro tribos israelitas. Cidades principais, como Megido, desenvolveram-se ao longo de seu perímetro para controlar o movimento militar e coletar receitas fiscais. O terreno plano e o valor econômico fizeram dele um campo de batalha. Saul e Josias morreram em batalhas aqui (1Samuel 29.11; 2Reis 23.29).

A arqueologia e a Bíblia

O que é arqueologia?

Arqueologia é a investigação cuidadosamente elaborada do passado, que estuda a arquitetura e os artefatos que sobreviveram no solo. Ela identifica, recupera, interpreta, preserva e publica informações a respeito desses objetos.

Qual o valor da arqueologia para os estudantes da Bíblia?

Ela aprimora e amplia a nossa compreensão dos eventos históricos.

Expande e amplifica a nossa compreensão da cultura antiga, isto é, da atividade e do pensamento humanos.

Aprimora a nossa identificação de lugares nomeados e avança nosso mapeamento dos lugares.

Melhora a nossa compreensão do estado e das mudanças dos ecossistemas antigos.

Como são datados os artefatos e a arquitetura no Oriente Médio?

Observando os metais dos quais são feitos utensílios domésticos e armas.

Ao recuperar itens que têm uma data neles (ou seja, uma moeda) ou itens que contêm o nome de uma pessoa conhecida cujas datas foram confirmadas.

Pela datação de carbono de materiais orgânicos.

Examinando a cerâmica recuperada em um determinado sítio arqueológico.

Argila foi facilmente moldada e endurecida em uma variedade de itens domésticos. O método de fabricação, forma, decoração e utensílios mudou regularmente, mesmo que uma nova cultura não tivesse chegado a um local. Assim, a datação da cerâmica é o método mais comum usado para datar artefatos e arquiteturas no mundo bíblico.

Períodos arqueológicos

3300-1200 a.C. O Período Cananeu

3300-2300 Idade do Bronze Inicial I-III

O bronze se torna o principal metal para a fabricação de ferramentas e armas, bem como a escrita se desenvolve no Crescente Fértil. Cidades fortificadas completas com templos e palácios se desenvolvem em Canaã por volta de 3000 a.C. A família de Abraão vive na Mesopotâmia.

2300-2000 Idade do Bronze Inicial IV (Bronze Médio)

Os grandes centros urbanos desmoronam e são substituídos por assentamentos e acampamentos não fortificados, utilizados por aqueles que migram de acordo com os ritmos das necessidades de seus animais. A família de Abraão chega a Canaã.

2000-1550 Idade Média do Bronze

Cidades com muros mais elevados e maiores sinais de riqueza retornam a Canaã juntamente com povos nômades conhecidos como amorreus. A família de Abraão vive em Canaã até que a fome os leva ao Egito.

1550-1200 Idade do Bronze Final

O poder do Egito estende-se sobre as cidades-estados dos cananeus. Moisés conduz os israelitas para fora do Egito, para o monte Sinai, e depois para a fronteira da terra prometida. Josué lidera Israel na conquista de Canaã. O tempo dos juízes começa.

1200-586 a.C. A Era Israelita

1200-925 Idade do Ferro I

Os filisteus chegam a Canaã. O ferro se torna o metal mais utilizado na fabricação de ferramentas e armas. O tempo dos juízes se desenrola até sua conclusão. Samuel unge Saul e Davi, os dois primeiros reis de Israel. Seu terceiro rei, Salomão, é o último a governar a nação de Israel como um reino unido. Em 930 a.C., o reino unido tornou-se o reino dividido.

925-586 Idade do Ferro II

Israel é governado como dois reinos, cada um com sua própria capital e seu próprio rei, mas ainda com uma responsabilidade espiritual compartilhada. Como ambos os reinos lutam espiritualmente, as palavras de profetas como Elias e Eliseu não conseguem provocar as urgentes mudanças necessárias no Reino do Norte. O Senhor usa o Império Assírio para punir Israel. Samaria, sua capital, é destruída em 722 a.C.; seus povos são removidos de sua terra e espalhados em torno do Império Assírio. O Reino do Sul (Judá) também falha em fazer as mudanças necessárias quando exortado pelos profetas, mas sobrevive ao ataque assírio. Os assírios sucumbem ao Império Babilônico, que inicia uma série de deportações que leva os judeus da terra prometida para a Babilônia (605 a.C.). O cerco e a destruição de Jerusalém e seu templo seguem em 586 a.C.

586-539 a.C. O Período Neobabilônico

Daniel e Ezequiel falam ao povo de Deus cativo na Babilônia, enquanto um pequeno remanescente de judeus permanece na terra, todos esperando por um retorno à terra prometida, o que deveria acontecer setenta anos após o início do exílio.

539-332 a.C. O Período Persa

Os persas substituem a Babilônia como o império que controlava o mundo conhecido. Uma jovem judia chamada Ester torna-se a rainha da Pérsia por um tempo, à medida que Judá se torna a província de Yehud. Zorobabel, Esdras e Neemias trabalham para reconstruir o templo em Jerusalém, seus muros e a fidelidade dos exilados enviados de volta à sua terra natal por Ciro.

332-167 a.C. Início do Período Helenístico

Alexandre, o Grande, conquista a Pérsia e depois o mundo, estabelecendo a língua e a cultura gregas como norma em todo o seu império. Após sua morte em 323 a.C., os generais de Alexandre, o Grande, e suas famílias tomam as rédeas do poder; os ptolomeus (reis gregos no Egito) e os selêucidas (reis gregos na Síria) batalham uns contra os outros para assumir o domínio completo, enquanto os judeus e sua terra são repetidamente capturados no meio dessa luta. Os dias mais sombrios estão associados com o reinado de Antíoco IV, o Epifânio, cujo plano radical de helenização busca erradicar as práticas de adoração que tornavam os judeus únicos.

167-37 d.C. O Período Helenístico Tardio (Asmoneus)

Os revolucionários judeus, liderados pela família dos macabeus, lutam contra a radical helenização de Antíoco IV, restabelecem a autonomia política judaica, limpam o templo e libertam os judeus para que possam praticar sua religião sem condenação. Os reis judeus (asmoneus) governam novamente Israel e expandem as explorações de terras do estado. A destruição do templo samaritano no monte Gerizim cria uma inimizade entre judeus e samaritanos, que permanece até os tempos de Jesus. Mas os problemas de sucessão dos asmoneus trazem a presença desagradável de Roma e a perda da autonomia judaica em 63 a.C..

37 a.C. – 132 d.C. Período Romano Inicial

O senado romano nomeia Herodes, o Grande, como o rei da Judeia em 40 d.C. Esse é o marco inicial de sua carreira política em construção, que se sobrepõe ao nascimento de Jesus. A paranoia de Herodes sobre esse líder rival o leva a buscar a execução de Jesus, ordenando a morte de todos os bebês em Belém. Após sua morte, seu reino é dividido entre seus três filhos: Herodes Antipas (Galileia e Pereia), Herodes Filipe (Itureia, Traconites e Gaulanites) e Arquelau (Judá). Arquelau falha tão gravemente que é removido do cargo, e Judá é governado diretamente pelos romanos a partir de 6 d.C. Esse é o tempo do ministério de Jesus na terra, a expansão do reino registrada no livro de Atos e as cartas do Novo Testamento.

Glossário de termos arqueológicos

a.C. /AEC Especificações que identificam algo que foi feito ou aconteceu antes da data do nascimento de Jesus. a.C. é a abreviatura de "Antes de Cristo". AEC é uma abreviação de "Antes da Era Comum".

AD / EC Especificações que identificam algo que foi feito ou aconteceu depois da data do nascimento de Jesus. A abreviatura AD significa Anno Domini ("o ano do Senhor"). A abreviatura EC significa "era comum".

artefato Um objeto feito por seres humanos ou um objeto modificado para uso humano, que fornece uma visão sobre o modo como as pessoas viviam e pensavam.

ashlar Uma pedra de construção que foi colhida de uma pedreira e depois cortada em um quadrado ou retângulo.

balk / baulk Uma parede não escavada que pode permanecer entre os sítios arqueológicos que estão sendo investigados, fornecendo um registro físico dos extratos encontrados enquanto os arqueólogos escavam para baixo nos sítios.

cerâmica Objetos artificiais formados a partir de argila e levados ao forno até o endurecimento.

cultura material Objetos artificiais e elementos arquitetônicos usados por pessoas do passado.

datação absoluta Processo de atribuição de uma data cronométrica aproximada a um objeto ou estrutura. Isso é alcançado pela sua associação com um objeto datável, tal como uma moeda ou um método alternativo de estimativa de idade, como, por exemplo, a datação por radiocarbono.

datação cronométrica Datas que são expressas em anos (por exemplo, 2014).

datação por radiocarbono Método de datação que compara a taxa de decaimento conhecida do C-14 com o C-14 remanescente em um objeto orgânico para estimar sua idade (± 50 anos).

datação relativa Um sistema de datação que utiliza a localização de um artefato e/ou a sua semelhança com outro artefato, para organizar a cultura material do mais antigo ao mais recente (cronologia), mas sem atribuir aos objetos uma data cronométrica.

dendrocronologia Um sistema de datação absoluta que usa padrões de anéis de árvore para datar mais precisamente um objeto ou extrato, comparando padrões de crescimento conhecidos de árvores, encontradas em uma determinada área, por meio de um artefato de madeira.

estratigrafia A interpretação dos extratos ou camadas em um tel (colina / monte), cada um dos quais contém evidências de um único período de ocupação humana.

flutuação Um método que coloca o solo escavado em água e depois usa a flutuabilidade de restos de animais e plantas para analisar esses materiais, que são muito pequenos para serem facilmente descobertos por peneiramento.

gufa (cesta em árabe) Cesto de borracha usado para mover materiais escavados.

in situ A posição original de um artefato quando é descoberto pela primeira vez.

locus Localização definida em espaço tridimensional. Cada objeto descoberto ou removido de um sítio arqueológico terá seu local original identificado dessa forma.

óstraco Um pedaço de artefato arqueológico contendo alguma escrita antiga.

pedaço de artefato Um fragmento de um vaso cerâmico quebrado, também chamado de "caco".

peneiração A técnica de investigação que requer a peneiração de todo o solo escavado por meio de uma tela para detectar quaisquer pequenos objetos que podem ter sido perdidos durante a escavação desse material.

quadrado Hoje, a maioria dos sítios arqueológicos é dividida em uma grade de quadrados de 10 metros por 10 metros, uniformemente espaçados, que são separados dos quadrados adjacentes por um balk. Cada quadrado é atribuído a uma equipe escavadora e um supervisor responsável pela sua escavação.

tel/tell (colina / monte) Um monte artificial criado quando as pessoas voltam a se estabelecer no mesmo local repetidas vezes, por causa das vantagens naturais que a localização oferece.

toponímia O estudo que investiga a origem dos nomes de lugares e como esses nomes são atribuídos a regiões, características naturais e centros urbanos.

Áreas geográficas da Terra Prometida

Ver também os mapas "Áreas geográficas da Terra Prometida" e "Pluviosidade na Terra Prometida".

Planície costeira

Geografia
Baixa elevação
Nível de terreno geralmente próximo ao mar Mediterrâneo

Cultura
Agricultura de grãos
Fácil para viajar (Estrada Internacional)
Fácil de invadir

Montanhas Centrais

Geografia
Alta elevação
Montanhas íngremes e vales estreitos em forma de "V"

Cultura
Agricultura em terraceamento para olivas e frutas
Difícil para viajar
Difícil de invadir

Vale da Grande Fenda

Geografia
Altitudes abaixo do nível do mar
Mar da Galileia, rio Jordão e mar Morto

Cultura
Norte: pesca e agricultura
Sul: mineração de sal e betume
Região pouco viajada devido aos pântanos, ataques de grandes predadores e altas temperaturas

Platô da Transjordânia

Geografia
Maior elevação
Montanhas e planaltos elevados

Cultura
Norte: agricultura de grãos e gado
Central: azeitonas e frutas, ovinos e caprinos
Sul: camelos e comércio
Viagem pela Estrada do Rei

Estações e cultura

Estação do verão – de maio a setembro

Clima
Atmosfera estável
Céus ensolarados
Temperaturas mais quentes (Jerusalém, média alta 28 °C)
Brisa agradável vinda do oeste do mar
Sem chuva
Alta umidade e precipitação

Cultura
Viagens terrestres
Embarcações mediterrâneas
Períodos de guerra
Maturação de olivas, tâmaras, uvas e figos
As pessoas procuram formas de permanecer refrigeradas
Cisternas vazias e aquíferos gotejando
Flores murcham
As pastagens secam

Estação do inverno – de outubro a abril

Clima
Atmosfera instável
Dias frequentemente nublados
Temperaturas mais frias (Jerusalém, média alta 17 °C)
Ventos fortes
Chuva e neve ocasionais

Cultura
Viagens terrestres diminuem
Embarcações mediterrâneas cessam
Período de paz
Maturação e colheita de grãos
As pessoas procuram se aquecer
Cisternas enchem e aquíferos são restabelecidos
Flores desabrocham
As pastagens ficam verdes

Circulação de ar da Terra Prometida

Vento induzido por pressão

Fonte
Criado quando o ar se move entre áreas de alta e de baixa pressão

Impacto cultural
Ventos altos, associados a baixas temperaturas do inverno que podem destruir estruturas e ameaçam as embarcações no mar Mediterrâneo

Exemplos
Ezequiel 13.13-14; 27.26; Mateus 7.27; Atos 27.13-14

Brisa do mar Mediterrâneo

Fonte
Criada durante os meses de verão, quando o ar sobre o mar Mediterrâneo torna-se mais fresco, substituindo o ar morno que vem sobre a terra

Impacto cultural
Ventos que proporcionam um ar mais refrigerado

A brisa previsível que os agricultores usam para separar seus grãos

Exemplos
Jó 21.18; Salmo 1.4; Isaías 17.13

Sharqiya

Fonte
Criado quando o ar fresco sobre os cumes das montanhas, acima do mar da Galileia, desce violentamente na bacia do lago

Impacto cultural
Os ventos destrutivos e imprevisíveis que podem surpreender até pescadores experientes os deixa alarmados e aterrorizados

Exemplos
Mateus 14.22-24; Marcos 4.35-37; Lucas 8.22-25

Khamsin

Fonte
Os ventos secos do sul e do sudeste que trazem altas temperaturas e enchem o ar com nuvens amarelas de poeira, quando a atmosfera muda entre as estações

Impacto cultural
As pastagens e flores silvestres são repentina e totalmente devastadas no início do verão

Ventos irritantes que alteram os temperamentos

Símbolo do julgamento divino

Exemplos
Salmo 103.15-16; Isaías 27.8; Jeremias 18.17; Oseias 12.1; Lucas 12.55

Fontes para abastecimento de água na Terra Prometida

Mundo dependente das chuvas

Em contraste com o Egito ou com a Mesopotâmia, onde os principais rios e irrigação proviam acesso à água doce, a terra prometida é dependente das chuvas (Dt 11.10-11).

Como a chuva praticamente cessa por sete meses do ano (abril-outubro), a água da chuva tem que ser coletada ou águas subterrâneas devem ser acessadas para garantir suprimento por um ano.

Fontes para a agua

Spring
As fontes ocorrem naturalmente quando a superfície coincide com a elevação do lençol freático.

Elas oferecem água limpa e filtrada com necessidade mínima de desenvolvimento ou manutenção.

Poço
Poços são veios escavados até os aquíferos.

Suas laterais eram alinhadas com rochas para evitar o colapso.

Um tampão e uma cobertura eram adicionados para prevenir a evaporação e a contaminação.

A manutenção anual era necessária.

Cisterna
As cisternas eram câmaras subterrâneas escavadas na rocha para armazenar o escoamento da água coletada durante as estações chuvosas.

Elas têm um gargalo próximo à superfície, que se alarga em um corpo em forma de sino.

Um tampão e uma cobertura eram adicionados para prevenir a evaporação e a contaminação.

A manutenção anual era necessária para repor o gesso, que deixava as laterais à prova d'água.

Aqueduto, túnel e reservatório
Estes grandes projetos de construção, empreendidos por poderosas centrais governamentais, eram destinados a acessar, mover e armazenar a água em locais mais convenientes para aqueles que viviam em grandes cidades.

A manutenção anual era necessária.

Flora da Bíblia

Acácia

Biologia
Várias espécies desta árvore espinhosa crescem nas áreas secas do deserto.

Conexão com a humanidade
É a única madeira dura que cresce nas áreas secas do deserto, tornando-se, assim, a madeira usada por Moisés para construir o tabernáculo e o mobiliário usado na adoração. Sua madeira de queima longa foi usada para fogueiras. E como a saliva do camelo pode suavizar seus espinhos, fornece nutrição para eles em ambientes com pouca folhagem.

Exemplos bíblicos
Êxodo 25.10, 13, 23, 28; 27.1; Isaías 41.19

Amendoeira

Biologia
A amendoeira prospera em todas as áreas menos secas da terra prometida. Em janeiro, produz uma bela flor rosa e branca à frente das folhas, uma indicação de que a primavera chegou. Em março, as flores desvanecem-se como as folhas e as nozes aparecem.

Conexão com a humanidade
Ambas as amêndoas verdes e secas são muito ricas em valor nutricional. As amêndoas doces foram usadas como um supressor da tosse e um remédio para dor de cabeça. A árvore está associada com uma vibrante esperança.

Exemplos bíblicos
Êxodo 37.19-20; Números 17.8; Eclesiastes 12.5; Jeremias 1.11-12

Carvalho

Biologia
Cinco espécies diferentes de carvalho habitam Israel, todos produzem bolotas e crescem em áreas amplamente espaçadas com prados entre eles. Eles crescem das montanhas da Samaria, por todo o caminho, até o monte Hermom. O carvalho é mais amplamente representado entre as árvores selvagens em Israel e também é a mais antiga entre as árvores sobreviventes da região, com pouco mais de quinhentos anos de idade.

Conexão com a humanidade
A madeira resistente desta árvore foi usada para fazer alças de ferramentas, arados e fardos. Suas propriedades químicas foram utilizadas para queimar couro e como uma medicina folclórica tradicional, usada para baixar a pressão sanguínea e para curar infecções oculares. Tornou-se um símbolo de força e fertilidade.

Exemplos bíblicos
Josué 24.26; 2Samuel 18.9-14; Salmo 29.9; Isaías 1.29-30; 57.5; Amós 2. 9

Cedro do Líbano

Biologia
Esta é uma árvore conífera com agulhas prateadas-azuis que crescem ao longo de ramos, estendendo-se como braços do tronco da árvore madura. Eles são mais comuns nas montanhas do Líbano ao norte da terra prometida, onde crescem mais de cem metros de altura. Sua vida útil é de mais de cem anos.

Conexão com a humanidade
Os tons avermelhados, aroma agradável e grãos constantes fizeram desse cedro a escolha de destaque para a construção, se alguém pudesse pagar o preço. É associado com prestígio, poder e beleza.

Exemplos bíblicos
2Samuel 5.11; 1Reis 5.6-18; 7.1-7; Salmo 29.5; 92.12; Cântico dos Cânticos 5.15; Ezequiel 31.10-17

Figueira

Biologia
A figueira cresce em toda a terra prometida. Quando seu tronco acinzentado é revigorado pelas chuvas do inverno, produz os frutos e pequenas folhas marcando o início da primavera. O primeiro conjunto de frutos é chamado figo, mas a árvore repetidamente traz novos conjuntos de frutas no outono. É facilmente distinguida por suas folhas grandes e lobuladas.

Conexão com a humanidade
As folhas fornecem algumas das mais eficazes sombras na região. E os açúcares naturais em sua fruta foram usados como um adoçante. Figos eram suplementos energéticos para os viajantes. É uma árvore associada à boa vida (Miqueias 4. 4).

Exemplos bíblicos
Gênesis 3.7; 1Reis 4.25; Cântico dos Cânticos 2.13; Oseias 9.10; Mateus 21.19-21; Marcos 13.28

Figueira brava

Biologia
A figueira brava registrada na Bíblia não está relacionada às similares do mundo ocidental, mas sim a um tipo de figueira. É uma árvore muito grande, com uma coroa arredondada, que produz uma quantidade abundante de sombra. Embora seja rara hoje, esteve presente ao longo da planície costeira e encheu os contrafortes durante os tempos bíblicos.

Conexão com a humanidade

O pequeno figo produzido por esta árvore ao longo de todas as suas superfícies externas, incluindo o tronco, é comido, embora seja de menor qualidade do que o verdadeiro figo. A sua maturação podia ser aprimorada ao retirar a sua pele, algo para o qual pastores, como Amós, foram muitas vezes contratados para fazer enquanto vigiavam seus rebanhos (Amós 7.14). Os ramos desta árvore combinam leveza e força; consequentemente, eles foram utilizados como vigas de telhado.

Exemplos bíblicos

1Reis 10.27; 1Crônicas 27.28; Salmo 78.47; Isaías 9.10; Lucas 19.4

Oliveira

Biologia

A oliveira cresce nas montanhas de Israel, produzindo azeitonas da mais alta qualidade em Samaria. As oliveiras silvestres foram domesticadas para aumentar a colheita da azeitona, que ocorre em setembro.

Conexão com a humanidade

Tanto as azeitonas verdes quanto as pretas mais maturadas eram consumidas depois de processadas. Esforço especial foi feito para extrair o óleo das azeitonas. Foi utilizado para cozinhar, como medicamento, para cosméticos, na produção de sabão, para ungir líderes e como combustível para lâmpadas. A oliveira é associada à beleza, saúde, estabilidade, nobreza e ao favor divino.

Exemplos bíblicos

Gênesis 8.11; Êxodo 30.22-25; Jó 29.6; Salmo 23.5; Jeremias 31.12; Mateus 25.3-10; Lucas 10.34

Romãzeira

Biologia

A romã é uma das árvores emblemáticas da terra prometida (Deuteronômio 8.8). Ela produz belas flores vermelhas na primavera. Seu fruto amadurece durante os meses secos do verão e é colhido no outono.

Conexão com a humanidade

A fruta deliciosa desta árvore foi apreciada e celebrada, porque ficava madura quando a água da cisterna estava em sua mais baixa qualidade. Suco de romã era bebido fresco; e fermentado, tornava-se vinho. De acordo com os rabis, a romã tem 613 sementes. Isso se conecta à Torá, na qual os rabinos encontraram 613 leis. Por isso, as alças de rolagem da Torá são adornadas com a romã, e talvez seja por isso que esse fruto aparece tão frequentemente na arte que adorna o santuário do Antigo Testamento.

Exemplos bíblicos

Êxodo 28.33-34; Números 13.23; 1Reis 7.18, 20, 42; 2Reis 25.17; Cântico dos Cânticos 6.7; Ageu 2.19

Tamargueira

Biologia

Esta árvore (também chamada de cedro de sal) cresce nas partes mais quentes e secas da terra prometida, onde o solo é muito salgado para outras plantas sobreviverem. Ela expele um pouco desse sal para suas folhas lineares, a fim de atrair umidade da atmosfera, que absorve água por meio de suas estruturas foliares.

Conexão com a humanidade

Como uma das únicas árvores que crescem nas áreas áridas dessa terra, foi utilizada para amenizar o calor. Embora suas folhas oferecessem uma preciosa e pequena sombra, um microclima refrescante é criado quando o excesso de água que é acumulado nas folhas carregadas de sal se evapora nas últimas horas da manhã.

Exemplos bíblicos

Gênesis 21.33; 1Samuel 22.6; 31.13

Videira

Biologia

A videira é uma árvore escaladora que cresce em toda a terra, mas prospera particularmente na região montanhosa de Judá, maturando com a ajuda do orvalho durante os meses secos de verão.

Conexão com a humanidade

Esta videira, que cresceu selvagem na terra prometida, estava entre as primeiras plantas a serem domesticadas. Seu fruto era comido quando fresco; e quando seco, era comido em passas. Seu suco era bebido fresco, e quando fermentado, formava o vinho, complementando o escasso suprimento de água doce. Isso foi associado à alegria e à boa vida (Miqueias 4.4). Porque é intimamente ligada à terra prometida e ao povo escolhido de Deus, muitas vezes ela é usada como um símbolo para eles.

Exemplos bíblicos

Números 13.24; Salmo 80.8-13; Cântico dos Cânticos 7.7-8; Isaías 5.1-7; João 15.1-5

Fauna da Bíblia

Abutre

Habitat e hábitos

O abutre-comum é a maior das aves de rapina, com envergadura de quase 2,5 metros; era o abutre mais comum na Terra Prometida durante os tempos bíblicos. Ele deixa os ninhos, que constrói em altas falésias, todas as manhãs para seus voos. O abutre mais pesado voa com suas asas ajustadas em forma de "V". Ele eleva-se para grandes altitudes, de onde pode usar sua visão altamente minuciosa para detectar os animais mortos que consome.

Conexão com a humanidade

Por se alimentar de carniça, o abutre está listado entre os animais impuros. A grande maioria das referências bíblicas está associada ao seu método de voo e à sua paixão por se alimentar de animais mortos.

Exemplos bíblicos

Gênesis 15.11; Levítico 11.13; Jó 15.23; Provérbios 30.17; Miqueias 1.16; Mateus 24.28

Águia

Habitat e hábitos

Muitas espécies de águias são residentes em Israel ou migram através desta localidade, incluindo a águia-imperial, águia de ponta-curta, águia-dourada e águia-de-bonelli. Todas as espécies planam nas alturas em busca de cobras, pássaros, pequenos mamíferos ou carniça para o alimento. Elas constroem seus ninhos em locais remotos, mais especificamente em afloramentos rochosos elevados, onde protegem ferozmente seus filhotes.

Conexão com a humanidade

Embora a águia estivesse listada entre os animais impuros (Levítico 11.13), os israelitas foram cativados por este pássaro, particularmente pela majestade de seu voo. A águia simbolizava o cuidado amoroso, a juventude, a vitalidade e a velocidade.

Exemplos bíblicos

Êxodo 19.4; Deuteronômio 32.11; 2Samuel 1.23; Provérbios 30.19; Isaías 40.31; Jeremias 49.22; Apocalipse 8.13

Bode selvagem

Habitat e hábitos

O bode selvagem, ou íbex-da-núbia, tem uma pele marrom arenosa com a parte inferior branca, o que combina bem com o ambiente árido, que é o seu lar. Os machos são três vezes maiores que as fêmeas, com um impressionante conjunto de chifres que curva graciosamente sobre suas costas, atingindo um comprimento de mais de 127 centímetros. Alimentos e água chamam este animal das encostas íngremes das montanhas, mas ele rapidamente retorna para o seu habitat quase vertical, que fornece segurança contra predadores.

Conexão com a humanidade

O bode selvagem era caçado e comido pelos israelitas. Sua formosa aparência fez dele um símbolo de beleza. A facilidade e a graciosidade com que ele se move nas montanhas íngremes despertam fascínio entre os mortais fazendo-o figurar entre as maravilhas do mundo criado por Deus.

Exemplos bíblicos

Gênesis 22.13; Deuteronômio 14.5; 1Samuel 24.2; Jó 39.1; Salmo 104.18; Isaías 13.21; 34.14

Boi selvagem

Habitat e hábitos

O auroque, ou boi selvagem, foi um antepassado do gado doméstico na terra prometida, crescendo nos lugares onde as pastagens naturais eram formadas. Por estar extinto, faz-se necessário confiar em antigas descrições e fósseis para recriar a aparência deste animal. Eles pesavam aproximadamente seiscentos quilos e tinham mais de 1,80 metro de altura, com chifres que chegavam até 78 centímetros de comprimento e 17 centímetros de diâmetro.

Conexão com a humanidade

O boi selvagem era o maior e mais forte animal castrado em Israel durante os tempos bíblicos. Era ameaçador, feroz e poderoso. Isso simbolizava vitalidade, independência e força ameaçadora.

Exemplos bíblicos

Números 23.22; Deuteronômio 33.17; Jó 39.9; Salmos 22.21; 29.6; 92.10; Isaías 34.7

Cão

Habitat e hábitos

Os cães são animais silvestres por natureza, carnívoros e descendentes do lobo. Mas alguns desses caninos, com uma inclinação mais dócil, encontraram seu caminho na companhia dos seres humanos, em suas cidades e perto de seus acampamentos. O cruzamento de raças destes animais mais dóceis diminuiu a selvageria deles, abrindo a porta para a possibilidade de uma relação doméstica com eles.

Conexão com a humanidade

No Egito e na Mesopotâmia, os cães eram empregados como assistentes de caça, protetores de rebanho e cães de guarda. As referências aos dois últimos papéis são encontradas na Bíblia. Mas foi a alcateia semisselvagem que perambulava pelas ruas em Israel que levou à sua caracterização mais negativa na Bíblia. São retratados não como companheiros amistosos, mas como criaturas ameaçadoras. Assim, estar associado a um cão deveria ser considerado uma classe mais baixa e repugnante.

Exemplos bíblicos

Êxodo 22.31; 1Samuel 17.43; 2Reis 9.36; Jó 30.1; Salmo 22.20; Isaías 56.10-11; Mateus 7.6; 15.26-27

Cegonha

Habitat e hábitos

A cegonha-branca é o maior membro da família das cegonhas, identificada por seu grande bico vermelho e suas longas pernas vermelhas, que a elevam à altura de mais de 90 centímetros. É facilmente distinguida em seu voo, caracterizado por planar com as asas estabilizadas. Em voo, a impressionante ponta branca de sua asa contrasta com detalhes pretos. As cegonhas brancas e pretas (estas últimas com penas predominantemente pretas e costas e barriga brancas) migram através de Israel, parando para se alimentar onde possam encontrar a água rasa em torno dos pequenos animais que caçam.

Conexão com a humanidade

Durante as estações de migração, o céu pode ficar cheio de cegonhas, deixando os seres humanos admirados com sua beleza ao vê-las voar. Ao enumerá-las entre os animais impuros, os autores bíblicos celebram a escolha da estação para migrar e seu método de voo que poupa energia.

Exemplos bíblicos

Levítico 11.19; Jó 39.13; Salmo 104.17; Jeremias 8.7; Zacarias 5.9

Cervo

Habitat e hábitos

Três tipos diferentes de cervos viviam nas florestas de Israel durante os tempos da Bíblia. O cervo vermelho era o maior deles, medindo um metro e meio nos ombros. Somente os machos tinham chifres. O gamo tinha apenas noventa centímetros de altura até o ombro. Distinguia-se pelas manchas que ambos, machos e fêmeas, tinham em suas peles e pelos chifres espessos, parecidos com de alces, ostentados pelos machos. O cervo era o menor de todos, com menos de noventa centímetros de altura, com chifres eretos e curtos. Em todos os casos, os cervos usaram a camuflagem florestal para ficar fora da visão de predadores, recorrendo à sua velocidade e agilidade quando eram localizados e ameaçados.

Conexão com a humanidade

Listado entre os animais limpos, os cervos eram comidos pelos israelitas. Eram um símbolo de beleza, agilidade e velocidade.

Exemplos bíblicos

Deuteronômio 12.15; 1Reis 4.23; Salmos 18.33; 42.1; Provérbios 5.19; Cântico dos Cânticos 2.9, 17; Isaías 35. 6; Habacuque 3.19

Coelho

Habitat e hábitos

O coelho, ou hírax da rocha, se assemelha a uma marmota ou a um porquinho-da-índia e vive em colônias barulhentas que podem ter dezenas de membros. Possuem o pelo cinza-marrom, orelhas curtas e longos bigodes pretos. Eles também têm patas que os permitem mover-se eficientemente sobre seu habitat rochoso. Sua dieta consiste em vegetação de todos os tipos, da qual derivam também uma boa parte da água de que necessitam. A maior parte do seu dia é gasta no sol, nunca vagando longe do terreno rochoso, onde podem encontrar rapidamente abrigo nos penhascos, evitando as águias que patrulham a área em busca de refeição.

Conexão com a humanidade

A Bíblia o lista entre os animais impuros. Apesar de carecer de habilidades defensivas naturais, sua sabedoria é celebrada ao escolher penhascos rochosos como sua casa.

Exemplos bíblicos

Levítico 11.5; Deuteronômio 14.7; Salmo 104.18; Provérbios 30.26

Coruja

Habitat e hábitos

Oito espécies de corujas habitam ou migram através da Terra Prometida. A coruja-águia (grande coruja) é facilmente reconhecida dada à sua envergadura de dois metros, olhos alaranjados e penetrantes e tufos verticais na orelha. A coruja pequena é vista mais facilmente. Este pássaro roliço é a coruja mais frequentemente ativa durante as horas de luz do dia. Corujas de todos os tipos são geralmente noturnas e vivem secretamente, preferindo ruínas ou lugares remotos que lhes permitam evitar o contato com as pessoas.

Conexão com a humanidade

Devido ao habitat e hábitos noturnos das corujas, a maioria das pessoas não as viu, embora possa ter ouvido seu canto de tempos em tempos. Consequentemente, a coruja tornou-se um símbolo de isolamento social ou de abandono.

Exemplos bíblicos

Levítico 11.16-18; Jó 30.29; Salmo 102.6; Isaías 14.23; Jeremias 50.39; Miqueias 1.8; Sofonias 2.14

Corvo

Habitat e hábitos

Este membro da família corvidae é representado em Israel pelo corvo comum (norte), bem como pela gralha cinzenta (sul). O corvo comum mede cerca de sessenta centímetros, com uma envergadura de mais de um metro. Seu tamanho impressionante e sua lustrosa plumagem preta o distinguem de outras aves. Os corvos são onívoros que comem tudo, desde gafanhotos até sapos e frutas, além de escavarem carcaças.

Conexão com a humanidade

Entre os judeus, corvos foram listados entre os animais impuros devido à sua tendência de comer carniça. No entanto, há um grande respeito em relação à inteligência deste pássaro devido às suas habilidades de resolução de problemas. A inteligência do corvo é o que provavelmente influencia sua menção na vida de Noé, Elias e Jesus.

Exemplos bíblicos

Gênesis 8.7; Levítico 11.15; 1Reis 17.6; Jó 38.41; Salmo 147.9; Provérbios 30.17; Cântico dos Cânticos 5.1; Isaías 34.11; Lucas 12.24

Gazela

Habitat e hábitos

A gazela é membro da família do antílope, com o dorso mais escuro e a barriga mais clara, separada por uma listra lateral marrom-escura. A maior gazela das montanhas mede noventa centímetros de altura no ombro e prefere o habitat do norte de Israel, onde a grama é abundante. As gazelas-dorcas têm apenas sessenta centímetros de altura no ombro com a sua pele mais avermelhada. Ela prefere os trechos mais secos do sul de Israel, onde absorve a maioria de sua água das plantas que come. A gazela-dorcas masculina tem chifres em formato de coração quando visto de frente.

Conexão com a humanidade

A gazela era consumida como alimento pelos israelitas, mas aparece mais frequentemente na Bíblia como um símbolo de velocidade e beleza. Quando ameaçada, a sua explosão inicial de corrida pode chegar a 80 km/h. Seu pescoço longo, sua compleição atlética e seus olhos escuros delineados pelas listras faciais asseguram seu lugar entre as mais belas criaturas de Deus.

Exemplos bíblicos

Deuteronômio 12.22; 2Samuel 1.19; 2.18; 1Crônicas 12.8; Cântico dos Cânticos 2.9, 17; 7.3; Isaías 13.14

Leão

Habitat e hábitos

Atingindo até 226 quilos, este predador juntou-se com o urso no panteão dos maiores carnívoros da região. Em vez de depender de táticas de caça de velocidade e solo, os leões caçam com imponência, usando a capa da escuridão e, cuidadosamente, orquestrando ataques para confundir e derrubar suas presas com a força, que é sua característica marcante.

Conexão com a humanidade

Enquanto a caça do leão era retratada como um esporte real na Mesopotâmia, os moradores de Israel viviam com medo desse predador mencionado mais do que qualquer outro na Bíblia. Ele atacou ovelhas, bem como antigos viajantes. Enquanto o leão era temido, suas qualidades eram profundamente respeitadas e usadas como metáforas ao falar sobre a coragem e a força de célebres mortais. Aqueles que sobreviviam a encontros com leões recebiam um reconhecimento especial.

Exemplos bíblicos

Gênesis 49.9; Deuteronômio 33.22; Juízes 14.5-6; 1Samuel 17.36-37; 2Reis 17.25; Salmo 22.13, 21; Isaías 11.6; 1Pedro 5.8; Apocalipse 5.7

Leopardo

Habitat e hábitos

Esse carnívoro com mais de dois metros de comprimento é distinto de todos os outros no Israel antigo, por sua pele manchada. O leopardo é um solitário caçador noturno, que usa da discrição e movimentos lentos e intencionais para se aproximar da sua presa. Quando ataca, atingindo seu golpe mortal, usa seus poderosos músculos da mandíbula podendo quebrar o pescoço de sua vítima, seja cabra selvagem, gado domesticado ou um viajante humano.

Conexão com a humanidade

O leopardo estava entre os grandes predadores que os antigos viajantes e os pastores temiam cruzar seu caminho. Como o predador mais rápido do mundo bíblico, tornou-se um símbolo de agilidade e velocidade.

Exemplos bíblicos

Cântico dos Cânticos 4.8; Isaías 11.6; Jeremias 5.6; 13.23; Daniel 7.6; Oseias 13.7; Habacuque 1.8; Apocalipse 13.2

Lobo

Habitat e hábitos

O lobo iraniano, que prefere a parte norte de Israel, e o lobo árabe, que prefere o deserto do sul, são animais de médio porte, com apenas 66 centímetros de altura, pesando entre 18 e 28 quilos. São predadores altamente eficazes, que perseguem sua presa antes de golpeá-la com mandíbulas que têm o dobro da força de fixação de um cão doméstico de porte médio. Se o seu ataque inicial falha, o lobo tem resistência e tenacidade para perseguir sua presa fugitiva até a exaustão.

Conexão com a humanidade

O lobo era uma ameaça para aqueles que viviam nos tempos bíblicos, embora menos perigoso para os seres humanos do que o leão e o urso. O lobo simbolizava aqueles que eram agressivos, capazes e ameaçadores.

Exemplos bíblicos

Gênesis 49.27; Isaías 11.6; Jeremias 5.6; Ezequiel 22.27; Sofonias 3.3; Mateus 10.16; João 10.12; Atos 20.29

Pomba

Habitat e hábitos

Esta ave de tamanho médio está presente em todas as localidades de Israel, exceto nos lugares mais secos. As espécies mais comuns são a pomba-de-rocha, a rola-turca, a rola e a rola-do-senegal. Os sutis tons pastéis de sua plumagem as adornam como os pássaros mais atraentes em Israel. Estas aves são vulneráveis quando estão no chão, e a revoada é sua única defesa contra predadores.

Conexão com a humanidade

As pombas eram rápidas em abandonar seus ninhos, indo para edificações e pombais. Pombal era uma estrutura construída por seres humanos, que imitava o habitat da pomba, para que a ave fosse atraída para construir seus ninhos, onde é mais conveniente recolher ovos e também usá-las, tanto para alimento quanto para sacrifício. Seu esterco também era coletado e usado para fertilizar jardins. As pombas simbolizavam inocência, beleza e vulnerabilidade.

Exemplos bíblicos

Levítico 1.14; Salmos 55.6; 74.19; Cântico dos Cânticos 1.15; 2.14; 5.2; Jeremias 48.28; Oseias 7.11; Mateus 3.16; 10.16

Raposa

Habitat e hábitos

Várias espécies de raposas habitavam o antigo Israel, mas a única mencionada na Bíblia é a raposa vermelha, que vive nas florestas das montanhas. Tem cerca de sessenta centímetros de comprimento, com pernas mais curtas e uma cauda que pode ser mais longa do que o resto do seu corpo. A obscura raposa vermelha é uma caçadora solitária que consome tudo, de pequenos mamíferos até lagartos, insetos e frutas. Ela tende a caçar em uma área específica, abrindo vários buracos para armazenar seus alimentos.

Conexão com a humanidade

Entre os predadores de Israel, a raposa mal merece um posto, pois é vista mais como um incômodo do que uma ameaça. Nas fábulas gregas e romanas, a raposa se tornou um símbolo de astúcia.

Exemplos bíblicos

Juízes 15.4-5; Neemias 4.3; Cântico dos Cânticos 2.15; Mateus 8.20; Lucas 13.32

Serpente

Habitat e hábitos

Trinta e seis espécies de cobras residem na Terra Prometida e seis delas são venenosas. Estas espécies habitam toda a região e alcançam de trinta centímetros a 1,80 metro de comprimento. Sua dieta se compõe de insetos, lagartos, aves e pequenos mamíferos. Como um animal de sangue frio, regula a temperatura do seu corpo de acordo com seu meio ambiente. É mais provável de serem vistas quando estão expostas ao sol e costumam atacar pés e mãos quando são perturbadas, enquanto se escondem em algum lugar afastado do sol.

Conexão com a humanidade

Os antigos consideravam a cobra como a mais astuta e misteriosa dentre os animais. Os encontros com cobras venenosas criaram a imagem de que serpentes eram criaturas perigosas. Portanto, serpente se tornou um termo depreciativo para alguém considerado indesejável ou perigoso.

Exemplos bíblicos

Gênesis 3.1; 49.17; Êxodo 7.9-10; Números 21.6; Provérbios 23.32; Amós 5.19; Mateus 10.16; 23.33; Marcos 16.18; Lucas 10.19; Apocalipse 20.2

Urso

Habitat e hábitos

O urso pardo sírio, mais bronzeado do que a cor marrom, é um onívoro que habitava nas florestas montanhosas de Israel. Foi o maior dos grandes predadores que viviam nessa terra, com machos que chegavam a pesar mais de 272 quilos. Apesar do seu tamanho, ursos poderiam alcançar a velocidade de até 56 km/h.

Conexão com a humanidade

Enquanto ursos geralmente evitavam o contato com seres humanos, seu tamanho, sua velocidade e imprevisibilidade apresentaram uma ameaça real aos pastores e viajantes. O urso era um símbolo de poder e força.

Exemplos bíblicos

1Samuel 17.34-37; 2Samuel 17.8; Provérbios 28.15; Lamentações 3.10-11; Daniel 7.5; Amós 5.19

Calendário agrícola em Israel

Clima

O clima seco do verão chega ao fim, e aumentam as chances de chuvas no final de setembro. Os meses em que elas ocorrem com maior intensidade são dezembro e janeiro, quando a chuva cai mais na terra; então a chance de chuva diminui novamente, havendo praticamente uma seca entre meados de maio e meados de setembro. Durante os meses de seca, as chuvas da tarde se tornam uma fonte de umidade para plantas em maturação.

Calendário agrícola

novembro - dezembro	Os campos de grãos são lavrados e plantados
dezembro - março	Campos de grãos maduros
abril	Colheita de cevada
maio	Colheita de trigo
junho - agosto	Frutas de verão maduras
julho - setembro	Colheita de uva (varia com a região)
agosto - setembro	Colheita de figo, romã e tâmara
setembro - outubro	Colheita de azeitonas

Festivais religiosos relacionados ao calendário agrícola

Para mais informações sobre os festivais, veja "Feriados e celebrações" abaixo.

- Páscoa: associada à colheita de cevada.
- Pentecostes (Festa das Semanas): associado à colheita do trigo.
- Festa dos Tabernáculos: associada ao encerramento do ano agrícola e com a expectativa de que vai chover novamente em breve.

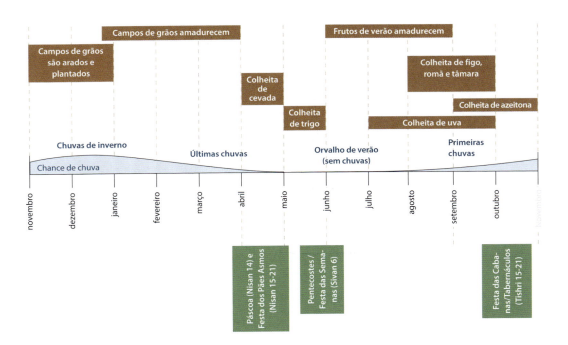

Agricultura

54 — Manual bíblico de mapas, gráficos e cronologias

Agricultura

Moinho doméstico de cereais

Prensas de azeite

Prensa de vinho

Torre de vigia agrícola

Manual bíblico de mapas, gráficos e cronologias

Pesos e medidas

Pesos

Unidade	Relação sistemática	Medida equivalente aproximada
Gerah	0.05 shekel	0.57 grama
Beka (Bekah)	0.5 shekel	6.2 gramas
Pim	0.67 shekel	9.3 gramas
Shekel	2 bekahs	11.3 gramas
Litra	30 shekels	0.34 quilograma
Mina (libra)	50 shekels	0.57 quilograma
Talento	3 mil shekels	34 quilogramas

Extensões

Unidade	Relação sistemática	Medida equivalente aproximada
Dedo	1/25 de um palmo	1,9 centímetro
Palmo	4 dedos	7,6 centímetros
Palmo (aberto)	3 palmos	23 centímetros
Côvado (do cotovelo até a ponta do dedo)	2 palmos abertos	46 centímetros
Passo	½ de uma braça	91 centímetros
Braça	2 passos	1,8 metro
Kalamos (cana)	3 passos	2,7 metros
Estádio	200 passos	183 metros
Caminho de um sábado	6 estádios	1,1 quilômetro
Milha	8 estádios	1,5 quilômetro

Volume líquido

Unidade	Relação sistemática	Medida equivalente aproximada
Log	0.014 efa	0.3 litro
Xestes	0.13 hin	0.57 litro
Kab	4 logs	1.3 litro
Hin	3 cabs	3.8 litros
Efa	6 hins	22 litros
Metretes	10 hins	38 litros
Cor	10 efas	227 litros

Volume seco

Unidade	Relação sistemática	Medida equivalente aproximada
Xestes	0.5 cab	0.5 litro
Kab	0.06 efa	1.2 litro
Omer	0.10 efa	2.2 litros
Seah (medida)	0.33 efa	7.3 litros
Modios	4 omers	9 litros
Efa	10 omers	22 litros
Lethek	5 efas	110 litros
Cor	10 efas	220 litros

Profetas da Bíblia
(Que não são autores de livros completos)

Profeta	Função	Referência bíblica
Abraão	Pai da nação judaica e do Messias; ensinou sua família, em palavras e ações, o que significava confiar no Senhor.	Gênesis 20.7
Moisés	Levou Israel para fora do Egito até a fronteira com a Terra Prometida. Recebeu revelação divina e escreveu a Torá.	Deuteronômio 34.10
Miriam	A irmã de Moisés, que com ele e Arão conduziram Israel. Ela liderou as mulheres israelitas em canções de louvor após a travessia do mar Vermelho.	Êxodo 15.20; Miqueias 6.4
Débora	Uma líder em Israel, que dirigiu as ações de Baraque em sua batalha com Hazor.	Juízes 4.4
Samuel	Como o último juiz de Israel, liderou uma reforma espiritual até ungir os dois primeiros reis da Nação.	1Samuel 3.20
Natã	Aparece como o conselheiro espiritual de Davi e Salomão.	2Samuel 7.2; 12.25; 1Reis 1.34
Gade	O "vidente" de Davi, que o instruiu sobre como escapar de Saul e, mais tarde, confrontou o rei a respeito do seu censo militar não autorizado.	1Samuel 22.5; 2Samuel 24.11
Aías	Disse a Jeroboão que ele governaria as dez tribos do norte de Israel e também anunciou sua queda.	1Reis 11.29; 14.18
Jeú	Anunciou o julgamento de Deus sobre Baasa, rei de Israel.	1Reis 16.7, 12
Hulda	Após o Livro da Lei ser redescoberto na época do rei Josias, ela definiu as consequências do paganismo de Judá.	2Reis 22.14-20
Semaías	Disse ao rei Roboão, de Judá, que o ataque egípcio sob Sisaque havia sido deliberado pelo Senhor.	2Crônicas 12.5
Azarias	Disse ao rei Asa que o Senhor estava com ele e que apoiaria seus esforços de reforma espiritual em Judá.	2Crônicas 15.8
Micaías	Disse ao rei Acabe que sua campanha para controlar Ramote-Gileade acabaria em um desastre.	2Crônicas 18.7
Odede	Disse ao exército israelita que devolvesse os prisioneiros e a pilhagem dos quais eles se apoderaram em uma batalha contra Judá.	2Crônicas 28.9
João Batista	Precursor do Messias, que preparou Israel para encontrar o seu Salvador.	Mateus 14.5; Lucas 1.76
Ana	No dia da dedicação de Jesus no templo, ela o reconheceu como o redentor esperado.	Lucas 2.36
Ágabo	Falou da detenção de Paulo em Jerusalém.	Atos 21.10
Jesus	O maior de todos os profetas, que não apenas falou por Deus, mas era o próprio Deus.	Deuteronômio 18.15-18; Mateus 21.11, 46; Lucas 7.16; João 6.14; 7.40; Atos 3.22; 7.37

PARTE 2

ANTIGO TESTAMENTO

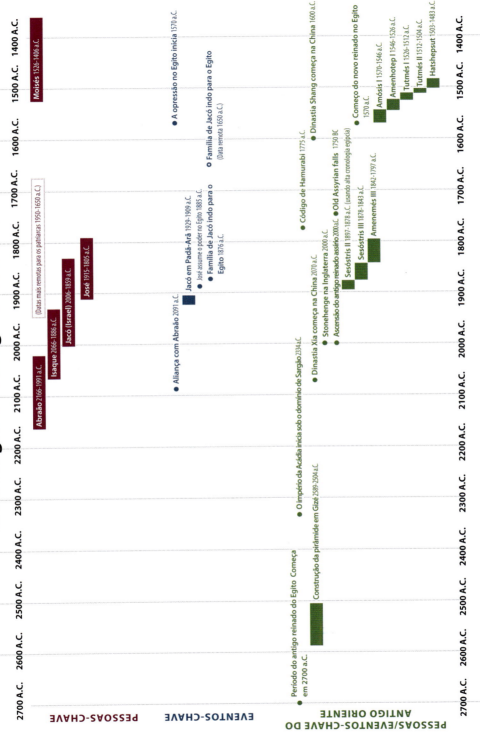

Cronologia do Antigo Testamento

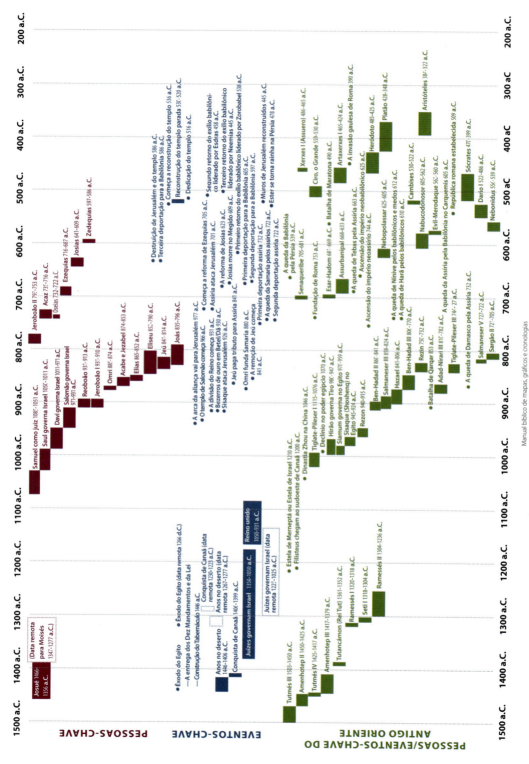

Abraão e sua família na Terra Prometida

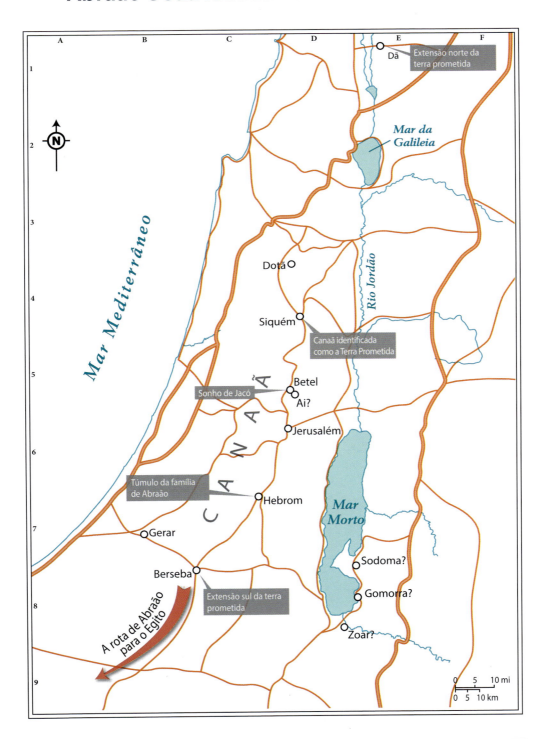

Viagens de Abraão

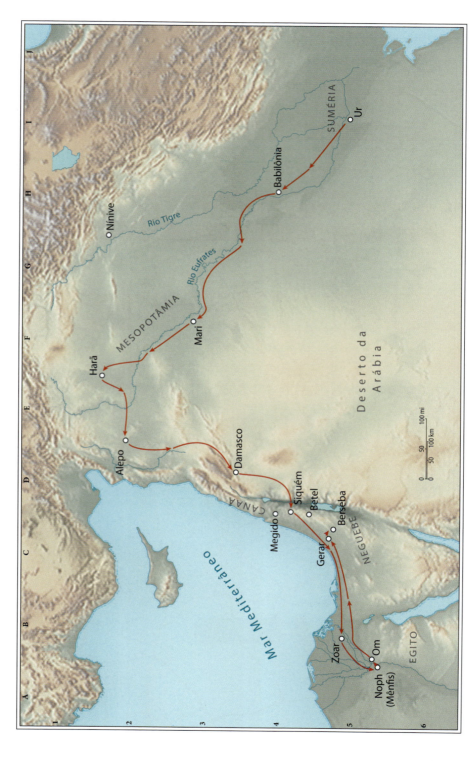

64

Êxodo e caminhada no deserto

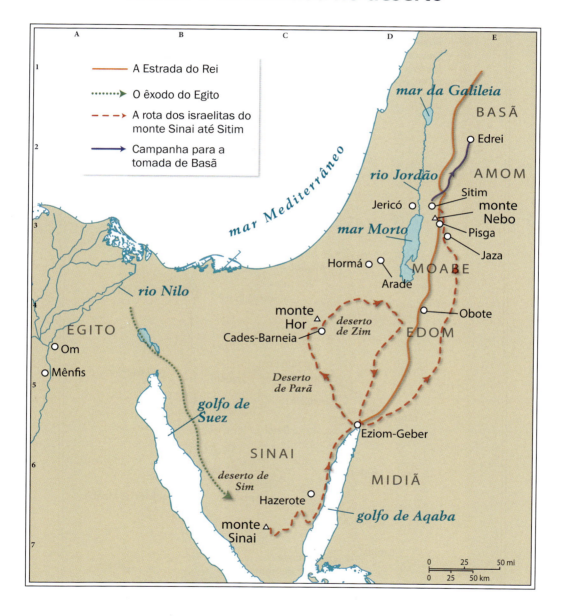

Manual bíblico de mapas, gráficos e cronologias

Conquista

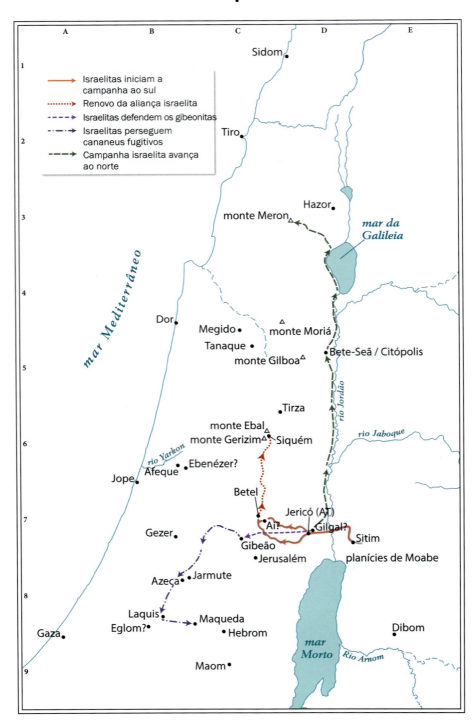

Divisões tribais

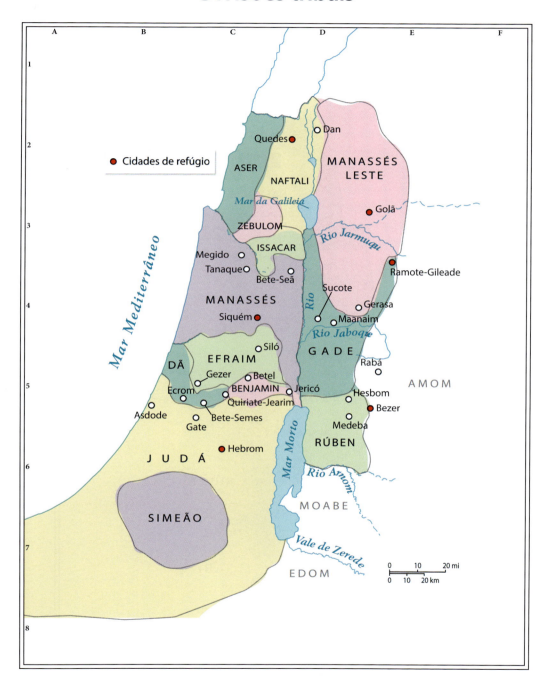

Juízes

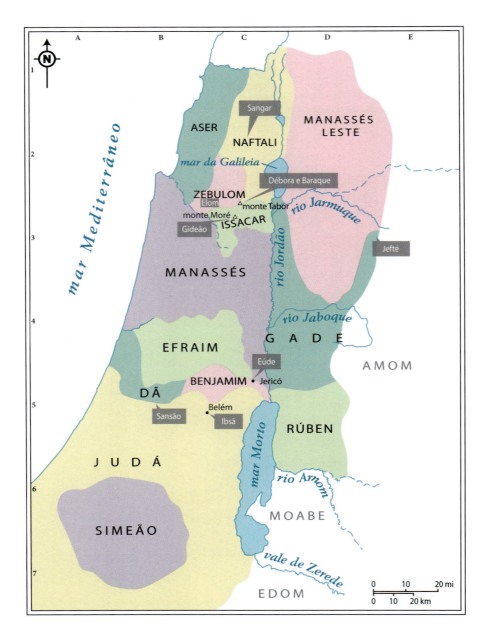

Reino unido

Manual bíblico de mapas, gráficos e cronologias

Reino dividido

Exílio e retorno

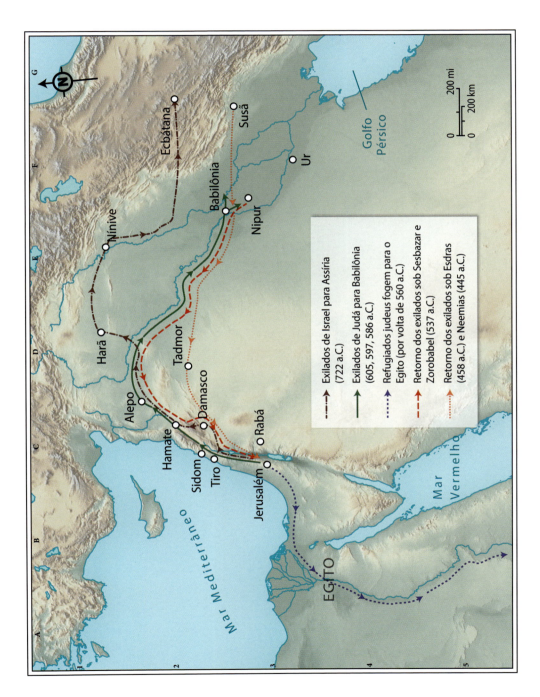

Império Assírio

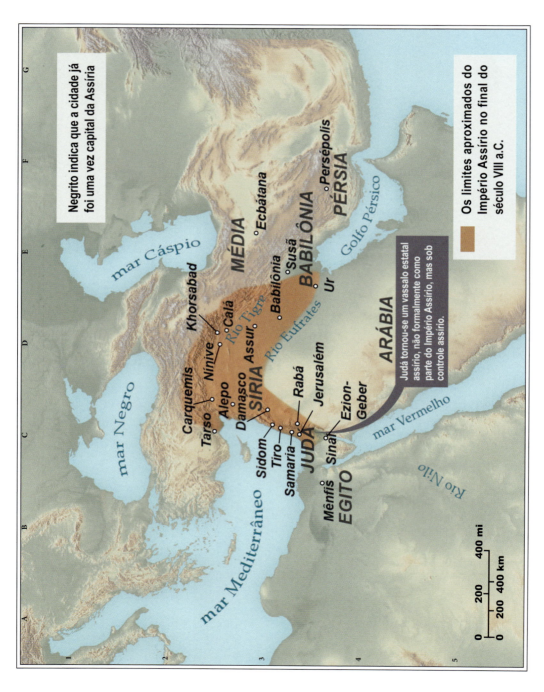

Império Babilônico

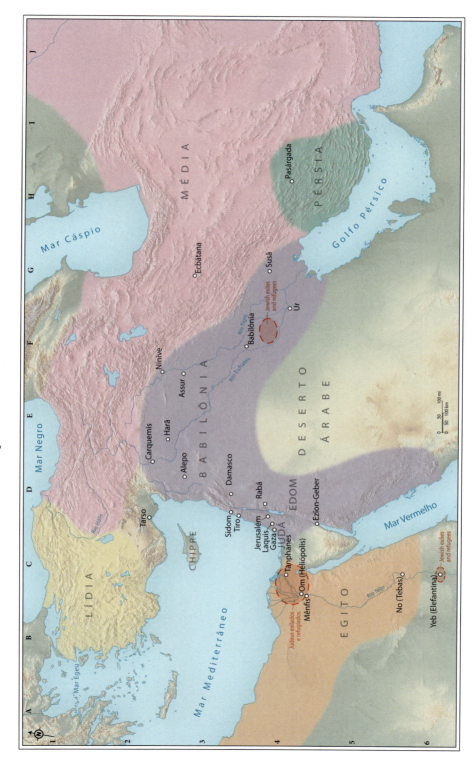

Manual bíblico de mapas, gráficos e cronologias

Império Persa

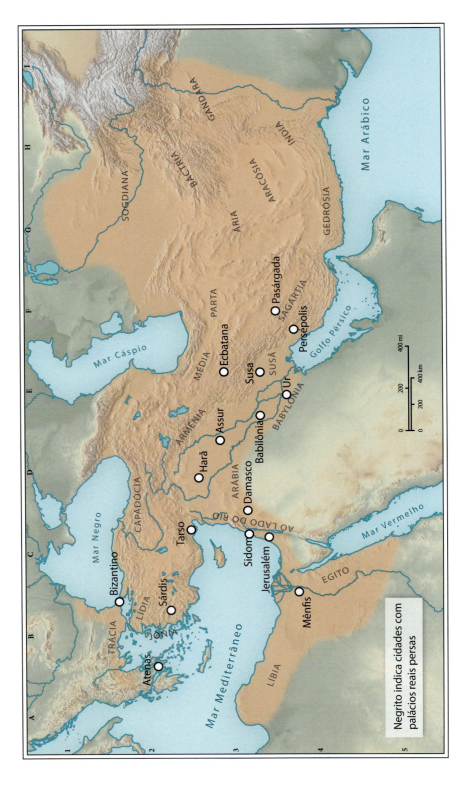

Jerusalém durante o período do Antigo Testamento

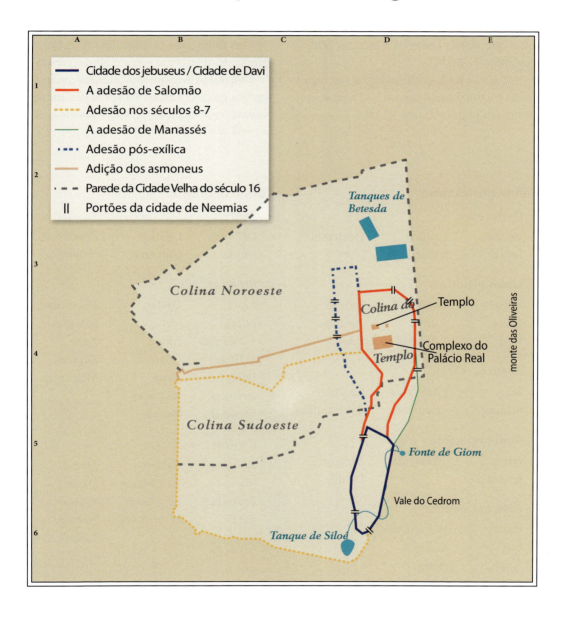

Divisão e organização canônicas do Antigo Testamento

Uma coleção sagrada toma forma

A ideia de uma coleção sagrada surgiu assim que Moisés começou a escrever (Deuteronômio 31.24-26).

Nos dias de Jesus, a coleção sagrada foi organizada em três categorias: a Lei, os Profetas e os Salmos [ou Escritos] (Lucas 24.44).

Nenhuma ordem específica de livros individuais foi necessária, enquanto os textos sagrados existiam como pergaminhos separados.

Ordenar os livros tornou-se uma necessidade prática quando a Bíblia foi publicada em um códex (livro com uma espécie de encadernação), a partir dos séculos 2 e 3 d.C.

Cânon protestante

Pentateuco
Gênesis	Levítico	Deuteronômio
Êxodo	Números	

Livros históricos
Josué	1-2Samuel	Esdras
Juízes	1-2Reis	Neemias
Rute	1-2Crônicas	Ester

Poéticos
Jó	Provérbios	Cântico
Salmos	Eclesiastes	dos Cânticos

Profetas maiores
Isaías	Lamentações	Ezequiel
Jeremias		Daniel

Profetas menores
Oseias	Habacuque
Joel	Sofonias
Amós	Ageu
Obadias	Zacarias
Jonas	Malaquias
Miqueias	
Naum	

Cânon hebraico

Torá
Gênesis	Levítico	Deuteronômio
Êxodo	Números	

Profetas
Josué	Oseias	Habacuque
Juízes	Joel	Sofonias
1-2Samuel	Amós	Ageu
1-2Reis	Obadias	Zacarias
Isaías	Jonas	Malaquias
Jeremias	Miqueias	
Ezequiel	Naum	

Escritos
Salmos	Cântico	Ester
Jó	dos Cânticos	Daniel
Provérbios	Eclesiastes	Esdras
Rute	Lamentações	Neemias
		1-2Crônicas

Antigas fontes adicionais

Registros reais

Título	Conteúdo presumido	Número de referência	Exemplo
Anais dos reis de Israel	Registros da corte do Reino do Norte podendo ter incluído correspondência real, registros militares, genealogias e outros materiais de arquivo.	19	1Reis 14.19
Anais do rei Davi	Os registros da corte da administração do rei Davi podem ter incluído correspondência real, registros militares, genealogias e outros materiais de arquivo.	1	1Crônicas 27.24
Livros dos reis de Israel e de Judá	Uma coletânea de registros da corte, incluindo dados dos governantes dos Reinos do Norte e do Sul, que podem ter incluído genealogias, correspondência real selecionada, registros militares e outros materiais de arquivo.	4	1Crônicas 9.1
Livro dos reis de Judá e de Israel	Uma coletânea de registros da corte, incluindo dados-chave dos governantes dos Reinos do Norte e do Sul, que podem ter incluído genealogias, correspondência real selecionada, registros militares e outros materiais de arquivo.	4	2Crônicas 16.11
Anotações nos livros dos reis	Um comentário que interpreta informações encontradas nos registros oficiais da corte real.	1	2Crônicas 24.27

Literatura profética

Título	Conteúdo presumido	Número de referências	Exemplo
Registros de Samuel, o vidente	Um registro de eventos-chave, com importância teológica datando do tempo de Davi, criado pelo profeta Samuel.	1	1Crônicas 29.29
Registros de Natã, o profeta	Um registro de eventos-chave, com importância teológica do tempo de Davi e de Salomão.	2	1Crônicas 29.29
Registros de Gade, o vidente	Um registro de eventos-chave, com importância teológica do tempo de Davi.	1	1Crônicas 29.29
Profecia de Aías, o silonita	Um registro de eventos e observações associado à transição do reino unido para reino dividido, e que o profeta anunciou que era o Senhor quem estava fazendo isso.	1	2Crônicas 9.29
Escritos de Ido, o vidente	Um registro de eventos com importância teológica, que se refere à transição do reino unido para reino dividido.	3	2Crônicas 9.29
Registros de Semaías, o profeta	Um registro da transição do reino unido para reino dividido, que deu atenção especial às genealogias associadas à casa dos governantes de Judá.	1	2Crônicas 12.15
Registros dos videntes	Um registro de informações teológicas que incluía a oração oferecida por Manassés e as localizações dos altares pagãos que ele tinha estabelecido.	1	2Crônicas 33.19

Poesia religiosa

Título	Conteúdo presumido	Número de referências	Exemplo
Livro das guerras do Senhor	Uma compilação de cânticos militares de vitória, que, neste caso, definem a fronteira geográfica norte de Moabe.	1	Números 21.14
Livro de Jasar	Uma compilação de canções, cada uma comemorando importantes eventos do Antigo Testamento.	2	Josué 10.13; 2Samuel 1.18

Feriados e celebrações

Páscoa (*Pesach*)

Textos: Êxodo 12.1-13; Levítico 23.5
Data: Nisan 14 (primavera)

Origem

A primeira Páscoa está ligada à última praga no Egito, quando todo filho primogênito morreu. O Senhor poupou ("passou por cima") as casas onde o sangue de cordeiro foi colocado nos umbrais das portas para sua orientação.

Resumo

A Páscoa comemora o êxodo do Egito. Quando a família se reúne em sua casa, uma revisão oral desse evento é acompanhada de uma refeição cujos elementos (ervas amargas, pão asmo e carne de cordeiro) ajudam a recordar os detalhes do êxodo.

Conexão com o Novo Testamento

Como judeu, durante sua vida, Jesus viajou até Jerusalém para a celebração da Páscoa muitas vezes. Antes de sua morte na Sexta-Feira Santa, Jesus teve um jantar de Páscoa com seus discípulos e usou seus elementos para iniciar a refeição conhecida como a Ceia do Senhor (Mateus 26.17-30). Os cristãos vinculam a morte de Jesus à morte do cordeiro da Páscoa (1Co 5.7-8).

Festa dos Pães sem Fermento (*Hag Hamatzot*)

Textos: Êxodo 12.14-20; Levítico 23.6-8
Data: Nisan 15-21 (primavera)

Origem

Essa festa também começou com o êxodo do Egito, quando o Senhor dirigiu seu povo para remover o fermento de suas casas. Todos os produtos assados deveriam ser feitos sem o uso de fermento.

Resumo

Juntamente com a Páscoa, as atividades da Festa dos Pães sem Fermento destinam-se a comemorar o êxodo do Egito. Durante uma semana, o fermento é cuidadosamente removido da casa e todo o pão comido é pão asmo (sem fermento, mazot em hebraico). Essa é uma semana em que o trabalho regular é suspenso e os cultos especiais de adoração são desfrutados.

Conexão com o Novo Testamento

Jesus teria se juntado às famílias judaicas que correram para Jerusalém para essa semana de celebração na cidade santa. As conotações negativas associadas ao fermento nessa festa levaram-no a ser usado como uma metáfora para algo ruim (Mateus 16.12, Lucas 12.1, 1Coríntios 5.7).

Festa das Semanas / Pentecostes (*Shavuot*)

Textos: Êxodo 23.16; Levítico 23.15-21
Data: Sivan 6 (primavera)

Origem

Essa data tornou-se parte do calendário anual israelita no monte Sinai.

Resumo

Cinquenta dias depois da Páscoa (o prefixo *pente* significa "cinquenta"), Deus ordenou ao seu povo que desse graças pela colheita de trigo durante esse festival agrícola. A fim de lembrá-los da fonte dessa bênção e encorajá-los a dar graças pelo agir de Deus como provedor desse elemento essencial da dieta antiga, o povo de Deus deveria trazer uma oferta de produtos de grãos para o templo. Após a era do Antigo Testamento, essa festividade também comemorou a entrega da lei no monte Sinai.

Conexão com o Novo Testamento

Os judeus que ouviram o sermão de Pedro no dia de Pentecostes e lhe responderam, haviam viajado para Jerusalém e estavam no templo para participar dessa festividade (Atos 2).

Festa das Trombetas (*Rosh Hashaná*)

Textos: Levítico 23.23-25; Números 29.1-6
Data: Tishri 1 (outono)

Origem

Essa festa tornou-se parte do calendário anual israelita no monte Sinai.

Resumo

O som emitido pelo chifre de carneiro (shofar) marca o início do ano judaico. Nesse dia, o trabalho regular cessava e a adoração especial indicava o estado mental correto de se iniciar o ano. Ele veio para marcar o início de um período de dez dias de reflexão sóbria e de arrependimento, levando ao Dia da Expiação.

Conexão com o Novo Testamento

Nenhuma referência específica à Festa das Trombetas é feita no Novo Testamento.

Dia da Expiação (*Yom Kipur*)

Texto: Levítico 16.1-34
Data: Tishri 10 (outono)

Origem
Esse dia tornou-se parte do calendário anual israelita no monte Sinai.

Resumo
Esse foi o dia mais sagrado no calendário hebraico, quando o povo foi "purificado de seus pecados" (Levítico 16.30). Era um dia de jejum e oração entre o povo. O sumo sacerdote entrou no Lugar Santíssimo trazendo o sangue para a expiação na arca da aliança, colocando sangue entre o lugar onde Deus fez sua presença conhecida acima da arca e mantendo o código da lei dentro da arca. O sumo sacerdote também confessou os pecados do povo usando um bode expiatório, que foi levado para o deserto.

Conexão com o Novo Testamento
A imagem desse dia é usada em Hebreus, ilustrando a maneira pela qual o sangue de Jesus e seu sacrifício trazem a expiação final para o mundo, de uma forma que a oferta do Dia da Expiação não conseguiu cumprir (9.11-28).

Festa das Cabanas/ Tabernáculos (*Sukkot*)

Textos: Levítico 23.33-44; Números 29.12-40
Data: Tishri 15-21 (outono)

Origem
Essa festividade tornou-se parte do calendário anual israelita no monte Sinai.

Resumo
Durante a colheita das frutas de outono, o povo de Deus deveria suspender o trabalho regular e gastar mais tempo na adoração, por sete dias. Era tempo para refletir sobre os anos que os israelitas passaram no deserto antes de sua chegada à terra prometida. Os abrigos portáteis (sukkah), feitos de ramos, lembram as "cabanas" em que seus antepassados viveram durante essa parte de sua história (Neemias 8.14-17). Orações eram oferecidas para a chegada antecipada das chuvas de inverno, e um sacerdote levava água do tanque de Siloé e a derramava na base do grande altar.

Conexão com o Novo Testamento
Jesus participou dessa festa e usou seu simbolismo para ensinar sobre sua identidade como o Messias (João 7.1-39).

Festa da Dedicação (*Hanukkah*)

Texto: João 10.22
Data: Kislev 25 (inverno)

Origem
Durante o período intertestamentário, o templo em Jerusalém foi libertado das mãos pagãs e dedicado novamente ao serviço do Senhor pelos macabeus, em 164 a.C. (De acordo com o livro apócrifo 1Macabeus 4.52-59). A tradição afirma que, durante a celebração de oito dias que se seguiu, não havia azeite suficiente para manter o menorá (uma espécie de candelabro) aceso no templo. No entanto, o suprimento suficiente para apenas um dia de óleo milagrosamente durou oito dias.

Resumo
Essa é uma data de celebração e reflexão sobre a nova dedicação do templo. Com o tempo, vários rituais foram adicionados à celebração, incluindo o uso do candelabro do Hanukkah.

Conexão com o Novo Testamento
Jesus enfrentou uma multidão hostil no complexo do templo durante esse festival, uma multidão pronta não para celebrar, mas para apedrejá-lo pelo fato de ele dizer ser o próprio Deus (João 10.22).

Purim (*Purim*)

Texto: Ester 9
Data: Adar 13-14 (inverno)

Origem
Quando o ímpio Hamã planejou a destruição dos judeus em todo o Império Persa (escolhendo o dia para tal ao lançar o purim, ou seja, lançar sorte), o Senhor usou a influência piedosa de Ester para impedir a atrocidade. O dia da destruição pretendida e a libertação realizada tornaram-se a festa judaica do Purim.

Resumo
Esse dia de celebração e doação de presentes relembra a misericórdia divina que transformou um dia associado ao luto em um dia de alegria, em que o Senhor salvou os judeus de seus inimigos.

Conexão com o Novo Testamento
Nenhuma referência específica ao Purim é feita no Novo Testamento.

Alianças

Definição

Uma aliança é um acordo entre duas ou mais partes que define obrigações, benefícios e penalidades.

Pacto iniciado na Criação (Pacto de obras)

Referência bíblica
Gênesis 2.15-17

Resumo
O Criador prometeu bem-estar temporal e salvação eterna aos mortais que permanecessem sem pecado, conforme demonstrado na correção moral de seus pensamentos, de seus desejos e de suas ações.

Aliança iniciada com Noé e todas as coisas vivas

Referência bíblica
Gênesis 9.8-17

Resumo
O Senhor, unilateralmente, prometeu a Noé e a todas as coisas vivas que ele nunca mais sujeitaria a terra a um dilúvio universal. Essa promessa indica que Deus tem outra maneira de lidar com um mundo sinuoso, o que está em forte contraste com um dilúvio destrutivo. E porque todos os seres vivos do mundo natural são incluídos nessa promessa, ela motiva no povo de Deus uma relação respeitosa com o meio ambiente.

Aliança iniciada com Abraão

Referência bíblica
Gênesis 12.1-3; 13.14-16; 15.9-21; 17.1-14

Resumo
O Senhor, unilateral e incondicionalmente, prometeu a salvação aos mortais arruinados pelo pecado, por meio de um descendente de Abraão, que iria abençoar todas as nações com o trabalho realizado na terra prometida aos descendentes de Abraão. A circuncisão dos homens na família de Abraão tornou-se um sinal dessa aliança.

Aliança iniciada com Moisés

Referência bíblica
Êxodo 19-24; Deuteronômio 27-30

Resumo
Para ajudar a família de Abraão no papel que eles desempenhariam em levar a aliança com Abraão ao seu ápice, Deus fez um acordo condicional com Israel. Ele prometeu-lhes a sua especial atenção, paz, saúde e prosperidade em troca de obediência ao código de lei, dado para moldar os pensamentos e as ações do seu povo. A desobediência seria enfrentada com violência, doença, fome e retribuição divina.

Aliança iniciada com Davi

Referência bíblica
2Samuel 7.5-16

Resumo
Essa aliança restringe o alcance das promessas dadas a Abraão. O Messias não seria apenas um descendente de Abraão, mas também um descendente de Davi – e não apenas um descendente de Davi, mas considerado como o próprio filho de Deus (7.14). O Senhor havia prometido a Abraão que um de seus descendentes seria uma bênção para todas as nações, e agora Davi encontra a execução dessa "bênção" ligada à sua família (7.29). Um de seus descendentes seria o Rei eterno que governaria um reino eterno.

Aliança iniciada com Jeremias (*Nova Aliança*)

Referência bíblica
Jeremias 31.31-34

Resumo
O fracasso dos israelitas em defender seu lado do acordo, iniciado no monte Sinai, estava prestes a resultar na sua deportação da terra prometida. Essa velha aliança estava tão em sua mente que a esperança tinha sido quase extinta; eles perderam de vista a aliança mais antiga feita com Abraão. A nova aliança iniciada com Jeremias não é um pacto totalmente novo, mas uma renovação da aliança feita anteriormente com Abraão e Davi. Seu tom revigorante apontava para os dias do Messias que ofereceria o último sacrifício necessário para pagar o pecado, tornando disponíveis a todas as nações a bênção incondicional do perdão (Hebreus 10.13-18).

Divindades do Antigo Oriente e a Bíblia

Aserá

Divindade cananeia identificada como a consorte do deus cananeu principal, El, e como a mãe dos deuses. Mencionada frequentemente no Antigo Testamento em paralelo com a adoração de Baal. O poste de Aserá era um dispositivo de madeira associado à adoração dedicada a ela. Os israelitas deveriam remover todos os postes da terra, mas, em vez disso, aumentaram seu número construindo os seus próprios postes (Êxodo 34.13; 2Reis 17.10).

Ashtoreth (Astarte, Ishtar)

A divindade feminina principal de Tiro e Sidom, a bela filha da divindade cananeia principal, El, e a consorte sensual, fêmea de Baal. Pensada para influenciar uma variedade de dimensões da vida, incluindo sexualidade, fertilidade, tempo e guerra. A afeição israelita por essa divindade veio com a aliança de Salomão com a Fenícia – um dos abusos que precipitaram a divisão de seu reino (1Reis 11.33).

Baal

Deidade masculina adorada em toda a região bíblica sob uma variedade de nomes sub-regionais, incluindo Baal-Berite, Baal Peor, Baal Zafon e Hadad. Expressou-se no trovão, no relâmpago, na chuva e na queda do orvalho, o que tornou possível a agricultura e o pastoreio em Canaã. Baal é mencionado com mais frequência do que qualquer outra divindade no Antigo Testamento, e os israelitas aprenderam a adorá-lo quando passaram a cultivar a terra de seus vizinhos cananeus. Porque tanto o Senhor como Baal alegaram controlar a chuva e o orvalho, o conflito entre os dois seguiu-se naturalmente (por exemplo, Deuteronômio 11.10-17, Juízes 6.36-40; 1Reis 18. 16-46).

Camos (Kemosh)

O deus nacional de Moabe pensava controlar seu bem-estar e seu destino, particularmente na guerra (Juízes 11.24, Jeremias 48.46). Salomão construiu um lugar alto para Camos, no monte das Oliveiras, a leste do templo do Senhor, um ato que precipitou a divisão de seu reino (1Reis 11.1, 33).

Moloque (Molech)

Divindade nacional de Amon. O sacrifício de crianças influenciava a disposição e a ação dessa divindade, uma prática detestável mencionada repetidamente com o nome da divindade (Levítico 18.21; 20.2-4).

Salomão construiu um santuário para Moloque no monte das Oliveiras, ao leste do templo do Senhor, um ato que precipitou a divisão de seu reino (1Reis 11.5, 7, 33).

Dagom (Dagan)

A divindade nacional dos filisteus, adotada quando de sua chegada em Canaã. Os filisteus pensavam que essa divindade influenciava a saúde da colheita de grãos na terra primordial da planície filisteia. Era atribuída a essa divindade a vitória sobre o Senhor, quando Sansão foi escravizado (Juízes 16.23) e quando os filisteus colocaram a arca da aliança, que fora usurpada, no templo de Dagom (1Samuel 5.2), noções estas rapidamente dissipadas.

Marduque (Bel)

Como deus criador, Marduque, ou Bel, foi identificado como a principal divindade do panteão babilônico. Enquanto os israelitas estavam exilados na Babilônia faziam Marduque parecer superior ao Senhor, mas Jeremias anunciou que a destruição da Babilônia revelaria o seu verdadeiro valor (Jeremias 50.2).

Nebo

Filho do principal deus babilônico, Marduque. Foi idealizado para influenciar a sabedoria e a escrita. Mencionado uma vez pelo nome (Isaías 46.1) quando Isaías descreve a queda de Babilônia; essa divindade seria humilhada, assim como seus adeptos.

Tamuz

Deidade suméria associada à fertilidade. A morte dessa divindade está associada à infertilidade da terra que lamenta seu ocaso. Sua restauração está associada ao retorno da fertilidade. Os adeptos praticam lamentos ritualísticos para encorajar seu retorno (Ezequiel 8.14).

Expectativas do Antigo Testamento cumpridas por Jesus

Expectativas	Referências	Cumprimentos por Jesus	Referências
Uma descendente de Eva daria à luz ao Messias.	Gênesis 3.15	Maria deu à luz a Jesus.	Lucas 2.7; 3.38; Gálatas 4.4
O Messias derrotaria o Diabo.	Gênesis 3.15	Jesus derrotou o Diabo.	Hebreus 2.14; 1João 3.8
O Messias seria um descendente de Abraão.	Gênesis 12.3	Jesus foi descendente de Abraão.	Mateus 1.1; Lucas 3.34; Gálatas 3.16, 29
A missão de salvação do Messias beneficiaria todas as nações.	Gênesis 12.3; Isaías 42.6; 49.6; 55.4-5	O trabalho salvador de Jesus se estende a todas as pessoas, em todas as épocas.	Lucas 2.32; João 3.16; Atos 2.39; 26.23; 2Coríntios 5.19
O Messias seria um descendente de Isaque.	Gênesis 26.3-4	Jesus foi descendente de Isaque.	Mateus 1.2; Lucas 3.34; Hebreus 11.18
O Messias seria um descendente de Jacó.	Gênesis 28.14	Jesus foi descendente de Jacó.	Mateus 1.2; Lucas 3.34
O Messias seria um descendente de Judá.	Gênesis 49.10; Miqueias 5.2	Jesus foi descendente de Judá.	Mateus 1.3; Lucas 3.33; Hebreus 7.14; Apocalipse 5.5
O Messias governaria como um rei.	Gênesis 49.10; Números 24.17; 2Samuel 7.16; Salmo 2.6; Isaías 9.7; Miqueias 5.2	Jesus governa como rei.	Mateus 28.18; João 18.36-37; 1Coríntios 15.24-25; Apocalipse 19.16
O Messias seria como o cordeiro da Páscoa.	Êxodo 12.1-11, 46; Isaías 53.3	Jesus é como o cordeiro da Páscoa.	João 1.29; 19.36; 1Coríntios 5.7; Apocalipse 5.12
O Messias seria um profeta.	Deuteronômio 18.15-19	Jesus foi um profeta.	Mateus 21.11; Lucas 7.16; João 6.14; 7.40
O Messias seria um descendente de Davi.	2Samuel 7.12-13; Isaías 9.7; Jeremias 23.5	Jesus era descendente de Davi.	Mateus 1.1; Lucas 2.4
O Messias enfrentaria forte oposição daqueles que estariam no poder.	Salmos 2.1-2; 22.12-13	Jesus enfrentou forte oposição daqueles que estavam no poder.	João 11.47-53; Atos 4.25-27

Expectativas do Antigo Testamento cumpridas por Jesus

Expectativas	Referências	Cumprimentos por Jesus	Referências
O Messias era o Filho de Deus.	Salmo 2.7	Jesus é o Filho de Deus.	Mateus 3.17; Atos 13.32-33; Hebreus 5.5; 2Pedro 1.17
O Messias venceria todos os que se opusessem a ele.	Salmos 2.9; 110.1-2; Isaías 63.1-6; Daniel 2.44-45	Jesus vence todos os que se opõem a ele.	Apocalipse 19.15-16
O corpo do Messias não se deterioraria depois da morte.	Salmo 16.8-10	O corpo de Jesus não se decompôs depois de sua morte.	Atos 2.25-32; 13.32-37
O Messias seria desprezado e tratado com considerável desrespeito.	Salmo 22.6-7; Isaías 53.1-3	Jesus foi desprezado e tratado com considerável desrespeito.	Mateus 27.37-44; João 1.46
O Messias seria perfurado.	Salmo 22.16; Isaías 53.5	Jesus foi perfurado.	Mateus 27.31; João 19.34, 37; Apocalipse 1.7
A roupa do Messias seria dividida por meio de sorteio.	Salmo 22.18	A roupa de Jesus foi dividida por meio de sorteio.	Mateus 27.35; João 19.23-24
O Messias seria um sacerdote fora da linhagem levítica, como Melquisedeque.	Salmo 110.4	Jesus era um sacerdote fora da linhagem levítica, como Melquisedeque.	Hebreus 5.6-10; 6.20; 7.1-22; 10.11-14
O Messias se uniria fisicamente à raça humana.	Salmo 40.6-8; Isaías 7.14; 9.6	Jesus estava fisicamente unido à raça humana.	Mateus 1.22-23; Lucas 2.7; Gálatas 4.4; Hebreus 10.5-9
O Messias traria luz aos lugares escuros.	Isaías 9.1-2; 60.1-3	Jesus traz luz aos lugares escuros.	Mateus 4.14-16; Lucas 2.30-32; João 8.12
O Espírito Santo repousaria sobre o Messias.	Isaías 11.2	O Espírito Santo repousou sobre Jesus.	Mateus 3.16
O Messias traria um tempo de paz.	Isaías 11.6-11; 65.17-25	Jesus traz um tempo de paz.	Mateus 11.28-30; João 14.27; Apocalipse 7.14-17; 21.1-5
O Messias curaria os doentes.	Isaías 35.5-6	Jesus curou os doentes.	Mateus 11.5; Lucas 7.21-22
O Messias apareceria ao leste de Jerusalém.	Isaías 40.1-5	Jesus foi batizado ao leste de Jerusalém, e muitas vezes entrou em Jerusalém a partir do leste.	Mateus 3.1-3, 13; 21.1-11, 17,18

Expectativas	Referências	Cumprimentos por Jesus	Referências
O Messias seria como um bom pastor.	Isaías 40.10-11	Jesus é o bom pastor.	João 10.14; Hebreus 13.20
O Messias conduziria sua vida com grande humildade.	Isaías 42.1-4	Jesus conduziu sua vida com grande humildade.	Mateus 12.17-21; João 13.4-5
O Messias seria o substituto salvador dos mortais atingidos pelo pecado.	Isaías 53.4-6, 12	Jesus foi o substituto salvador dos mortais atingidos pelo pecado.	Mateus 8.16-17; Romanos 4.25; 5.6-8; 1Coríntios 15.3; 2Coríntios 5.21
O Messias seria designado a ser enterrado na cova de um criminoso só para ser enterrado no túmulo de um homem rico.	Isaías 53.9	Jesus foi designado à sepultura de um criminoso e, em seguida, enterrado no túmulo de um homem rico.	Mateus 27.57-60
O Messias traria boas-novas aos pobres e quebrantados de coração, para confortar todos os que choram.	Isaías 61.1-3	Jesus trouxe boas-novas aos pobres e quebrantados de coração e consolou aqueles que se afligiam.	Mateus 5.3,4; Lucas 4.16-21
O Messias iniciaria uma nova aliança.	Jeremias 31.31-34	Jesus iniciou uma nova aliança.	Lucas 22.20; Hebreus 10.13-18
O Messias apareceria como o Filho do Homem, vindo sobre as nuvens do céu.	Daniel 7.13-14	Jesus é o Filho do Homem que virá sobre as nuvens do céu.	Mateus 24.30; 25.31; 26.64; Atos 1.9-11; Apocalipse 1.7
Os dias da vinda do Messias seriam vinculados a um derramamento do Espírito Santo.	Joel 2.28-32	A ascensão de Jesus foi seguida por um derramamento do Espírito Santo.	João 14.15-17; Atos 2.17-21
O Messias nasceria em Belém.	Miqueias 5.2	Jesus nasceu em Belém.	Mateus 2.1-6; Lucas 2.4-11
O Messias entraria em Jerusalém montado em um jumento.	Zacarias 9.9	Jesus entrou em Jerusalém montado em um jumento.	Mateus 21.1-7; João 12.13-15
A chegada do Messias seria anunciada por um precursor.	Isaías 40.3; Malaquias 3.1; 4.5-6	A chegada de Jesus foi anunciada por João Batista.	Mateus 3.1-3; 11.10-14; Lucas 1.17; 7.27

Expectativas do Antigo Testamento cumpridas por Jesus

Armas do Antigo Testamento

Machado de batalha

O machado de batalha era uma adaptação do machado doméstico, cuja cabeça de metal tinha uma variedade de formas: de bico de pato até um retângulo crescente. O punho dessa arma de curto alcance agia como uma alavanca, aumentando a força com que a borda afiada da cabeça poderia atingir um soldado inimigo.

Maça

A maça era uma adaptação do machado de batalha. O cabo terminava em uma pedra redonda ou em bola de metal que não tinha sua borda afiada. Ela também aproveitava o princípio da alavanca, mas em vez de corte, ela foi destinada a quebrar ossos e esmagar o crânio dos soldados inimigos.

Espada

Antes do tempo dos juízes em Israel, a espada da Bíblia era, provavelmente, a espada de foice. O punho da espada de foice terminava em uma lâmina curvada cuja borda externa era afiada. Isso a tornou um instrumento muito eficaz para cortar. À medida que a Idade do Ferro se desenvolvia, essa arma mudou de forma e composição. O bronze deu lugar ao ferro, e a espada de foice deu lugar à espada reta. A espada reta tinha uma alça mais curta e uma lâmina mais longa, afiada em ambos os lados, de modo que pudesse ser usada tanto para cortar quanto para esfaquear. Com o tempo, um friso foi adicionado no meio da lâmina para fortalecê-la.

Adaga

A adaga era semelhante em design à espada reta, mas menor em comprimento, tornando-a mais fácil de esconder e mais ágil do que a espada mais longa, para que ela pudesse ser mais eficaz em uma luta de contato mais próximo.

Lança

A lança era composta por um eixo de madeira, cujo comprimento correspondia à altura do soldado que a usava. O eixo de madeira terminava em uma ponta de metal afiada em ambos os lados. Foi projetada primeiramente como uma arma de empunhadura, em vez de um objeto a ser atirado, para atingir o soldado inimigo antes que sua espada, seu machado, sua maça ou sua adaga pudesse ameaçar.

Armas do Antigo Testamento

Dardo

O dardo se parecia com a lança, mas foi feito para ser mais leve e ter uma ponta mais aerodinâmica. Era a arma de médio alcance que deveria ser lançada contra os soldados inimigos que se aproximavam. Experimentos do tempo de Napoleão indicaram um alcance efetivo de cerca de vinte metros. Contudo, com um cabo adicionado, a escala de alcance aumentou para quase oitenta metros.

Arco e flecha

O arco e a flecha formavam uma arma de longo alcance, destinada a atacar os inimigos que se aproximavam muito antes que suas armas de mão estivessem em uma zona de ameaça. No início, o arco foi feito de uma única peça de madeira dobrada. Mas, com o tempo, esse simples arco foi substituído pelo arco composto. Em ambos os casos, é a física que permite ao soldado estender a distância que a flecha poderia percorrer, aproveitando a energia do arco de madeira de rebote quando a corda era solta. Com o arco composto, a escala eficaz dessa arma estende-se a mais ou menos 180 metros. Enquanto uma flecha poderia ser facilmente evitada, arqueiros foram agrupados de modo que eles pudessem liberar uma espécie de chuva de flechas, causando carnificina e pânico quando eram atiradas.

Funda

A funda e o estilingue não são a mesma coisa. A funda bíblica consistia em duas cordas de couro ou lã anexadas a uma bolsa em que o projétil era colocado. Uma vez que o projétil de argila, de madeira ou de pedra era carregado, o atirador agarrava as extremidades livres dos dois cabos e girava a arma sobre a cabeça ou ao lado. Depois de duas ou três rotações, um dos cabos seria liberado, permitindo que o projétil saísse da bolsa a uma velocidade que atingia mais de 160 quilômetro por hora. Esse projétil de alta velocidade era mais difícil de ser visto e era eficaz em uma distância de mais de 180 metros, capaz de atingir o inimigo mesmo antes de arqueiros.

Ciclo da semana da criação em Gênesis 1.1 – 2.4

DIA 1 (1.3-5)
A luz é criada para distinguir o dia da noite.

DIA 2 (1.6-8)
A atmosfera da terra e o mar tornaram-se distintos um do outro.

DIA 3 (1.9-13)
A terra seca é separada do mar e preenchida de vegetação viva.

DIA 4 (1.14-19)
Luminares (o sol, a lua e as estrelas) são criados para distinguir o dia da noite.

DIA 5 (1.20-23)
Aves que voam na atmosfera e criaturas que vivem no mar são criadas.

DIA 6 (1.24-31)
Animais que vivem em terra seca e pessoas são criadas.

DIA 7 (2.2-3)
Deus descansa e abençoa o sétimo dia.

Descendentes de Abraão

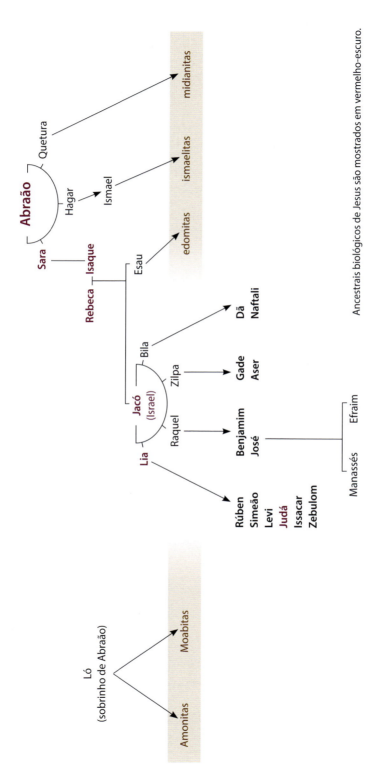

Ancestrais biológicos de Jesus são mostrados em vermelho-escuro.

Manual bíblico de mapas, gráficos e cronologias

Teofanias-chave em Gênesis

Teofania | Conteúdo da teofania

Texto	Receptor	Localização	Terra Prometida	Família para a nação	Bênção divina	Melhora da reputação	Bênção para todas as nações	Segurança	Circuncisão
12.1–3	Abrão	Harã	•	•	•	•	•	•	
12.6–7	Abrão	Siquém	•						
13.14–18	Abrão	?	•	•					
15.1–21	Abrão	?	•	•	•			•	
17.1–22	Abraão	?	•	•	•				•
18.1–33	Abraão	Hebrom		•					
21.11–13	Abraão	Berseba		•			•	•	
22.15–18	Abraão	Moriá		•	•			•	
26.1–6	Isaque	Gerar	•	•	•		•	•	
26.23–25	Isaque	Berseba		•	•				
28.10–15	Jacó	Betel	•	•	•		•	•	
31.3	Jacó	Padã-Arã	•		•			•	
32.22–29	Jacó	Rio Jaboque		•	•			•	
35.9–13	Jacó	Betel	•	•	•				
46.1–4	Jacó	Berseba	•	•				•	

Pragas, divindades e economia egípcias

Praga	Êxodo	Adoração egípcia	Economia egípcia
Águas do Nilo tornam-se sangue	7.14-24	Khnum (Chnum): provisão de água Hapi: associado à reabilitação agrícola da terra durante a cheia anual do rio Nilo	A produtividade cai à medida que os trabalhadores abandonam as tarefas habituais para cavar poços que fornecem água potável.
Rãs	8.1-15	Heqet (Keket): representada como uma rã e ligada à fertilidade	Distração dos trabalhadores, diminuindo a produtividade
Piolhos	8.16–19		Distração dos trabalhadores, diminuindo a produtividade
Moscas	8.20–32		Distração dos trabalhadores, diminuindo a produtividade
Gado doente	9.1–7	Hator: Deusa de cabeça de vaca associada à saúde, fertilidade e beleza Ptah (Pteh): vinculado ao touro Ápis e provedor de fertilidade e proteção	Morte de animais que eram utilizados para transporte, trabalho de cultivo e alimentação
Furúnculos em gado e animais	9.8–12		Desativação de animais utilizados para transporte e trabalho de cultivo, bem como a paralização dos trabalhadores
Trovoadas fortes e granizo	9.13–35	Set (Seth): o deus da tempestade associado a fenômenos de tempestades	Gado e trabalhadores lesionados, destruição de culturas de campo e árvores frutíferas
Gafanhotos	10.1–20	Osíris: divindade associada ao submundo e à agricultura	Distração dos trabalhadores e destruição das culturas e das árvores frutíferas restantes
Trevas densas	10.21–29	Re (Ra ou Amun-Re): deus do sol e patrono do faraó	O trabalho ao ar livre é suspenso, e os trabalhadores internos são distraídos
Morte dos filhos primogênitos	11.1–12.30	Como chefe dos líderes religiosos do Egito, faraó usaria sua influência divina para manter o princípio egípcio de *ma'at*, que assegurava o bem-estar pessoal e a justiça social.	A tragédia pessoal agravada pelo estresse das pragas anteriores desativa totalmente a nação, sua liderança e a noção de sucessão real.

A data do êxodo

Fonte	Evidência	Datação do século 13	Datação do século 15
1Reis 6.1	Salomão começou a construir o templo em Jerusalém em 966 a.C., "480 anos" após o êxodo do Egito.	A figura de 480 anos é uma expressão figurativa para as doze gerações (12 x 40 = 480). Supondo que uma geração esteja mais próxima de 25 do que de 40 anos, esses 480 anos devem ser entendidos como trezentos anos. Trezentos anos antes de 966 a.C. dá uma data do êxodo de 1266 a.C.	A figura dos 480 anos é uma data literal usada para identificar a fundação do edifício mais importante em Jerusalém. Calculando 480 anos antes de 966 a.C., produz uma datação do êxodo para 1446 a.C.
Êxodo 1.11	Os israelitas foram forçados a construir a cidade egípcia de Ramessés.	Essa cidade recebeu o nome de seu famoso construtor Ramessés II, que governou o Egito 1304-1236 a.C.	O nome "Ramessés" antecede esse famoso faraó e é chamado de "cidade-celeiro" em vez de uma residência real.
Juízes 11.26	Jefté observa que os israelitas ocuparam cidades-chave perto do desfiladeiro do rio Arnom por trezentos anos.	Jefté está exagerando o número, usando a hipérbole quando ele argumenta com o rei de Amon sobre quem tem o direito à terra entre os rios Arnom e Jaboque.	Jefté (cerca de 1100 a.C.) está usando um número arredondado, mas literal, ao dizer que foram cerca de trezentos anos desde que os israelitas chegaram à terra. Observe que 1100 + 300 + 40 (anos no deserto) = 1440 a.C.
Cartas de Tel el-Amarna	Uma parte desse arquivo que data de cerca de 1400 a.C. inclui correspondência de líderes sírio-palestinos reclamando ao Egito sobre a invasão de "Habiru".	O termo *Habiru* é muito amplo e não está necessariamente ligado à chegada dos israelitas nessa região.	Enquanto o termo Habiru não aponta para os israelitas, a atividade do Habiru descrita nas cartas traça um paralelo próximo à descrição bíblica dos israelitas invasores.
Estela de Merneptá	Esse monumento egípcio que data do reinado do faraó Merneptá (1213-1203 a.C.) menciona formalmente "Israel" como um oponente com quem ele se envolveu em Canaã.	A linguagem do monumento sugere que "Israel" é um grupo de pessoas menos estabelecidas na terra do que outros grupos mencionados no monumento. Isso seria verdade se os israelitas tivessem chegado mais recentemente à terra.	Para que Israel seja digno de menção como um oponente nesse monumento, deve ter sido estabelecido em Canaã por um longo período de tempo.
Arqueologia do século 13 de Canaã	Muitos sítios arqueológicos em Canaã que datam do século 13 a.C. mostram sinais de destruição significativa.	Essa destruição é consistente com a invasão militar de Josué e os israelitas.	Essa destruição não é consistente com a forma como Josué descreve o avanço israelita em Canaã, uma vez que apenas um punhado de cidades enfrentou destruição significativa. A destruição do século 13 é consistente com a descrição em Juízes, que fala de múltiplos ataques às propriedades israelitas por invasores como os filisteus e de guerra entre as tribos israelitas.

Animais, insetos e a dieta israelita

Tipo	Puros	Impuros	Textos
Mamíferos	Mamíferos que têm casco fendido e ruminam	Mamíferos que têm casco fendido mas não ruminam, como o porco Mamíferos que ruminam mas não têm casco fendido, como o camelo Mamíferos que andam de quatro, como o cão, o urso ou o gato Filhote cozido no leite materno Todos os roedores Mamíferos encontrados mortos Sangue de mamíferos	Levítico 11.1-8, 27, 29, 42; 19.26; 22.8; Deuteronômio 14.1-8, 21
Pássaros	Todas as aves, salvo proibição em contrário	Aves de rapina Pássaros comedores de peixe Catadores de carniça Hoopoe (poupa) Morcegos Pássaro encontrado morto Sangue de um pássaro	Levítico 11.13-19; 19.26; 22.8; Deuteronômio 14.11-18, 21
Criaturas da água que vivem em lagos, mares ou riachos	Todas as criaturas da água que têm barbatanas e escamas	Todas as criaturas aquáticas que não têm barbatanas e escamas, como enguia, molusco ou caranguejo Todas as criaturas da água encontradas mortas Sangue de uma criatura aquática	Levítico 11.9-12; 19.26; 22.8; Deuteronômio 14.9-10, 21
Insetos	Somente os insetos que saltam usando as pernas articuladas, como o gafanhoto e o grilo	Todos os outros insetos que voam ou andam Inseto encontrado morto	Levítico 11.20-23; 22.8; Deuteronômio 14.21
Répteis	Nenhum	Particularmente todos os lagartos e cobras	Levítico 11.29-30, 42

Cosmovisões bíblicas e do Antigo Oriente

Cosmovisão bíblica	Cosmovisão do Antigo Oriente
Só existe um Deus.	Há muitos deuses.
A existência de Deus é eterna e presumida da época da criação deste mundo.	Os deuses não são eternos e evoluíram ao longo do tempo.
Deus nunca está errado.	Os deuses são propensos a cometer erros.
Deus é sempre moral e justo em seus pensamentos e ações.	Os deuses são frequentemente imorais e injustos em seus pensamentos e ações.
As ações e o humor de Deus são previsíveis.	As ações e o humor dos deuses são imprevisíveis.
A história de Deus é revelada na história.	A história dos deuses é revelada na mitologia.
Deus criou o mundo natural.	Os deuses representam componentes do mundo natural.
Os mortais são a honrada coroa da criação de Deus.	Os mortais são um estorvo, criados para serem os mais humilhados escravos dos deuses.
O papel principal dos mortais é glorificar a Deus.	O papel principal dos mortais é prover as necessidades dos deuses.
Deus proíbe a fabricação e o uso de ídolos.	Os deuses patrocinaram e exigiram o uso de ídolos para mediar a interação com os mortais.
Deus é soberano e não pode ser manipulado pelo uso da magia.	Os deuses são dependentes dos mortais e sujeitos ao uso da magia.
As expectativas de Deus são claramente comunicadas por escrito.	A expectativa dos deuses está escondida e deve ser intuída da experiência pessoal e por meio do uso de premonições.
Sacrifícios são instrumentos de adoração que recordam a dependência dos mortais em relação a Deus, modelando, assim, a solução para o pecado.	Os sacrifícios fornecem aos deuses a comida que os permite sobreviver.

Sacrifícios do Antigo Testamento

Nome	Referências	Item pessoal exigido	Razão
Oferta queimada	Levítico 1; 6.8-13	Macho do rebanho ou da manada que não apresenta defeito visível Para aqueles de menor status econômico, uma pomba ou pombo	Prover expiação e garantia de perdão pelos pecados gerais Para sinalizar entrega e dedicação completas da vida a Deus
Oferta de cereais (oferta de cereais, oferta de tributos)	Levítico 2; 6.14-23	Farinha fina misturada com óleo, sal e incenso Bolos cozidos feitos com farinha fina, sal e óleo, mas sem fermento ou mel Cabeças de grão assadas, cheias de óleo, incenso e sal	Para dar graças pela bênção do Senhor sobre a colheita de grãos e frutos
Oferecimento de comunhão (oferta de paz)	Levítico 3; 7.11-36	Macho ou fêmea do rebanho ou da manada sem defeito visível As ofertas de agradecimento são acompanhadas por bolos assados.	Para expressar gratidão pelo seu relacionamento com o Senhor e a paz que ele oferece Para dar solenidade a um voto Para expressar gratidão por bênçãos particulares recebidas
Oferta pelo pecado	Levítico 4.1–5.13; 6.24-30	Animais machos ou fêmeas do rebanho ou da manada, sem defeito visível, pombas e pombos, ou farinha fina sem óleo ou incenso adicionado; tipo de oferta para situação socioeconômica específica	Para restaurar a pureza, assegurar a expiação e proporcionar garantia de perdão para aqueles que cometeram pecados involuntários
Oferta pela culpa	Levítico 5.14–6.7; 7.1-10	Carneiro sem defeito visível	Para restaurar a pureza, garantir a expiação e proporcionar garantia de perdão para aqueles que cometeram pecados involuntários em que a restituição ao indivíduo prejudicado é possível. A restituição é paga à pessoa prejudicada em 120% da perda.

Marcha e acampamento israelitas

Ordem das tribos quando viajavam (Números 10)

| Retaguarda | 6 Tribos do norte (Dã, Aser, Naftali) (vv. 25-27) | 5 Tribos do oeste (Efraim, Manassés, Benjamim) (vv. 22-24) | 4 Levitas responsáveis por "coisas santas" (Coatitas) (v. 21) | 3 Tribos do sul (Rúben, Simeão, Gade) (vv. 18-20) | 2 Levitas responsáveis pelo "tabernáculo" (Gersonitas, Meratitas) (v. 17) | 1 Tribos do leste (Judá, Issacar, Zebulom) (vv. 14-16) | Dianteira |

Posições das tribos acampadas

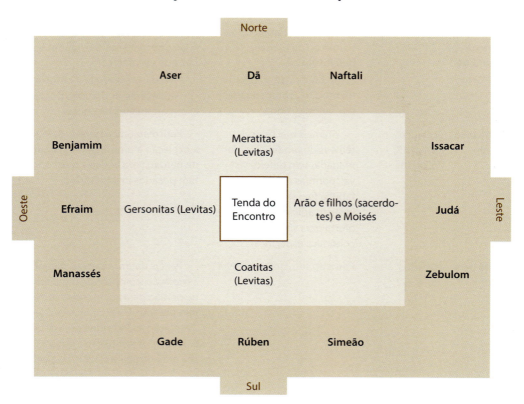

Os números em Números

Ponto importante

- A palavra hebraica אלף é usada para reportar dados do censo tanto no início quanto no fim do livro de Números (1.46; 26.51).
- A palavra אלף pode se referir ao número "mil" (Gênesis 20.16) ou a uma "unidade militar" de aproximadamente dez a quinze soldados, aqueles que eram constituídos por uma unidade social maior do que uma família, mas menor que uma tribo (Juízes 6.15).

Diferenças

"Mil"	"Unidade militar"
Resulta em mais de seiscentos mil soldados israelitas	Resulta em cerca de 7 mil a 10 mil soldados israelitas
Resulta em uma população israelita no total de mais de dois milhões israelitas	Resulta em uma população israelita no total de 28 mil – 40 mil israelitas
Segue a direção de estudiosos religiosos judeus que trabalharam entre os séculos 5 e 10 (Massoretas), que entenderam a palavra dessa maneira	Usa a linguística contemporânea e uma compreensão mais avançada da língua hebraica para considerar as maneiras pelas quais as palavras individuais recebem significado
Torna o exército israelita mais de seis vezes e meia maior do que o tamanho presumido do exército egípcio na época, explicando o medo que tomou o Egito	Torna o exército israelita cerca de um terço do tamanho presumido do exército egípcio na época, explicando tanto o nervosismo dos egípcios quanto o medo dos israelitas
Faz o milagre da sobrevivência no deserto mais dramático	Faz a passagem através do deserto do Egito para a terra prometida mais exequível
Ajusta o número com os dados sobre o imposto de meio ciclo recolhido de todo homem israelita de vinte anos de idade ou mais (Êxodo 38.25-26)	Torna os israelitas menores do que as nações que se deslocariam da terra prometida, mantendo seu tamanho comparativo alinhado com a avaliação de Moisés (Deuteronômio 7.1, 7)
Explica por que as cidades-estados cananeias se uniram para resistir à invasão israelita de sua terra	Mantém os recursos de água doce da terra prometida em sintonia com o número de pessoas que entram na terra

Similaridades

- Ambas as soluções respeitam a autoridade e a integridade do texto bíblico.
- Ambas as soluções ilustram que Deus cumpriu sua promessa a Abraão, permitindo que sua pequena família se tornasse uma grande nação.
- Ambas as soluções exigem um milagre divino para sustentar o número de pessoas que viajam no deserto.
- Ambas as soluções tratam as informações como dados de censo derivados do período de Moisés, em vez de uma estimativa exagerada, cujos números são extraídos de uma era posterior.

Conquistas de Josué

Localização	Texto	Importância estratégica	Importância teológica
Jericó	Josué 6.1-27; 12.9	Portal oriental principal do vale do rio Jordão ao interior de Canaã	Portal estratégico, que Israel deve deixar "não fortificado", como marca de sua fé na proteção do Senhor (Josué 6.26)
Ai (perto de Betel)	Josué 8.1-29; 12.9	Controle do platô de Benjamim e da estrada de Jericó-Gezer	O sonho de Jacó e a coluna memorial (Gênesis 28.10-22)
Siquém	Josué 8.30-35; 24	Controla a passagem montanhosa entre o monte Ebal e o monte Gerizim, ao longo da Rota do Cume	Terra prometida identificada por Abrão (Gênesis 12.6-7); localização do túmulo de José; local de renovação da aliança durante e após a conquista de Josué
Gibeão	Josué 9.1–10.28	Controle do platô de Benjamim e da estrada de Jericó-Gezer	Futura locação do tabernáculo e do altar do holocausto (1Crônicas 21.29)
Jerusalém	Josué 12.10	Controles do platô de Benjamim e da estrada de Jericó-Gezer	Abrão e Melquisedeque (Gênesis 14.18); o futuro centro religioso e político de Israel
Hebrom	Josué 12.10	Controla o movimento na região montanhosa de Judá, a partir do Neguebe, ao longo da Rota do Cume	Túmulo de Abraão / Sara, Isaque / Rebeca, Jacó / Lia (Gênesis 23.1-20)
Jarmute	Josué 12.11	Perto do vale de Elá, rota de Sefelá para o interior de Judá	
Laquis	Josué 12.11	Controla a interseção entre Sefelá e Hebrom	
Eglom	Josué 12.12	Ao longo da estrada secundária que une Sefelá a Hebrom	
Gezer	Josué 12.12	Controla a entrada para o vale de Aijalom, a rota principal da costa para o planalto de Benjamim e Jerusalém	
Debir	Josué 12.13	Ao longo da rota secundária de Neguebe para Hebrom	
Geder	Josué 12.13	Localização incerta	
Hormá	Josué 12.14	Ao longo da rota comercial Transjordânia-Gaza, no Neguebe	Lição sobre a fé falha no tempo de Moisés (Números 14.45)
Arade	Josué 12.14	Ao longo da rota comercial Transjordânia-Gaza, no Neguebe	As vitórias israelitas na época de Moisés (Números 21.1-3)

Localização	Texto	Importância estratégica	Importância teológica
Libna	Josué 12.15	Ao longo da rota secundária da costa para Hebrom através de Sefelá	
Adulão	Josué 12.15	Ao longo da rota do vale de Elá à Rota do Cume, ligando a costa e o interior	
Maquedá	Josué 12.16	Ao longo de uma rota secundária entre a costa e Hebrom	
Betel	Josué 12.16	Controle do platô de Benjamin e da estrada de Jericó-Gezer	O sonho de Jacó e a coluna memorial (Gênesis 28.10-22)
Tapua	Josué 12.17	Cidade em Efraim, perto da Rota do Cume	
Héfer	Josué 12.17	Cidade no lado norte do vale de Dotã, ao longo da rota que liga a costa e o vale de Jezreel	
Afeque	Josué 12.18	Principal fonte de água na planície de Sarom, ao longo da Estrada Internacional	
Lasarom	Josué 12.18	Localização incerta	
Madom	Josué 12.19	Localização incerta	
Hazor	Josué 12.19	Grande cidade, supervisionando o principal entroncamento na rodovia internacional ao norte do Mar da Galiléia	
Sinrom-Merom	Josué 12.20	Localização incerta	
Acsafe	Josué 12.20	Localização incerta	
Taanaque	Josué 12.21	Cidade de acesso ao vale de Jezreel	
Megido	Josué 12.21	A cidade mais estratégica no mundo antigo, ao longo da Estrada Internacional, passagem de controle ao vale de Jezreel	
Quedes	Josué 12.22	Cidade em Naftali, ao longo da Estrada Internacional	
Jocneão do Carmelo	Josué 12.22	Cidade de acesso ao vale de Jezreel	
Dor (Nafote-Dor)	Josué 12.23	Cidade portuária no mar Mediterrâneo com acesso ao vale de Jezreel	
Goim de Gilgal	Josué 12.23	Localização incerta	
Tirza	Josué 12.24	Cidade na interseção do Wadi Farah (Fariah) e da Rota do Cume, que liga o vale do Jordão com o interior de Samaria	

Conquistas de Josué

Guerra santa

Na guerra santa, o comandante dos exércitos do céu claramente se identifica como o comandante do exército na terra (Josué 5.13-15).

Na guerra santa, o Senhor revela claramente suas intenções de ir à guerra ao seu comandante subordinado na terra (Josué 1.1-6).

Na guerra santa, o Senhor realiza milagres públicos associados ao comandante subordinado na terra, para confirmar que este é autorizado a conduzir tal guerra (Josué 4.14-24, 6.8-20).

Na guerra santa, o Senhor dá instruções gerais e muito específicas sobre como a guerra deve ser travada (Deuteronômio 7.1-6, 20.1-20, Josué 1.7-9, 6.2-5).

Na guerra santa, um resultado vitorioso é garantido se as direções divinas forem seguidas (Deuteronômio 20.1-4, Josué 1.5-6; veja também Josué 7.10-12 e 9.14).

Na guerra santa, é necessário que o povo se consagre antes da batalha, como uma forma de lembrar que tal guerra serve e glorifica a Deus, não aos mortais (Josué 3.5; compare com Êxodo 19.10, 14-15, Josué 8.30-35).

Na guerra santa, o Senhor determina o destino das estruturas opostas da cidade, de seus moradores e suas posses (Deuteronômio 20.19-20; 21.10-14; Josué 6.21; 8.1-2; 11.6; mas observe a exceção em Josué 6.25).

Ciclos literários em Juízes

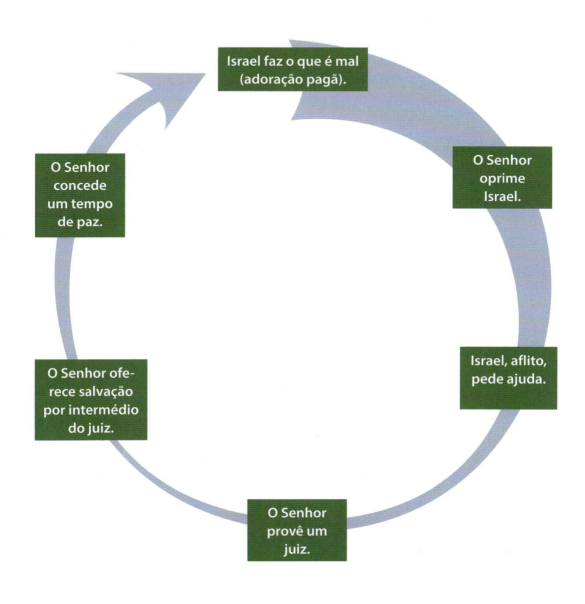

Juízes

Juiz	Texto	Anos de serviço	Realizações
Otoniel	Juízes 3.7-11	40	Encerrou oito anos de opressão arameia ao derrotar o rei Cuchã-Risataim.
Eúde	Juízes 3.12-30	80	Encerrou dezoito anos de opressão, usando uma estratégia para matar o rei Eglon, de Moabe, retomando Jericó de Moabe e supervisionando a derrota do exército moabita.
Sangar	Juízes 3.31	Não informado	Encerrou um tempo de opressão dos filisteus, derrubando seiscentos soldados com uma aguilhada de bois.
Débora	Juízes 4-5	40	Encerrou vinte anos de opressão, juntando-se a Baraque para derrotar Jabim, rei de Hazor, e seu general, Sísera, com seus carros de ferro no vale de Jezreel.
Gideão	Juízes 6-8	40	Encerrou sete anos de opressão midianita, demonstrando que Baal era uma fraude e conduzindo trezentos soldados escolhidos pelo Senhor na fonte de Harode, na batalha contra milhares de midianitas acampados no vale de Jezreel.
Tolá	Juízes 10.1-2	23	Não informado
Jair	Juízes 10.3-5	22	Não informado
Jefté	Juízes 10.6–12.7	6	Encerrou dezoito anos de opressão amonita em Gileade, atacando cidades amonitas e subjugando-as.
Ibsã	Juízes 12.8-10	7	Não informado
Elom	Juízes 12.11-12	10	Não informado
Abdom	Juízes 12.13-15	8	Não informado
Sansão	Juízes 13-16	20	Encerrou quarenta anos de opressão dos filisteus, provocando-os com um contrato de casamento com uma filisteia, matando trinta homens em Ascalom, queimando seus campos de grãos no vale de Soreque, matando "mil homens" em Judá com a mandíbula de um jumento e derrubando o templo de Dagom, em Gaza, matando muitos fiéis filisteus ali.
Samuel	1Samuel 1-16, 19	Mais de 90	O profeta/juiz que ouviu a voz de Deus quando ninguém mais o fez, supervisionou a derrota dos filisteus em Mispá e providenciou a transição para a monarquia israelita, ungindo Saul e Davi como os dois primeiros reis de Israel.

Arca da aliança em movimento

Localização	Texto	Circunstâncias
Monte Sinai	Êxodo 25.10-22; 40.1-3	Moisés recebe instruções para a construção da arca e para colocá-la no tabernáculo.
Em movimento no deserto	Números 4.4-6	O Senhor faz com que os coatitas sejam responsáveis por embalar e mover a arca enquanto os israelitas viajam para a terra prometida.
Rio Jordão	Josué 3.1-4	A arca conduz os israelitas através do rio Jordão para a terra prometida.
Jericó	Josué 6.2-7	A arca conduz os guerreiros em suas caminhadas em torno de Jericó.
Vale entre o monte Ebal e o monte Gerizim	Josué 8.33	Josué coloca a arca no centro da cerimônia de renovação da aliança em Siquém.
Siló	Josué 18.1	A arca encontra um lar com o tabernáculo em Siló, quando a divisão final da terra prometida ocorre.
Betel	Juízes 20.27-28	A arca é transferida temporariamente para Betel, perto de seu campo de guerra, para que os israelitas possam perguntar ao Senhor como responder pelos crimes cometidos por Gibeá de Benjamim.
Siló	1Samuel 1.3; 3.3	A família de Samuel adora o Senhor e Samuel serve no tabernáculo em Siló.
Ebenézer perto de Afeque	1Samuel 4.1-4	Os israelitas levam a arca para a batalha contra os filisteus, tratando-a como um talismã que lhes trará vitória.
Asdode	1Samuel 5.1	Os filisteus capturam a arca e a levam para o templo de Dagom.
Gate	1Samuel 5.8	Quando a arca traz problemas a Asdode, os filisteus a levam para Gate.
Ecrom	1Samuel 5.10	Quando a arca traz problemas a Gate, os filisteus a levam para Ecrom.
Bete-Semes	1Samuel 6.13-15	Os filisteus de Ecrom rapidamente projetam um modo de devolver a arca aos israelitas, através do vale de Soreque até Bete-Semes.
Quiriate-Jearim	1Samuel 7.1	Quando os israelitas de Bete-Semes maltratam a arca, ela é transferida para Quiriate-Jearim, onde permanece por vinte anos.
Casa de Obede-Edom	2Samuel 6.7-11	À medida que Davi move a arca para a cidade de Davi, o ato irreverente e a morte de Uzá causam um atraso de três meses.
Cidade de Davi	2Samuel 6.16-17	Davi, com êxito, move a arca para a cidade de Davi.
Monte do templo em Jerusalém	1Reis 8.1-5	Salomão coloca a arca no templo que ele havia concluído.

Reinado

Semelhanças permitidas entre reis israelitas e não israelitas

Ambos tinham símbolos de liderança que incluíam tronos e coroas.	Ambos cobravam tarifas sobre bens comerciais.
Ambos tinham palácios reais.	Ambos receberam tributo de inimigos derrotados.
Ambos tinham capitais.	Ambos tinham administrações que participaram em governar os assuntos diários do estado.
Ambos integraram uma cosmovisão religiosa com a política.	Ambos desempenharam um papel no sistema judicial.
Ambos cobravam impostos de seus cidadãos.	Ambos foram considerados os líderes militares da nação.

Diferenças entre reis israelitas e não israelitas

Reis israelitas	Reis não israelitas
Chagaram ao poder quando Deus os designou para o serviço	Chegaram ao poder usando influência, manipulação e força para alavancar o apoio do clero pagão e/ou dos aristocratas
Deveriam ter uma cópia pessoal do código da lei divina em sua posse, o qual eles liam todos os dias e que se tornou a constituição que determinou a forma como eles governaram	Governaram sem uma constituição escrita e adquiriram a direção divina por meio de vidência
Deveriam ser escolhidos apenas entre aqueles que eram israelitas e, eventualmente, apenas dos descendentes do rei Davi	Poderia ser qualquer pessoa com suficiente ambição pessoal e poder para assumir o cargo
Deveriam governar com humildade, nunca se considerando melhor do que seus súditos	Arrogantemente se distinguiam de seus súditos, de todas as maneiras possíveis, incluindo a construção de monumentos para suas próprias realizações
Não adquiriram cavalos como um sinal de seu prestígio	Cavalos adquiridos como sinal do seu prestígio
Não deveriam desenvolver um harém real como um sinal de seu prestígio	Desenvolveram haréns reais como um sinal de seu prestígio
Deveriam limitar a quantidade de riqueza acumuladas	Procuravam acumular o máximo de riqueza possível
Deveriam respeitar os direitos de terras privadas	Terras privadas confiscadas eram adicionadas às suas propriedades reais
Não poderiam funcionar como sacerdotes	Funcionavam como sacerdotes
Deveriam confiar no Senhor, que manteria sua segurança nacional	Confiavam em alianças com estrangeiros e em operações militares para manter sua segurança nacional
Forçavam apenas não israelitas de nações derrotadas a trabalhar em projetos de obras públicas	Forçavam tanto os escravos capturados quanto os seus próprios cidadãos a trabalhar em projetos de obras públicas
Respeitavam a integridade da aldeia local e dos seus jovens	Tomavam os melhores e mais brilhantes jovens das aldeias locais, obrigando-os a trabalhar para o Estado
Valiam-se da oração para tomar decisões nacionais	Valiam-se da adivinhação, por intermédio da vidência, como ferramenta para tomar e validar decisões nacionais

Rei Saul, sucessos e fracassos

Sucessos

Resgatou Jabes-Gileade de Amom e humildemente deu crédito ao Senhor pela vitória	1Samuel 11.1-13
Derrotou o exército filisteu, que havia penetrado no coração de seu reino	1Samuel 14.16-23
Realizou campanhas militares bem-sucedidas contra Moabe, Amom, Edom, os filisteus, os amalequitas e os reis de Zobá	1Samuel 14.47-48

Fracassos

Atuou como sacerdote, oferecendo um sacrifício	1Samuel 13.9-12
Permitiu aos filisteus que estabelecessem um campo militar no coração de Israel	1Samuel 13.16-22
Insensatamente, instruiu seus soldados a não comerem durante a batalha contra os filisteus, uma ordem que quase custou a vida do seu filho Jônatas	1Samuel 14.24-45
Instituiu um monumento para homenagear suas próprias realizações	1Samuel 15.12
Arrogantemente, falhou em seguir as direções divinas na batalha contra os amalequitas	1Samuel 15.10-23
Falhou ao agir ou inspirar ação diante do desafio lançado a Israel por Golias	1Samuel 17.11
Diversas vezes tentou matar Davi, em uma tentativa ciumenta de impedir que este o substituísse como rei	1Samuel 18.11, 20-27; 19.10-15; 23.15; 24.2; 26.2
Matou os sacerdotes de Nobe e suas famílias quando suspeitou que eles estavam conspirando com Davi	1Samuel 22.6-19
Procurou os serviços de um médium em En-Dor quando quis falar com o falecido Samuel	1Samuel 28.7-19
Perdeu uma batalha decisiva para os filisteus, o que colocou a sobrevivência do reino em grande risco	1Samuel 31.1-7
Ordenou a morte dos gibeonitas, que tinham status protegido	2Samuel 21.1

A família de Davi

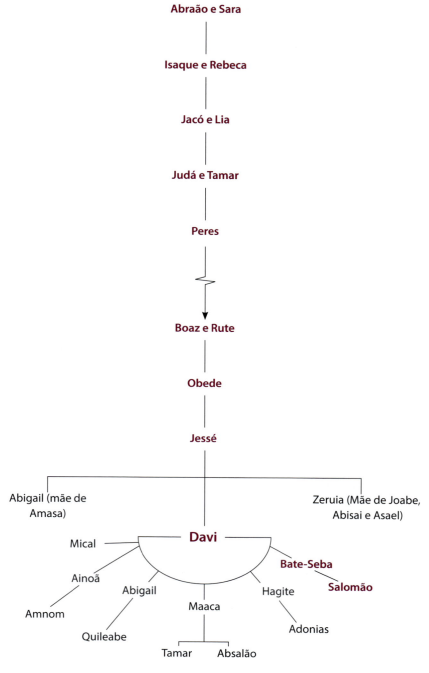

Os ancestrais de Jesus são mostrados em vermelho-escuro.

Rei Davi, sucessos e fracassos

Sucessos

Tranquilizava o atormentado rei Saul com música	1Samuel 16.23
Derrotou Golias e os filisteus no vale de Elá	1Samuel 17.1-53
Tornou-se um célebre comandante no exército israelita	1Samuel 18.13-14, 30; 19.8
Resgatou Queila, quando estava sendo atacada pelos filisteus	1Samuel 23.1-5
Poupou a vida de Saul em uma caverna em En-Gedi	1Samuel 24.1-21
Poupou a vida de Saul no deserto de Zife	1Samuel 26.1-24
Aprendeu a tecnologia militar e a tática dos filisteus enquanto viveu entre eles durante dezesseis meses	1Samuel 27.1-7
Escreveu um lamento agitado sobre as mortes de Saul e de Jônatas	2Samuel 1.17-27
Tornou-se rei de Judá em Hebrom	2Samuel 2.1-4
Tornou-se rei de todo o Israel	2Samuel 5.1-4
Capturou Jebus e fez dela a sua cidade, capital de Jerusalém	2Samuel 5.6-12
Trouxe a arca da aliança a Jerusalém	2Samuel 6.1-23
Recebeu a promessa de que uma dinastia davídica havia começado e que um de seus descendentes seria o Messias prometido	2Samuel 7.11-16
Proporcionou segurança nacional ao derrotar os estados vizinhos que ameaçavam seu reino	2Samuel 8.1-14; 21.15-22
Voltou a Jerusalém para recuperar o trono, após a tentativa de conquista de seu filho Absalão	2Samuel 19.11-39
Compôs e cantou lindas canções, que expressaram sua fé	2Samuel 22.1-51; Salmo 23

Fracassos

Cometeu adultério com Bate-Seba	2Samuel 11.1-5
Matou Urias, o marido de Bate-Seba, numa tentativa de encobrir o seu pecado	2Samuel 11.6-17
Fracassou ao ver as falhas morais de sua família e deixar de agir corretamente diante delas	2Samuel 13.1-38
Falhou ao ver a conspiração de Absalão e não responder a ela rapidamente	2Samuel 15.1-12
Realizou um recenseamento militar desnecessário	2Samuel 24.1-17

Apresentação paralela de Saul e Davi

Os autores bíblicos nos apresentam Saul e Davi usando um esboço similar, que nos permite, de forma mais eficiente, comparar e contrastar os dois personagens como líderes.

Esboço	Rei Saul	Rei Davi
Designação divina	Ungido por Samuel (1Samuel 10.1)	Ungido por Samuel (1Samuel 16.12-13)
Campanha militar bem-sucedida	Salva a cidade de Jabes-Gileade ameaçada por Amon (1Samuel 11.1-11)	Salva o vale de Elá, ameaçado por uma invasão dos filisteus (1Samuel 17.1-53)
Confirmação como rei	Confirmação pública em Gilgal (1Samuel 11.14-15)	Confirmação pública em Hebrom, primeiro como rei de Judá e depois como rei de todo o Israel (2Samuel 2.4; 5.1-5)
Exemplos de deslealdade da aliança, caráter falho e liderança fracassada	Age como um sacerdote (1Samuel 13.9-12) Permite que os filisteus estabeleçam um campo militar no coração de Israel (1Samuel 13.16-22) Instaura um monumento em sua própria honra (1Samuel 15.12) Ignora de modo arrogante as direções divinas na batalha contra os amalequitas (1Samuel 15.13-23) Diversas vezes tenta matar Davi (1Samuel 18.11, 20-27; 19.10-15; 23.15; 24.2; 26.2) Mata os sacerdotes israelitas e suas famílias em Nobe (1Samuel 22.6-19) Usa uma vidente em En-Dor (1Samuel 28.1-7) Perde uma batalha decisiva que permite que metade de seu reino seja dividido entre os filisteus (1Samuel 31, 1-7) Ordena a morte dos gibeonitas que tinham status protegido (2Samuel 21.1)	Comete adultério com Bate-Seba e planeja a morte do marido dela (2Samuel 11.1-17) Falha ao reagir ao estupro de Tamar, sua filha (2Samuel 13.1-22) Negligenciou o assassinato de Amnom, seu filho (2Samuel 13.23-38) Falha em reagir rapidamente à conspiração de Absalão (2Samuel 15.1-18) Ordena um recenseamento militar desnecessário (2Samuel 24.1-4)

Rei Salomão, sucessos e fracassos

Sucessos

Tratou efetivamente com aqueles que ameaçaram sua sucessão ao trono: Adonias, Abiatar, Joabe e Simei	1Reis 2.22-46
Procurou e recebeu o dom da extraordinária sabedoria do Senhor	1Reis 3.4-15
Estabeleceu uma estrutura administrativa eficaz para governar seu estado de crescimento	1Reis 4.1-19
Presidiu por meio de uma forte economia nacional	1Reis 4.20-28
Reforçou o bem-estar espiritual do estado, construindo o templo	1Reis 5-6
Distinguiu seu estado com projetos de obras públicas em todo o reino	1Reis 7.1-12; 9.15
Entendeu e se apropriou das alianças que guiaram o relacionamento de Israel com o Senhor	1Reis 8.22-61
Garantiu as rotas de comércio internacional, a fim de estabelecer Israel como um parceiro comercial mundial e cobrador de tarifas	1Reis 9.15-19, 26-28; 10.1-29

Fracassos

Cavalos adquiridos como sinal de prestígio	1Reis 10.26
Construiu um harém real como um sinal de prestígio	1Reis 11.3
Alianças internacionais seladas com casamentos, que trouxeram a ideologia pagã para sua vida	1Reis 11.1-6
Construiu santuários pagãos no cume leste do templo	1Reis 11.7-8
Permitiu a desigualdade nas contribuições fiscais e trabalhistas para alienar os distritos administrativos do norte	1Reis 12.4

Nações vizinhas de Israel

Amonitas

Relação com Israel
Relacionado a Israel por meio do sobrinho de Abraão, Ló (Gênesis 19.38)

Geografia
Ocupava o planalto central da Transjordânia, abarcando as nascentes e os afluentes do rio Jaboque (Deuteronômio 3.16, Josué 12.2). Veja o mapa "Divisões tribais".

Promessas / Responsabilidades especiais
Os amonitas receberam uma concessão de terra do Senhor. Em troca, o Senhor esperava que eles apoiassem Israel na realização de sua missão sagrada (Deuteronômio 2.19-21).

Interação significativa
Oprimiram Israel por dezoito anos até Jefté derrotá-los (Juízes 10.6-33)

Ameaçou Jabes-Gileade até ser derrotado pelo rei Saul (1Samuel 11.1-11)

Subjugado desde o tempo de Saul até o tempo de Salomão (1Samuel 14.47; 2Samuel 11.1; 12.26-31; 1Reis 11.1)

Conquistou e perdeu a liberdade de Israel durante o reino dividido (2Crônicas 20.1; 26.8; 27.5)

Neemias ameaçado durante a reconstrução das muralhas e dos portões de Jerusalém (Neemias 2.10, 19; 4.7; 6-1, 12, 14)

Assunto de crítica profética (Jeremias 49.1-6, Ezequiel 25.1-7, Amós 1.13, Sofonias 2.8-11)

Moabitas

Relação com Israel
Relacionado a Israel por meio do sobrinho de Abraão, Ló (Gênesis 19.37)

Geografia
Ocuparam a Transjordânia entre os rios Arnom e Zerede, embora pressionassem muitas vezes ao norte do rio Arnom para a terra atribuída a Rúben (Números 21.12-13, 26 e Deuteronômio 2.9-13). Veja o mapa *"Divisões tribais"*.

Promessas / Responsabilidades especiais
Os moabitas receberam uma oferta de terras do Senhor. Em troca, o Senhor esperava que eles apoiassem Israel na realização de sua missão sagrada (Deuteronômio 2.9).

Interação significativa
Contratou Balaão para impor uma maldição sobre Israel (Números 22-24)

As mulheres moabitas seduziram os homens israelitas para a adoração sexualmente imoral (Números 25.1-5)

Oprimiu Israel por dezoito anos até ser derrotado por Eúde (Juízes 3.12-30)

A moabita Rute se juntou a uma família israelita, viajou para Belém e tornou-se bisavó de Davi (Rute 1-4).

Subjugado desde o tempo de Saul até o tempo de Salomão (1Samuel 14.47; 2Samuel. 8. 2; 1Reis 11.1)

Israel ganhou e perdeu a liberdade durante o reino dividido (2Reis 1.1, 3.4-27, 2Crônicas 20.1-30)

Tema do criticismo profético (Isaías 15-16, 25.10-12, Ezequiel 25.8-11, Amós 2.1-3, Sofonias 2.8-11)

Edomitas

Relação com Israel
Relacionado a Israel por meio do neto de Abraão, Esaú (Gênesis 25.30)

Geografia
Ocupou a Transjordânia do Sul, do rio Zerede ao golfo de Aqaba (Gênesis 36.8, Deuteronômio 2.5). Veja o mapa "*Divisões tribais*".

Promessas / Responsabilidades especiais
Os edomitas receberam uma concessão de terra do Senhor. Em troca, o Senhor esperava que eles apoiassem Israel no cumprimento de sua missão sagrada (Deuteronômio 2.4-6).

Interação significativa
Recusou a passagem dos israelitas enquanto eles viajavam para a terra prometida (Números 20.14-21)

Subjugado desde a época de Saul até a época de Salomão (1Samuel 14.47; 2Samuel 8.13-14; 1Reis 11.1, 15-16; 1Crônicas 18.12)

Israel ganhou e perdeu a liberdade durante o reino dividido (2Reis 8.21; 14.7, 22; 2Crônicas 20.1; 21.8-10; 25.11-12; 28.17)

Perturbaram os israelitas e confiscaram suas propriedades quando os babilônios levaram os israelitas ao exílio (Obadias 11-14)

Tema de criticismo profético (Isaías 34.5-17, Jeremias 49.7-22, Ezequiel 25.12-14, Obadias 1-21)

Filisteus

Relação com Israel
Esse segmento dos povos do mar veio à terra prometida do mundo egeu e não tinha nenhuma relação de sangue com Israel.

Geografia
Ocupava a planície costeira do sul da planície da terra prometida de cinco cidades-estados: Gaza, Asquelom, Asdode, Ecrom e Gate. Veja o mapa "*Divisões tribais*".

Promessas / Responsabilidades especiais
Nenhuma

Interação significativa
Oprimiu os israelitas por quarenta anos, até que Sansão os derrotou (Juízes 14-16)

Derrotou Israel em Afeque e tomou a arca da aliança (1Samuel 4-6)

Derrotado e subjugado durante os dias de Samuel (1Samuel 7.2-14)

Persistente ameaça de invasão no tempo de Saul, com os filisteus obtendo a vitória final (1Samuel 13-14, 17, 31)

Derrotado e subjugado por Davi (2Samuel 5.17-25; 8.1, 12)

Uma ameaça menos comum e menos potente durante o reino dividido (2Reis 18.8; 2Crônicas 17.10-11; 21.16-17; 26.6-7; 28.18)

Tema de criticismo profético (Isaías 14.29-31, Ezequiel 25.15-17, Amós 1.6-8, Sofonias 2.4-7, Zacarias 9.5-7)

Dinastias do Reino do Norte (Israel)

Dinastia de Jeroboão

Rei	Adesão	Datas	Avaliação
Jeroboão I	Seleção popular	931-910 a.C.	Má, iniciou a adoração ao bezerro de ouro
Nadabe	Por herança	910-909 a.C.	Má, incentivou a adoração pagã

Dinastia de Baasa

Rei	Adesão	Datas	Avaliação
Baasa	Por meio de assassinato	909-886 a.C.	Má, incentivou a adoração pagã
Elá	Por herança	886-885 a.C.	Má, incentivou a adoração pagã

Dinastia de Zinri

Rei	Adesão	Datas	Avaliação
Zinri	Por meio de assassinato	885 a.C. (sete dias)	Má, incentivou a adoração pagã

Dinastia de Onri

Rei	Adesão	Datas	Avaliação
Onri	Nomeado pelo exército	885-874 a.C.	Pior do que os anteriores a ele, incentivou a adoração pagã, particularmente a Baal
Acabe	Por herança	874-853 a.C.	Pior do que os anteriores a ele, incentivou a adoração pagã, particularmente a Baal
Acazias	Por herança	853-852 a.C.	Má, incentivou a adoração pagã, particularmente a Baal
Jeorão (Jorão)	Por herança	852-841 a.C.	Má, incentivou a adoração pagã, particularmente a Baal

Dinastia de Jeú

Rei	Adesão	Datas	Avaliação
Jeú	Por meio de assassinato	841-814 a.C.	Má, destruiu a adoração a Baal, mas ainda encorajou a adoração ao bezerro de ouro
Jeoacaz	Por herança	814-798 a.C.	Má, incentivou a adoração pagã
Joás	Por herança	798-782 a.C.	Má, incentivou a adoração pagã
Jeroboão II	Por herança	793-753 a.C.	Má, incentivou a adoração pagã
Zacarias	Por herança	753-752 a.C.	Má, incentivou a adoração pagã

Dinastia de Salum

Rei	Adesão	Datas	Avaliação
Salum	Por meio de assassinato	752 a.C. (um mês)	Má (destacada por ações)

Dinastia de Menaém

Rei	Adesão	Datas	Avaliação
Menaém	Por meio de assassinato	752-742 a.C.	Má, incentivou a adoração pagã
Pecaías	Por herança	742-740 a.C.	Má, incentivou a adoração pagã

Dinastia de Peca

Rei	Adesão	Datas	Avaliação
Peca	Por meio de assassinato	752-732 a.C.	Má, incentivou a adoração pagã

Dinastia de Oseias

Rei	Adesão	Datas	Avaliação
Oseias	Por meio de assassinato	732-722 a.C.	Má, incentivou a adoração pagã

Dinastias do Reino do Norte (Israel)

Governadores do Reino do Sul (Judá)

Dinastia de Davi

Governador	Datas	Avaliação e destaques
Roboão	931-913 a.C.	Fortaleceu as fronteiras de Judá, mas tolerou a adoração pagã e teve um registro desigual de compromisso pessoal com o Senhor; ele perdeu o tesouro nacional para o invasor egípcio, Sisaque.
Abias	913-911 a.C.	Sua regra misturava lealdade e deslealdade ao Senhor; ele se viu frequentemente em guerra com Jeroboão e o Reino do Norte.
Asa	911-870 a.C.	Rei reformador elogiado por sua dedicação ao Senhor, fortificou a fronteira norte de Judá, mas foi criticado por fazer um tratado com Arã, em vez de confiar no Senhor.
Jeosafá	872-848 a.C.	Rei reformador, fez o que era reto aos olhos do Senhor. Ele iniciou um programa de educação em todo o estado, pautado na Torá e nomeou juízes para promover a justiça.
Jeorão	853-841 a.C.	Rei mau casou-se com Atalia, filha de Acabe e Jezabel. Executou membros de sua própria família que eram percebidos como uma ameaça; permitiu a adoração pagã.
Acazias	841 a.C.	Rei maligno; modelou sua vida no padrão de Acabe e Onri; governou apenas um ano.
Atalia	841-835 a.C.	Filha de Acabe e Jezabel, que matou todos os rivais da família e tomou o trono depois que seu filho morreu; má governadora que patrocinava a adoração a Baal.
Joás	835-796 a.C.	Em seus primeiros anos, foi um rei reformador que reparou o templo, mas depois tolerou a adoração pagã e ordenou a morte de Zacarias, um sacerdote do Senhor, que desafiou sua política pagã.
Amazias	796-767 a.C.	Fez o que era justo aos olhos do Senhor, mas não de todo o coração; a vitória sobre Edom levou a adoração de suas divindades. O orgulho o levou à batalha com o Reino do Norte, uma perda horrível e subsequente destruição do muro defensivo de Jerusalém.
Azarias (Uzias)	792-740 a.C.	Relativamente fiel ao Senhor, forte líder militar com exército bem treinado e equipado, que subjugou os filisteus e os amonitas; refortificou Jerusalém. Ele morreu leproso quando assumiu orgulhosamente o papel de sacerdote.

Governador	Datas	Avaliação e destaques
Jotão	750-732 a.C.	Fez o que era reto aos olhos do Senhor; subjugou Amom.
Acaz	735-716 a.C.	Configura entre os mais infiéis dos reis de Judá, que adoravam divindades pagãs e violavam a lei de Moisés. Ele acrescentou um altar pagão ao complexo do templo antes de fechá-lo completamente.
Ezequias	716-687 a.C.	Figura entre os melhores reis reformadores que destruíram os santuários pagãos e reabriram o templo. Melhorou o tamanho e a capacidade de defesa de Jerusalém, bem como seus sistemas de água. Liderou seu povo com palavras e ações fiéis.
Manassés	697-643 a.C.	Rei mau; encorajava a adoração pagã, profanava o templo e derramava sangue inocente. Depois que foi temporariamente dominado pela Assíria como um cativo, ele se tornou um rei reformador que restaurou a adoração no templo.
Amom	643-641 a.C.	Rei mau; incentivou a adoração pagã durante toda a sua vida.
Josias	641-609 a.C.	Entre os melhores reis reformadores que removeram completamente os locais de adoração e objetos pagãos da terra prometida. Levou o povo à renovação da aliança quando o Livro da Lei foi redescoberto durante a restauração do templo.
Jeoacaz	609 a.C. (três meses)	Rei mau; incentivava a adoração pagã. Foi destronado pelo rei egípcio e exilado para o Egito após um reinado de apenas três meses.
Joaquim	609-598 a.C.	Rei mau; incentivava a adoração pagã. Foi colocado no trono pelo rei do Egito e depois tornou-se um vassalo do rei da Babilônia. Uma rebelião resultou em seu exílio para a Babilônia.
Jeoaquim	598-597 a.C. (três meses)	Rei mau; encorajava a adoração pagã; exilado para a Babilônia juntamente com outros líderes importantes e artesãos de Judá.
Zedequias	597-586 a.C.	Rei mau; encorajava a adoração pagã; os babilônios apontaram aqueles cuja rebelião levou à deportação final para a Babilônia e a destruição de Jerusalém.

Governadores do Reino do Sul (Judá)

! = generally positive record   @ = generally negative record   % = mixed record in regard to covenant faithfulness

Reis de Israel e de Judá

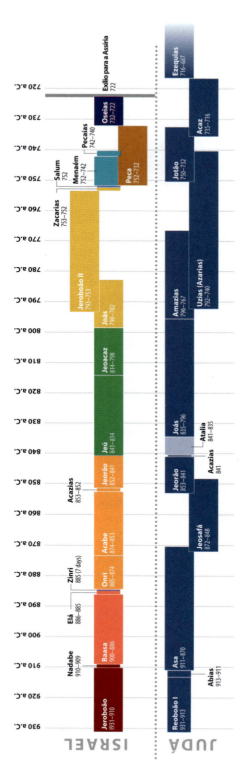
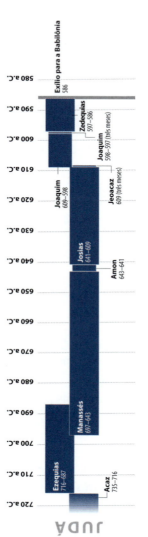

Reis da Síria

Rei	Datas	Referência bíblica	Interação com Israel e Judá
Rezom (Hezion)	940-915 a.C.	1Reis 11.23-25	Adversário do rei Salomão
Tabriom	915-900 a.C.	1Reis 15.18-19	Fez um tratado com o rei Abias, de Judá
Ben-Hadade I	900-860 a.C.	1Reis 15.18-20	Subornado pelo rei Asa, de Judá, para quebrar sua aliança com o rei Baasa, de Israel Locais-chave conquistados, impactando o comércio e a segurança do Reino do Norte
Ben-Hadade II	860-841 a.C.	1Reis 20.1-34; 2Reis 6.24; 8.7-10	Atacou Samaria várias vezes durante o reinado do rei Acabe Derrotado pelo rei Acabe várias vezes, resultando em perda de território conquistado por Ben-Hadade I e uma presença israelita nos mercados de Damasco Consultou Eliseu perto da época de sua morte
Hazael	841-806 a.C.	1Reis 19.15-17; 2Reis 8.7-15, 28-29; 10.32-33; 12.17.18; 13.3, 22-25	Designado como governante por Elias/Eliseu Desempenhou papel de apoio ao livrar Israel do culto a Baal Cruelmente ameaçou ambos os reinos durante o tempo do rei Jorão, do rei Jeú e do rei Jeoacaz de Israel Colocou Jerusalém sob cerco no tempo do rei Joás Tomou o controle da Transjordânia longe do Reino do Norte e do comércio controlado na Estrada do Rei
Ben-Hadade III	806-770 a.C.	2Reis 13.3, 24, 25; Jeremias 49.27; Amós 1.4	Atormentou Israel durante o tempo do rei Jeoacaz Diversas vezes derrotado pelo rei Joás, que recuperou cidades israelitas de Arã Assunto de condenação profética
Rezim	750-732 a.C.	2Reis 15.37; 16.5-9; Isaías 7.1-8	Juntou-se ao rei Peca, de Israel, numa aliança com o objetivo de subjugar o rei Acaz e Jerusalém

Reis da Assíria

Rei	Datas	História-chave
Tiglate-Pileser I	1115-1076 a.C.	Fez campanha avançando ao oeste para a Fenícia, no mar Mediterrâneo
Vários governantes inconsequentes	1076-934 a.C.	O poder real corroeu diante das migrações dos arameus e as campanhas assírias cessaram
Assurdã II	935-912 a.C.	Reconstrói a Assíria dentro de sua pátria tradicional
Adadenirari II	912-889 a.C.	Oito campanhas contra Arã
Tuculti-Ninurta II	889-884 a.C.	
Assurnasirpal II	884-858 a.C.	Iniciou a prática assíria de uma campanha militar por ano para financiar projetos estatais. Recolheu o tributo de Tiro e Sidom
Salmaneser III	858-824 a.C.	Batalha de Qarqar
Sansi-Adad V	824-810 a.C.	
Adadenirari III	810-782 a.C.	Derrotou Damasco e Arã
Salmaneser IV	782-773 a.C.	
Assurdã III	772-754 a.C.	Tempo de fraqueza assíria
Assurnirari V	754-745 a.C.	
Tiglate-Pileser III (Pul)	744-727 a.C.	Fez campanhas para o oeste, retomando o objetivo de controlar todas as rotas comerciais entre o deserto e o mar
Salmaneser V	727-722 a.C.	Cerco e queda de Samaria 722 a.C.
Sargão II	721-705 a.C.	Várias campanhas para o Levante
Senaqueribe	705-681 a.C.	Cerco de Jerusalém 701 a.C.
Assaradão	681-669 a.C.	Conquistou o delta egípcio 671 a.C.
Assurbanípal	668-633 a.C.	Queda de Tebas 663 a.C.
Assuretililani	633-622 a.C.	
Sinsariscum	621-612 a.C.	Queda de Assur 614 a.C.
Assurbalite	612-608 a.C.	Queda de Nínive 612 a.C. Queda de Harã 610 a.C.

Quebra em sequência

Assíria, Israel e Judá

Datas	Eventos	Referência bíblica
853 a.C.	O rei Acabe, de Israel, luta com uma coalizão que procura parar o movimento para o oeste, de Salmaneser III em Qarqar.	Não registrado
841 a.C.	Salmaneser III invade e exige tributo do rei Jeú de Israel.	Não registrado
805 a.C.	Adadenirari III captura Damasco e invade a costa da Terra Prometida, exigindo que o rei Jeoacaz, de Israel, pague tributo.	Não registrado
743-738 a.C.	Tiglate-Pileser III invade a Terra Prometida e exige que o rei Menaém, de Israel, pague tributo.	2Reis 15.19-20
734-732 a.C.	Tiglate-Pileser III invade e toma grandes segmentos do Reino do Norte durante o governo do rei Peca, deportando alguns de seus habitantes.	2Reis 15.29
734 a.C.	Respondendo a um convite do rei Acaz, de Judá, Tiglate-Pileser III ataca Damasco. Acaz faz ajustes religiosos em Jerusalém em deferência ao rei assírio.	2Reis 16.7-18
722 a.C.	Salmaneser V anexa o restante de Israel, tomando Samaria na época do rei Oseias. Tribos do norte vão para o exílio.	2Reis 17.1-6
712 a.C.	Sargão II toma Asdode, e o rei Ezequias de Judá paga tributo.	Isaías 10.27-32; 20.1-6
701 a.C.	Senaqueribe invade Judá e coloca Jerusalém sob cerco na época do rei Ezequias.	2Reis 18-19; Isaías 36-37

Reis da Neo-Babilônia

Rei	Datas	Eventos-chave	Referência bíblica
Nabopolassar	625-605 a.C.	623 a.C. Ganha independência da Assíria 614 a.C. Derrota de Assur 612 a.C. Derrota de Nínive 610 a.C. Derrota de Harã	
Nabucodonosor	605-562 a.C.	605 a.C. Derrota final da Assíria em Carquemis; exige tributo do rei Jeoaquim e deporta muitos dos melhores e mais brilhantes jovens de Jerusalém, incluindo Daniel 604 a.C. Daniel interpreta os sonhos do rei e alcança um alto posto no governo; Sadraque, Mesaque e Abede-nego sobrevivem à fornalha ardente. 602 a.C. Reage à rebelião do rei Jeoaquim com uma demonstração de força 597 a.C. Reage à rebelião do rei Jeoaquim com outra deportação, que inclui Ezequiel; remove todos os tesouros do palácio e do templo 588-586 a.C. Reage à rebelião do rei Zedequias com um cerco de Jerusalém, que culmina na destruição total da cidade, incluindo o templo e uma deportação final dos cidadãos de Judá	2Reis 24-25; 2Crônicas 36; Daniel 1-4; Ezequiel 1.1-3
Evil-Merodaque	562-560 a.C.	561 a.C. Libera o rei Jeoaquim da prisão	2Reis 25.27-30; Jeremias 52.31-34
Nergal-Serazer	560-556 a.C.	Oficial babilônico na época da queda de Jerusalém, que se casa com a filha de Nabucodonosor, abrindo seu caminho para o trono	Jeremias 39.3, 13
Labashi-Marduque	556 a.C.		
Nabonido	555-539 a.C. (corregente)		
Belsazar	555-539 a.C. (corregente)	Escritos na parede predizem a perda de seu reino para os medos e persas.	Daniel 5

Reis da Persia

Rei	Datas	Eventos-chave	Referência bíblica
Ciro	559-530 a.C.	539 a.C. A Pérsia derrota e captura a Babilônia 538 a.C. Primeiro retorno israelita do exílio babilônico sob Zorobabel 537 a.C. Altar reconstruído em Jerusalém 536 a.C. A fundação do templo em Jerusalém é lançada; a visão de Daniel sobre os próximos dias 536 a.C. Cresce a oposição à reconstrução do templo	2Crônicas 36.22-23; Esdras 1; Isaías 44.28; 45.1; Daniel 1.21; 10-11
Cambises	530-522 a.C.	530-520 a.C. A reconstrução do templo em Jerusalém é interrompida por causa da oposição	Esdras 4.24
Dario I	522-486 a.C.	521 a.C. Constrói palácios em Susã 520 a.C. A construção do templo reinicia; a Palavra do Senhor a Ageu; a Palavra do Senhor a Zacarias 516 a.C. A construção do templo é concluída 490 a.C. Os gregos derrotam os persas na Maratona	Esdras 5-6; Ageu 1.1; Zacarias 1.1, 7
Xerxes I (Assuero)	486-465 a.C.	486 a.C. Começa a construir palácios em Persépolis 478 a.C. Ester torna-se rainha da Pérsia 480-479 a.C. Os gregos derrotam os persas nas batalhas de Termópilas e Salamina	Ester; Daniel 11.2
Artaxerxes I	465-424 a.C.	458 a.C. Retorno israelita da Babilônia sob a liderança de Esdras 445 a.C. Retorno israelita da Babilônia sob a liderança de Neemias A muralha defensiva de Jerusalém é restaurada 433-407 a.C. Neemias viaja de volta à Pérsia e retorna a Judá para um segundo mandato como governador	Esdras 7-8; Neemias 2.1-9; 2.11-6.16; 13.6-7
Dario II	423-404 a.C.	Tempo de intriga e corrupção	
Artaxerxes II	404-359 a.C.	Restaura os palácios em Susã Atenas e Esparta enfraquecem, como resultado da Guerra do Peloponeso (431-404 a.C.)	
Artaxerxes III	359-338 a.C.	Encerra sessenta e cinco anos de independência egípcia, antes de seu assassinato por Bagoas	
Arses	338-335 a.C.	Rei manipulado colocado no trono por Bagoas, que o assassina subsequentemente	
Dario III	335-331 a.C.	Rei manipulado colocado no trono por Bagoas 334-331 a.C. Alexandre, o Grande, invade e destrói o Império Persa	Daniel 11.3

Profetas do Antigo Testamento

Quem era um verdadeiro profeta?

Um israelita

Chamado por Deus

Autorizado a falar em nome de Deus a indivíduos (como um rei) ou a um grupo (como cidadãos de uma cidade ou nação)

O que eles disseram?

Eles poderiam oferecer instruções detalhadas sobre como lidar com uma situação específica. Por exemplo, eles poderiam dar instruções sobre a construção do templo do Senhor ou como reagir militarmente a uma ameaça nacional.

Eles interpretaram o que estava acontecendo em sua época à luz da lealdade de Israel à aliança de Moisés. Por exemplo, eles vincularam a falha da colheita, a instabilidade econômica e a ocupação militar à desobediência da aliança.

Eles chamaram Israel para se arrepender da infidelidade em relação à aliança.

Eles asseguraram ao povo o amor eterno do Senhor por eles, dirigindo sua atenção para as promessas duradouras feitas a Abraão e Davi.

Como eles disseram isso?

A mensagem do profeta podia ser transmitida na história de uma vida, como a de Jonas. Porém, mais frequentemente, sua mensagem era compartilhada em ações simbólicas ou discursos.

Tipos de discursos proféticos

Discursos de acusação

Esses discursos criticavam atitudes e ações como o culto às deidades pagãs, o ritual religioso sem sinceridade e a injustiça social.

Discursos de julgamento

Esses discursos anunciavam a resposta divina à infidelidade com relação à aliança e incluíam coisas como a colheita, invasões estrangeiras e até mesmo o exílio da terra prometida.

Discursos de instrução

Esses discursos tinham o objetivo de informar e encorajar o povo de Deus sobre como conjugar, de modo mais harmônico, sua vida e a aliança Mosaica.

Discursos de salvação

Esses eram discursos que apontavam para o futuro, falando de dias melhores por vir, apontando para coisas como o resgate da ocupação militar, um retorno à prosperidade, o retorno do exílio e a vinda do Messias.

Tipos de Salmos

Um salmo isolado contém uma variedade de pensamentos, mas muitas vezes enfatiza um assunto mais do que qualquer outro. É esse aspecto enfático sobre um assunto que leva à seguinte classificação dos salmos.

Tipo de Salmo	Descrição	Exemplos
Confissão	Vividamente, descreve sentimentos de culpa, expressa profunda tristeza por pecados pessoais ou fracassos nacionais, que se juntam com uma súplica para o perdão de Deus	Salmos 6; 32; 38; 51; 130
Lamento	Uma expressão comovente do sofrimento que flui das experiências de um indivíduo ou de uma comunidade. Tipicamente, descreve a situação do poeta, expressa um pedido de socorro e faz uma declaração de confiança.	Salmos 3; 12; 39; 123; 142
Hino de louvor	Expressão poética de louvor e agradecimento pelas bênçãos divinas, recebidas por um indivíduo ou uma comunidade.	Salmos 8; 30; 113; 150
Sabedoria	Reflexões sobre uma vida bem-sucedida, que oferecem conselhos gerais sobre como viver com um maior senso de propósito e bem-estar.	Salmos 1; 14; 37; 112
Real	Uma celebração da dinastia de Davi, reconhecendo que o Senhor estava no processo de cumprir as promessas feitas em 2Samuel 7.	Salmos 45; 72; 132
Messiânico	Oferece uma descrição vívida da natureza do Messias, sua missão ou experiências vindouras	Salmos 2; 16; 22; 110
Imprecatório	Um apelo para o julgamento divino sobre um indivíduo ou uma comunidade, que se opõe ativamente ao avanço do reino de Deus, muitas vezes trazendo danos pessoais ao salmista, no processo.	Salmos 35; 109

Lendo a poesia do Antigo Testamento

Como a poesia do Antigo Testamento difere da prosa?

O poeta usa menos palavras e menos espaço, mas procura dizer mais com menos, selecionando cuidadosamente e organizando um punhado de palavras.

A unidade básica de comunicação na poesia do Antigo Testamento é o que ela indica, em vez da sentença, com dois ou três pontos ligados juntos em um conjunto.

As sentenças declarativas da prosa, que são eficientes em informar, dão lugar a uma estilizada tapeçaria de palavras destinadas a proporcionar sentimento e reflexão.

O evento ou a situação específica que está por trás das palavras do poeta é, muitas vezes, escondido da vista, permitindo-nos avançar mais rapidamente para o mundo do pensamento do autor.

A configuração física do poema pode saltar rapidamente, e sem aviso, entre o céu e a terra.

O tempo pode avançar, retroceder e inverter novamente dentro da poesia.

O poeta usa muito mais dispositivos literários e metáforas do que encontramos na prosa.

Diretrizes para leitura e interpretação da poesia do Antigo Testamento

Leia a poesia do Antigo Testamento mais *lentamente* do que a prosa, prestando atenção a cada palavra e virada de frase;

Leia a peça poética *várias vezes*, pesando cuidadosamente a natureza e a intenção de cada palavra e de cada frase;

Pause entre as leituras para dar tempo à reflexão e aos sentimentos a surgir;

Procure ativamente a ideia maior que é introduzida, desenvolvida e aplicada dentro da poesia;

Preste atenção à ênfase ou ao desenvolvimento de uma ideia por meio de sua manipulação estratégica. A ideia pode ser enfatizada ou amadurecida pela repetição: "Espero pelo SENHOR mais do que as sentinelas pela manhã; sim, mais do que as sentinelas esperam pela manhã!" (Salmo 130.6);

Contrastando a ideia: "Pois o SENHOR aprova o caminho dos justos, mas o caminho dos ímpios leva à destruição!" (Salmo 1.6);

Expandindo a ideia – "Como é feliz aquele que não segue o conselho dos ímpios, não imita a conduta dos pecadores, nem se assenta na roda dos zombadores!" (Salmo 1.1); ou

Apresentando a ideia em uma metáfora – "É como árvore plantada à beira de águas correntes: Dá fruto no tempo certo e suas folhas não murcham. Tudo o que ele faz prospera. Não é o caso dos ímpios! São como palha que o vento leva" (Salmo 1.3-4).

Literatura de sabedoria

Definição

Sabedoria é o conjunto de ideias que direciona os pensamentos, as ações e as atitudes do povo de Deus, para que eles possam alcançar maior felicidade e sucesso enquanto vivem na terra.

Localização

Salmos individuais apresentam essas ideias (Salmos 1, 37, 49, 112).
Livros inteiros apresentam essas ideias (Jó, Provérbios, Eclesiastes, Cântico dos Cânticos).

Características

A sabedoria está ancorada num respeito reverente pelo Senhor.
"O temor do SENHOR é o princípio da sabedoria, e o conhecimento do Santo é entendimento" (Provérbios 9.10).
A sabedoria cresce a partir da convicção de que existe uma ordem divina neste mundo criado, que pode ser descoberta. Essa ordem divina pode ser constatada pela observação e reflexão sobre a vida.
A sabedoria dirige as ações e as atitudes.
A sabedoria é prática, abordando as dimensões mais básicas da vida, incluindo práticas agrícolas, relações matrimoniais, amizade e finanças pessoais.
A sabedoria celebra virtudes morais como humildade, honestidade e caridade.
A sabedoria pode assumir a forma de um tratado ou de um provérbio, que é uma breve e memorável declaração sobre a vida e o modo de viver.
"A beleza dos jovens está na sua força; a glória dos idosos, nos seus cabelos brancos" (Provérbios 20.29).
"Melhor é não ser ninguém e, ainda assim, ter quem o sirva, do que fingir ser alguém e não ter comida" (Provérbios 12.9).
Os tratados são investigações mais longas de uma ou mais dimensões desafiadoras da vida, como o sofrimento humano, a prosperidade dos ímpios ou o sentido da vida.

Exílios e regressos

Exílios da Terra Prometida

Data	Império	Rei	Exilados	Referências bíblicas
734-732 a.C.	Assíria	Tiglate-Pileser III	Israelitas da Galileia, de Gileade e de Naftali	2Reis 15.29; 1Crônicas 5.26
722 a.C.	Assíria	Salmaneser V e Sargão II	Israelitas das dez tribos do norte	2Reis 17.6
605 a.C.	Babilônia	Nabucodonosor	Judeus, incluindo Daniel	Daniel 1.1-5
597 a.C.	Babilônia	Nabucodonosor	Cerca de dez mil oficiais judeus, homens de combate, escultores e artesãos, incluindo Ezequiel	Ezequiel 1.1-3; 2Reis 24.13-17
586 a.C.	Babilônia	Nabucodonosor	Todos, exceto os judeus mais pobres	2Reis 25.11-12

Regressos para a Terra Prometida

Data	Império	Rei	Exilados	Referências bíblicas
538 a.C.	Pérsia	Ciro	Judeus liderados por Sesbazar e Josué	2Crônicas 36.22-23; Esdras 1-2
458 a.C.	Pérsia	Artaxerxes I	Judeus liderados por Esdras	Esdras 7-8
445 a.C.	Pérsia	Artaxerxes I	Judeus liderados por Neemias	Neemias 2.1-9

O sonho de Nabucodonosor e as visões de Daniel

Sonho de Nabucodonosor	Referência bíblica	Primeira visão de Daniel	Referência bíblica	Segunda visão de Daniel	Referência bíblica	Reino	Período
Estátua com cabeça de ouro puro	Daniel 2.31-32, 36-38	Leão com asas de águia	Daniel 7.3-4			Babilônia	605-539 a.C.
Estátua com peito e braços de prata	Daniel 2.32, 39	Urso erguido por um de seus lados com três costelas em sua boca	Daniel 7.5	Carneiro com dois chifres	Daniel 8.3-4, 20	Medo-Persa	539-332 a.C.
Estátua com barriga e coxas de bronze	Daniel 2.32, 39	Leopardo com quatro asas e quatro cabeças	Daniel 7.6	Bode com chifre proeminente que se torna quatro chifres	Daniel 8.5-12, 21-25	Gregos com Alexandre, o Grande, e seus quatro sucessores	332-63 a.C.
Estátua com pernas de ferro e pés de ferro e barro cozido	Daniel 2.33, 40-43	Besta selvagem com dentes de ferro e dez chifres	Daniel 7.7-8, 23-25			Roma	63 a.C. – 476 d.C.
Uma pedra solta, sem auxílio de mãos humanas, quebra a estátua e se transforma numa montanha enorme que enche a terra	Daniel 2.34-35, 44-45	O Ancião de Dias dá ao filho do homem vindo sobre as nuvens do céu a autoridade para governar um reino eterno	Daniel 7.9-14, 26-27			O nascimento de Jesus e a vinda do reino de Deus	Eterno

Manual bíblico de mapas, gráficos e cronologias

Arqueologia do Antigo Testamento

	Artefato/Estrutura	Período	Descrição	Valor
1	A epopeia de Gilgamesh (Tábua 11)	1300-1000 a.C.	Um antigo conto épico sobre o semítico rei Gilgamesh, de Uruk, que foi preservado em tábuas de argila	Inclui a história de uma antiga enchente enviada pelos deuses, um navio de alto-mar projetado para salvar seres humanos e animais, uma figura como Noé, Utnapishtim, e outros detalhes semelhantes aos de Gênesis 6-8
2	Estandarte de Ur	aprox. 2600 a.C.	Representa artisticamente a vida na Mesopotâmia, com um painel dedicado à cultura da guerra e o outro à cultura da paz	Um olhar sobre a forma como as pessoas viveram e pensaram sobre a vida na Mesopotâmia mais de quatrocentos anos antes da época de Abraão
3	Tábuas de Mari	aprox. 1700 a.C.	Arquivo real descoberto perto de Harã, que inclui textos econômicos e administrativos, bem como cartas pessoais	Menção de práticas culturais semelhantes às de Gênesis em relação à adoção, à herança e ao uso ritual dos animais durante a criação da aliança
4	Pintura do túmulo de Beni Hasan	aprox. 1892 a.C.	Pintura do túmulo egípcio que retrata comerciantes asiáticos transportando itens pessoais e mercadorias para o Egito	Confirma os laços econômicos entre a terra prometida e o Egito; também ilustra o vestuário, o penteado, os bens domésticos e as armas conhecidas pela família de Abraão
5	Portão em Tel Dan	1800-1750 a.C.	Os restos do portão da Idade do Bronze Médio, que forneceram o acesso à cidade de Laís (Dã)	O primeiro portão conhecido associado a uma cidade israelita, datada da época da família de Abraão

	Artefato/Estrutura	Período	Descrição	Valor
6	*Inscrição do tetragrama YHWH, em Soleb	aprox. 1400 a.C.	Obra de arte de um templo do novo reino em Soleb inclui um cartucho que foi traduzido "a terra do Shasu de Javé".	Shasu é o termo egípcio para os nômades do Sinai e do sul da Palestina que foram autorizados a pastar os seus animais na parte oriental do delta egípcio (Goshen). Isso representa a menção mais antiga do nome do Senhor, Yahweh, em um cenário diferente da Bíblia.
7	Pinturas do túmulo de Rekhmire	aprox. 1500-1425 a.C.	Pinturas fúnebres do túmulo do governador de Tebas, retratando cenas da vida cotidiana durante a era do Novo Reino	Ilustra a cultura egípcia, que cercou os israelitas durante as últimas décadas de sua permanência no Egito. De interesse especial é a representação da fabricação de tijolos.
8	Acordos de suseranos de origem hitita	1400-1200 a.C.	Acordos escritos que definem expectativas e responsabilidades dos senhores e seus vassalos	O formato e o esboço desses convênios correspondem unicamente ao esboço e ao formato da aliança que o Senhor estabeleceu com Israel, no tempo de Moisés.
9	Altar de quatro chifres	aprox. 700 a.C.	Um altar com projeções de pedra em cada um de seus quatro cantos, recuperado de Berseba	Ilustra o que é mencionado repetidamente por "chifres do altar" (por exemplo, Êxodo 29.12)
10	Inscrição de Deir Alla	aprox. 750-700 a.C.	Inscrição pintada em tinta vermelha e preta em uma parede rebocada da Jordânia, contendo uma profecia de Balaão	Possível conexão com Balaão, filho de Beor (Números 22.5)

*Sem imagem

Arqueologia do Antigo Testamento

Arqueologia do Antigo Testamento

	Artefato/Estrutura	Período	Descrição	Valor
11	Tábuas de Tel el-Amarna	aprox. 1400-1370 a.C.	Correspondência diplomática entre os líderes siro-palestinos e seus senhores no Egito, uma parte dos quais se queixa de saquear Habiru	Percepções sobre o mundo geopolítico de Canaã no momento da entrada de Israel, após seu exílio prolongado no Egito
12	Estela de Merneptah	1210 a.C.	Monumento egípcio que celebra as vitórias de Merneptah sobre os líbios e outros do Levante, incluindo um grupo de pessoas chamado "Israel"	A primeira menção de "Israel" em uma fonte antiga diferente da Bíblia
13	Escaravelho egípcio de Khirbet el-Maqatir	1455-1418 a.C.	Um escaravelho mais semelhante a outros escaravelhos egípcios do século 15, que foi descoberto no contexto de quatro tijolos de cerâmica da Era do Bronze, a leste do portão que guarda a fortaleza do século 15 a.C.	Essa recente descoberta, feita pela Associates for Biblical Research (Associação para Pesquisa Bíblica), confirma a data do século 15 a.C. da fortificação identificada como o local de Ai atacado durante a conquista (Josué 7.2-5; 8.1-29). A datação dessa fortaleza apoia uma data inicial para o êxodo
14	Batalha marítima egípcia com os povos do mar	1175-1150 a.C.	A representação artística de uma batalha marítima egípcia com os Povos do Mar, registrada no túmulo de Medinet Habu, de Ramsés III, em Tebas (Luxor)	Ilustra a maneira de vestir e as armas usadas pelos filisteus (um subgrupo dos Povos do Mar)
15	Placas de Ugarit (Ras Shamra)	1400-1200 a.C.	Mais de 1.500 placas de argila, que incluem textos religiosos que apresentam as histórias mitológicas de divindades como El, Aserá e Baal	Essa literatura amplia nossa compreensão do hebraico, das formas literárias bíblicas e da cultura dentro de Canaã. Isso inclui percepções sobre a natureza da adoração pagã e do pensamento religioso dentro de Canaã sobre o tempo da entrada de Israel na terra

	Artefato/Estrutura	Período	Descrição	Valor
16	Tabernáculo de Siló	1400-1104 a.C.	Área situada ao lado norte de Siló, onde mais provavelmente o tabernáculo foi erguido	Esse platô despretensioso era o foco da vida religiosa pública de Israel desde o tempo de Josué até o tempo de Samuel
17	Palácio em Gibeá	1050-971 a.C.	Perto do palácio incompleto do rei Hussein, de Jordão, em Tel el-Ful, nós encontramos os restos de uma estrutura grande, tal como um palácio	Este é, provavelmente, o palácio administrativo de Saul, em Gibeá, que serviu como a primeira capital de Israel
18	Açude em Gibeom	1018 a.C.	Um vasto eixo cilíndrico que inclui uma escada embutida talhada na rocha levando até o lençol freático, a fim de fornecer água aos moradores da antiga Gibeom	A guerra civil de sete anos, que impediu Davi de assumir o trono como rei de todo o Israel após a morte de Saul, começou na localidade desse açude (2Sm 2.12-13).
19	Torre da Piscina e Torre da Primavera	1011 a.C.	Estas torres guardaram a fonte de Giom e seu tanque associado de coleta, que forneceu água para os moradores da cidade. Elas garantiram o acesso ao abastecimento de água sem sair das fortificações da cidade	O sistema de água mais provável empregado na captura de Jebus (2Samuel 5.6-8), uma cidade não israelita que se tornou a Cidade de Davi e a capital duradoura de Israel
20	Palácio de Davi em Jerusalém	aprox. 1000 a.C.	Fundação de uma grande estrutura palaciana no lado nordeste da cidade de Davi	Presumiu-se ser o palácio do rei Davi construído em sua recém-fundada capital, Jerusalém (2Samuel 5.11-12). Aqui, o Senhor conectou a expectativa messiânica com a família de Davi (2Samuel 7.1-16).

Arqueologia do Antigo Testamento

Arqueologia do Antigo Testamento

	Artefato/Estrutura	Período	Descrição	Valor
21	Estela de Tel Dã / Inscrição da Casa de Davi	Aprox. 841 a.C.	Placa que celebra uma vitória arameia sobre o rei de "Israel" e o rei da "casa de Davi"	A primeira menção de Davi e sua dinastia em um pedaço da literatura antiga que não faz parte da Bíblia
22*	* Tel Qeiyafa	1020-980 a.C.	Um local de período único, que tem a distinção de ser construído com dois portões, ostentando uma estrutura de palácio, com 3.048 metros quadrados, em seu núcleo central	Provavelmente são os Saaraim ("dois portões") mencionados em 1Samuel 17.52. Sua arquitetura monumental demonstra que um governo central, forte e financeiramente capaz, estava em ação na época do rei Davi
23	Portão de seis câmaras em Gezer	950-925 a.C.	Grandioso portão fundado com seis quartos de guarda opostos e um sistema para drenagem de água sem comprometer a segurança da cidade	Ilustra a arquitetura de portaria distintiva empregada por Salomão (1Reis 9.15)
24	Calendário de Gezer	Aprox. 950 a.C.	Pequena tábua de calcário que contém uma visão poética da época agrícola em Israel, escrita em uma antiga grafia hebraica	Um dos primeiros exemplos de escrita hebraica. O calendário fornece percepções sobre as tarefas agrícolas que ocuparam os agricultores durante vários meses do ano na Terra Prometida
25	Casa de Javé Ostracon	500s a.C.	Caco de cerâmica de Tel Arad, que inclui a frase "Ele está hospedado na casa de YHWH", escrito em hebraico antigo	Esta plaqueta despretensiosa fornece a menção extrabíblica mais antiga do templo de Salomão em Jerusalém

*Sem imagem

21

23

24

25

© Baker Publishing Group and Dr. James C. Martin. The British Museum.

132   Manual bíblico de mapas, gráficos e cronologias

	Artefato/Estrutura	Período	Descrição	Valor
26	Santuário em Arad	Aprox. 900 a.C.	Este santuário, em um pequeno posto localizado no sul de Israel, incluiu um altar de pedras em estado bruto, lugar sagrado e santo dos santos	O único santuário da Judeia, remanescente da era do Antigo Testamento, que ilustra o plano geral do templo em Jerusalém
27*	* Estela de Sisaque de Megido	925 a.C.	Fragmento do canto de uma estela, descoberto em Megido, que inclui o nome Shoshenq (Sisaque)	Esta evidência da presença militar egípcia em uma das cidades fortificadas de Salomão, corrobora a descrição bíblica da invasão de Sisaque durante o reinado de Reoboão (2Cr 12.2-9).
28	Lugar alto em Dã	930-732 a.C.	Fundação do templo e da praça de adoração, construídos por Jeroboão I, para facilitar a veneração das imagens do bezerro de ouro	Ilustra e destaca o sincretismo religioso do Reino do Norte patrocinado por seus líderes e tão frequentemente criticado pelos autores bíblicos ao avaliarem esses reis (1Reis 12.28-29; 16.2, 31)
29	Marfins de Samaria	885-722 a.C.	Cerca de quinhentas peças de marfim, que provavelmente funcionavam como embutidos de mobiliário, recuperados do palácio em Samaria	Este produto raro, importado, ilustra o estilo de vida esbanjador da elite no Reino do Norte; os profetas usaram o marfim como um símbolo de prioridades equivocadas (1Reis 22.39, Amós 3.15, 6.4-7)
30	Estela de Salmaneser III	853 a.C.	Estela descoberta no sudeste da Anatólia, que descreve as campanhas militares assírias até 853 a.C.	Esta estela afirma o poder e a influência do rei Acabe ao descrever um evento não registrado na Bíblia. Observa que na batalha de Qarqar, Acabe, o israelita, contribuiu com dois mil carros e dez mil soldados para a coalizão de forças que lutavam contra Salmaneser III

Arqueologia do Antigo Testamento

*Sem imagem

© Baker Publishing Group e Dr. James C. Martin. The British Museum.

© Baker Publishing Group e Dr. James C. Martin. The British Museum.

Arqueologia do Antigo Testamento

	Artefato/Estrutura	Período	Descrição	Valor
31	Palácio em Samaria	875-722 a.C.	Ruínas do palácio real, na capital de Samaria, de onde o Reino do Norte era governado até 722 a.C.	Casa do casal de governantes mais conhecido do Reino do Norte, Acabe e Jezabel, que sancionou o culto de Baal na capital (1Reis 16.29-33)
32	Pedra Moabita (Estela de Messa)	Aprox. 835 a.C.	Monumento descoberto na cidade capital de Moabe, que celebra o programa de construção do rei Messa e realizações militares	Este monumento menciona Onri, faz alusão a Acabe e destaca a visão de Messa, onde o deus moabita Kemosh tinha derrotado Yahweh, ao libertar Moabe do controle israelita
33	Obelisco Negro	827 a.C.	Monumento de pedra calcária de quatro lados e de cor negra, que mostra os conquistados trazendo tributo ao rei assírio Salmaneser III.	Em um dos registros, o rei Jeú, de Israel, é retratado curvando-se perante Salmaneser III, com uma inscrição que diz "Homenagem de Jeú, filho de Onri"
34*	* Estela de Tel al-Rimah	797 a.C.	Estela que retrata o rei assírio, Adadenirari III, de pé no perfil com inscrições esculpidas em suas roupas comemorando suas vitórias	Esta estela menciona Joás, de Samaria, um rei israelita, como um dos que prestaram tributo à Assíria. Ironicamente, Adadenirari III é provavelmente o "libertador de Israel", que o Senhor providenciou quando Arã estava oprimindo o Reino do Norte nos anos anteriores ao governo de Joás (2Reis 13.5)
35	Selo de Shemá	793-753 a.C.	Estampa do selo de Megido, com uma imagem de um leão e escrito "(pertence) a Shemá, um empregado de Jeroboão"	Um item pertencente a um membro da corte real de Jeroboão II, um dos reis militares e economicamente mais bem-sucedidos de Israel (2Reis 14.23-29)

*Sem imagem

© Baker Publishing Group e Dr. James C. Martin. The British Museum.

	Artefato/Estrutura	Período	Descrição	Valor
36	Inscrição de Khirbet el-Qom	Aprox. 725 a.C.	Neste artefato, esculpido de um pilar em uma caverna sepulcral, uma mão protetora paira acima da inscrição "Bendito seja Uriyahu; Ele foi salvo de seus inimigos por seu Aserá."	Este artefato ilustra a ideologia corrompida, defendida por alguns em Judá, que ligava o Senhor à Aserá, uma deusa pagã comumente associada a Baal.
37*	* Placa de Nimrode III	732 a.C.	Placa assíria celebrando as realizações do assírio Tiglate-Pileser III, na Síria e na Palestina	Este documento real assírio ilustra o papel de Tiglate-Pileser III na sucessão de Oseias. Relata que o governante assírio removeu o rei Peca, de Israel, e colocou Oseias no trono em seu lugar (2Reis 15.30)
38	Inscrição em Siloé	701 a.C.	Inscrição encontrada no ponto da saída de um túnel de água em Jerusalém, que leva a água da fonte de Giom até o tanque de Siloé. Descreve a maneira como duas equipes de escavação atravessam a crista da cidade de Davi de lados opostos e encontraram-se no meio	Esta inscrição provavelmente marca o túnel construído pelo rei Ezequias, para fornecer água dentro de Jerusalém, atendendo as necessidades dos refugiados que acessavam esse local antes da invasão assíria da terra prometida (2Reis 20.20). Esta inscrição também fornece detalhes sobre a forma como esse grande projeto de obras públicas foi realizado
39	Alças de lmlk judaico	Aprox. 705 a.C.	Selo impresso em recipientes de cerâmica que incluía a frase "para o rei", indicando que o conteúdo do recipiente era designado para o serviço nacional	Datados do tempo do rei Ezequias, estes recipientes foram usados para armazenar comida e vinho em cidades-chave da Judeia, antes da incursão militar do exército assírio sob a liderança de Senaqueribe
40	Muro Largo	Aprox. 705 a.C.	Cursos de fundação de um segmento muito amplo da muralha defensiva de Jerusalém localizada na Colina Ocidental da capital	Os restos deste muro demonstram que o rei Ezequias expandiu Jerusalém para a Colina Ocidental, uma área conhecida como o Bairro Novo de Jerusalém (2Reis 22.14), antes da invasão assíria. O muro Largo é mencionado em Neemias 3.8; 12.38.

*Sem imagem

© Baker Publishing Group e Dr. James C. Martin. The British Museum.

Arqueologia do Antigo Testamento

	Artefato/Estrutura	Período	Descrição	Valor
41	Relevos de Laquis	701 a.C.	Painéis de pedra encomendados pelo rei assírio Senaqueribe e instalados no corredor de entrada para sua sala do trono, que se vangloriam de sua vitória sobre a fortificada cidade judaica de Laquis	Estes painéis oferecem uma ilustração detalhada das técnicas assírias de cerco e corroboram o grande dano que Senaqueribe estava fazendo às cidades fortificadas de Judá no tempo do rei Ezequias (2Reis 18.13-17)
42	Prisma de Taylor	700 a.C.	Uma coluna de seis lados, de barro cozido, que contém os anais do rei assírio Senaqueribe, incluindo um registro de sua campanha de 701 a.C. para o oeste	Este artefato fala do ataque de Senaqueribe em Judá, sitiando quarenta e seis das suas cidades fortificadas e cercando Ezequias em Jerusalém "como um pássaro numa gaiola" (2Reis 18.17-37)
43	Pergaminhos de prata de Ketef Hinnom	Aprox. 600 a.C.	Pequenos pergaminhos de prata descobertos em um túmulo da Idade do Ferro, em Jerusalém, que estão inscritos com a bênção sacerdotal de Números 6.24-26	Estes pergaminhos são os artefatos mais antigos descobertos até a data, com uma parte reconhecível da Bíblia escrita sobre eles
44	Cartas de Laquis	587 a.C.	Fragmentos que contêm rascunhos de vinte e duas cartas, compostas pelo comandante judeu de Laquis durante o cerco babilônico de seu forte, no sul de Judá	Estas notas fornecem um relatório, em primeira mão, de quão mal a guerra estava indo para Judá, enquanto Nabucodonosor estava fechando o laço em torno de Jerusalém; somente os fortes em Laquis e Azeca estavam resistindo (Jeremias 34.7)
45*	* Plaquetas de Joaquim	595-570 a.C.	Tabuleta de barro do palácio de Babilônia, listando reis derrotados que estavam vivendo no palácio de Nabucodonosor e recebendo uma ração de grãos e óleo	Esta tabela menciona Joaquim, rei de Judá, confirmando sua deportação e mudanças circunstanciais após seu exílio para a Babilônia (2Reis 25.27-30).

*Sem imagem

136 — Manual bíblico de mapas, gráficos e cronologias

Arqueologia do Antigo Testamento

	Artefato/Estrutura	Período	Descrição	Valor
46	Crônica babilônica	597 a.C.	Um volume de uma série de plaquetas que registram a história da corte babilônica, 605-595 a.C. Em conexão com Nabucodonosor, encontramos o seguinte: "Ele sitiou a cidade de Judá... Ele tomou a cidade e capturou o rei. Ele nomeou ali um rei de sua própria escolha."	Essa referência ao cerco de Jerusalém em 597 a.C. está em harmonia com a captura e o exílio do rei Joaquim e a subsequente nomeação do último rei de Judá do período do Antigo Testamento, Zedequias (2Reis 24.10-17)
47	Área G	586 a.C.	Estas casas, na parte administrativa de Jerusalém, fornecem provas da feroz luta e dos incêndios que a destruíram após o cerco da Babilônia	O dano dessa área confirma a descrição da destruição de Jerusalém pelo rei Nabucodonosor, da Babilônia (2Reis 25.8-12)
48	Cilindro de Ciro	Aprox. 535 a.C.	Esta inscrição de cilindro se refere à política pública de Ciro, o persa, que retornou os povos exilados para suas terras, juntamente com objetos sagrados roubados, e fomentou o bem-estar dos centros sagrados em todo o seu império	Embora Israel não seja formalmente mencionado, este artefato corrobora com as políticas de Ciro, que patrocinou o retorno dos exilados de Judá, que estavam na Babilônia, e autorizou a reconstrução do templo em Jerusalém com a assistência real (Esdras 1)
49	Tigela de prata de Artaxerxes I	400s a.C.	Utensílio de prata que era utilizado como um recipiente para beber vinho, com a inscrição do nome "Artaxerxes"	Neemias estava entre os oficiais da corte, cuja responsabilidade era trazer vinho para o rei Artaxerxes I (Neemias 2.1), tornando este um utensílio que Neemias pode ter tocado
50	Pergaminhos do mar Morto	250 a.C. – 68 d.C.	Uma coleção de manuscritos, provavelmente produzidos pelos essênios que trabalharam em Qumran e, em seguida, guardaram seus escritos sagrados nas cavernas nos arredores	Esta coleção de manuscritos inclui textos do Antigo Testamento em hebraico que antecedem o mais antigo manuscrito completo sobrevivente do Antigo Testamento por mil anos. A coleção também inclui comentários que ilustram como alguns judeus estavam interpretando o Antigo Testamento durante o período intertestamentário

Arca de Noé

Esta grandiosa embarcação foi minuciosamente elaborada. Foi projetada mais para a sobrevivência do que para a navegação. A arca tinha 135 metros de comprimento, 22,5 metros de largura e 13,5 metros de altura. Uma abertura de 45 centímetros acima do telhado principal fornecia o acesso à luz e ao ar fresco.

Tabernáculo

Israel tinha apenas um santuário, para lembrá-los de que eles prestavam lealdade a um só Deus. O tabernáculo era altamente portátil e tinha múltiplos cômodos, o que impunha cada vez mais restrições àqueles que se aproximavam do cômodo mais reservado, o lugar onde o Senhor estava presente de uma maneira especial.

1 Pátio *(Êxodo 27.9-19; 38.9-20)*. O pátio do tabernáculo marcava o espaço sagrado dentro do campo israelita. Isto é, onde os adoradores encontrariam os sacerdotes com seus sacrifícios. O pátio tinha 45 metros de comprimento e 22,5 metros de largura. Era rodeado por um conjunto de cortinas de linho branco de 2,25 metros de altura, suspensas em postes e barras, sustentadas por cordas e estacas.

2 Altar de holocausto *(Êxodo 27.1-8)*. O altar do holocausto é onde os sacrifícios diários foram oferecidos ao Senhor. Era feito de painéis de madeira sobreposta em bronze e tinha quatro chifres distintos em seus quatro cantos. Medindo 2,5 metros de comprimento, 2,25 metros de largura e 1,35 metro de altura.

3 Bacia de bronze *(Êxodo 30.17-21)*. Arão e seus filhos usaram este recipiente de água para lavar as mãos e os pés antes de realizarem seus deveres sacerdotais oficiais.

4 Tabernáculo *(Êxodo 26.1-37, 36.8-38)*. Múltiplas camadas de material foram colocadas sobre uma estrutura de madeira para criar o tabernáculo propriamente dito (aproximadamente 10 metros de comprimento e 5 metros de largura), que foi dividido em dois ambientes: o lugar santo e o lugar santíssimo. As camadas exteriores eram resistentes às intempéries, enquanto a camada interior proporcionava cor e estilo. O acesso ao interior do tabernáculo era vedado a todos, com exceção dos sacerdotes de Israel.

Manual bíblico de mapas, gráficos e cronologias

Indumentária do sumo sacerdote

O sumo sacerdote era o intermediário divinamente designado entre o Senhor e seu povo. Seu traje distinguia-o de todos os outros e era simbólico em relação ao seu ofício (Êxodo 28).

1 Túnica. Uma túnica azul tecida com romãs e sinos alternados em sua bainha era usada sobre uma túnica de linho branco.
2 Éfode e faixa. O éfode e a faixa foram tecidos com o fio azul, roxo e vermelho, que incluía os fios finos do ouro, fazendo-o resplandecer na luz solar.
3 Peitoral. Um peitoral tecido, de um palmo de comprimento e um palmo de largura, era feito do mesmo material que o éfode. Doze pedras preciosas foram colocadas no éfode, cada uma com o nome de uma das doze tribos de Israel. O peitoral formava uma bolsa em que o Urim e Tumim eram mantidos, e foi anexado à faixa e ao ombro argolas de ouro e correntes.
4 Ombreiras. As peças do ombro tinham pedras de ônix em filigranas de ouro. Os nomes de seis tribos israelitas foram gravados em cada pedra de ônix de acordo com a ordem de nascimento.
5 Diadema de ouro. Um diadema de ouro foi inscrito com as palavras CONSAGRADO AO SENHOR e anexado a um turbante de linho branco.

Templo de Salomão

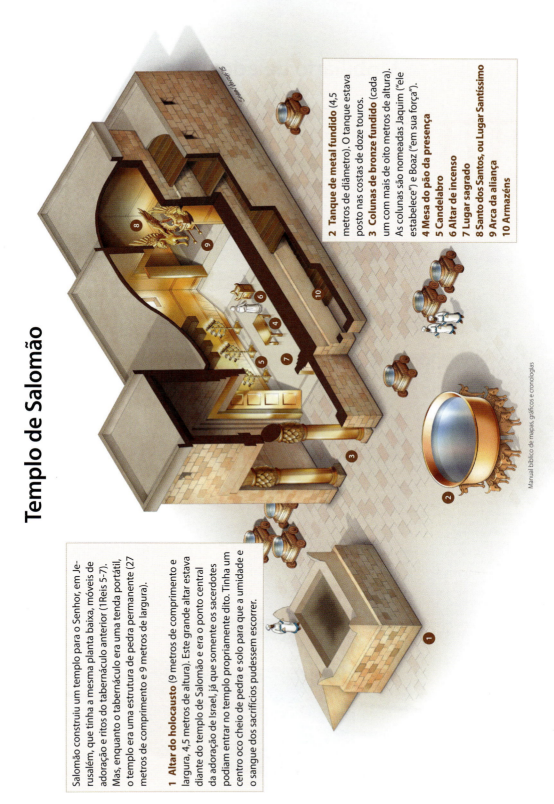

Salomão construiu um templo para o Senhor, em Jerusalém, que tinha a mesma planta baixa, móveis de adoração e ritos do tabernáculo anterior (1 Reis 5-7). Mas, enquanto o tabernáculo era uma tenda portátil, o templo era uma estrutura de pedra permanente (27 metros de comprimento e 9 metros de largura).

1 Altar do holocausto (9 metros de comprimento e largura, 4,5 metros de altura). Este grande altar estava diante do templo de Salomão e era o ponto central da adoração de Israel, já que somente os sacerdotes podiam entrar no templo propriamente dito. Tinha um centro oco cheio de pedra e solo para que a umidade e o sangue dos sacrifícios pudessem escorrer.

2 Tanque de metal fundido (4,5 metros de diâmetro). O tanque estava posto nas costas de doze touros.
3 Colunas de bronze fundido (cada um com mais de oito metros de altura). As colunas são nomeadas Jaquim ("ele estabelece") e Boaz ("em sua força").
4 Mesa do pão da presença
5 Candelabro
6 Altar de incenso
7 Lugar sagrado
8 Santo dos Santos, ou Lugar Santíssimo
9 Arca da aliança
10 Armazéns

Manual bíblico de mapas, gráficos e cronologias

Mobiliário de adoração

1 O candelabro (Êxodo 25.31-40; 27.20-21, Levítico 24.2-4). Este candelabro de ouro tinha sete lâmpadas, as quais os sacerdotes enchiam diariamente de óleo especial para iluminar constantemente o lugar santo.

2 Mesa do pão da presença (Êxodo 25.23-30, Levítico 24.5-9). Era uma mesa de madeira coberta de ouro e colocada dentro do lugar santo. Ela continha doze pães, que eram substituídos em cada shabat – um pão para cada uma das tribos de Israel, que viveu e encontrou sentido para a vida na presença do Senhor.

3 Altar de incenso (Êxodo 30.1-10, 34-38). Era um altar de madeira, coberto de ouro, colocado no lugar santo imediatamente em frente à cortina que impedia a arca da aliança de ser vista. Todas as manhãs e à noite, os sacerdotes serviam este altar com incenso, um elemento aromático feito com uma receita especial.

4 Arca da aliança (Êxodo 25.10-22). Este foi o mais sagrado item do mobiliário de adoração em Israel. Era uma caixa de madeira coberta de ouro, medindo 1,1 metro de comprimento por 70 centímetros de largura e de altura. O conteúdo mudou ao longo do tempo, mas incluía as duas tábuas da lei dada a Moisés, um frasco com maná da peregrinação do deserto de Israel e a vara de Arão, que floresceu milagrosamente. O propiciatório cobria o conteúdo da arca e tinha dois querubins. Deus estava presente de maneira especial acima desta arca, de modo que nenhum mortal, exceto o sumo sacerdote de Israel, podia entrar no Santo dos Santos, onde ela era mantida (Levítico 16.1-34).

Típica casa israelita de quatro cômodos

Quando os israelitas se estabeleceram na terra prometida, muitos construíram casas como esta. O piso térreo tinha um pátio central ao ar livre usado para manipular alimentos e cozinhar. Três quartos adicionais ou varandas cobertas estavam disponíveis para armazenamento e para proteger o gado da família. A parte superior era designada como o espaço de convivência para a família.

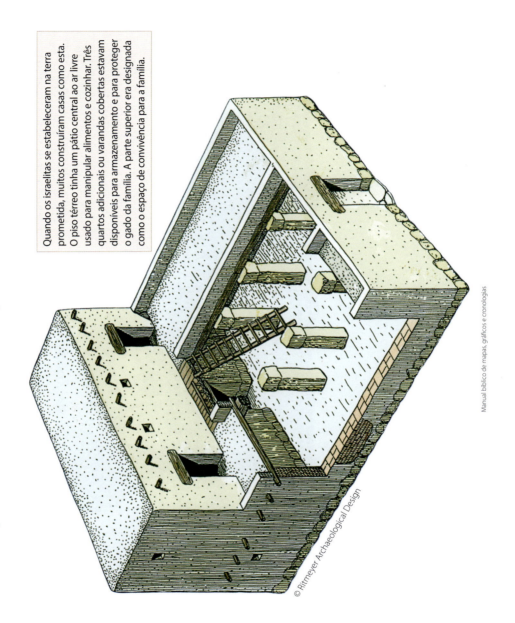

Manual bíblico de mapas, gráficos e cronologias

Tenda beduína

No início do período do Antigo Testamento, os descendentes de Abraão moravam em abrigos móveis. Estas tendas eram feitas a partir de painéis de tecidos de pelo de cabra, que inchavam quando eram molhados. Isso tornava a barraca resistente à água, e quando ela secava, voltava ao seu estado normal, permitindo que o ar circulasse. Mesmo depois de Israel ter se mudado para casas permanentes, materiais como tendas, cordas e estacas são mencionadas no Antigo Testamento como metáforas (Isaías 33.20; 54.2).

Práticas de sepultamento

Este projeto de túmulo era popular na vizinhança de Jerusalém do século 10 a.C. ao século 7 a.C. Teria servido a uma família extensa. Bancos de pedra elevados foram esculpidos em três lados da parede tumular, com recostos de pedra para a cabeça. O corpo era colocado sobre esse banco, onde permanecia por muitos meses. A família, então, voltava para recolher os ossos do banco e colocá-los no repositório esculpido sob o piso principal do túmulo.

Sistemas de defesa da cidade

As cidades do Antigo Testamento eram defendidas por diversas camadas de proteção, projetadas para atrasar os ataques inimigos, causar baixas entre seus combatentes e fazê-los desanimar.

1 **Rampa de entrada.** A rampa de entrada era projetada de modo que o lado direito dos soldados – que se aproximavam do lado oposto do qual a maioria carregava seu escudo – ficasse exposto ao ataque.

2 **Revestimento de parede.** As cidades eram, muitas vezes, protegidas por mais de uma parede. A parede inferior, ou revestimento, muitas vezes tinha uma superestrutura de tijolos de barro rebocada construída sobre uma fundação de pedra bruta.

3 **Glacis.** O *glacis* era um declive artificial (inclinação de 30° – 40°) estabelecido entre a parede de revestimento e a parede defensiva principal. Essa zona mortal exposta foi muitas vezes coberta com gesso, tornando ainda mais difícil para um inimigo atravessá-la.

4 **Muralha defensiva principal.** A parede defensiva principal e suas torres forneciam uma barreira protetora e uma plataforma de tiro que dava aos defensores uma boa disposição de ângulos para atirar.

5 **Pórtico.** A entrada principal da cidade era assegurada não apenas por um portão com dobradiças, mas também por um pórtico. Isso tornava o acesso a uma passagem estreita e fechada para a cidade, que era flanqueada por câmaras de defesa opostas. A entrada restringida diminuía o fluxo de soldados inimigos e fornecia cobertura para os defensores, que podiam empunhar suas lanças contra os que se lançavam pelas câmaras de guarda.

Manual bíblico de mapas, gráficos e cronologias

Embarcações antigas: mercantes e militares

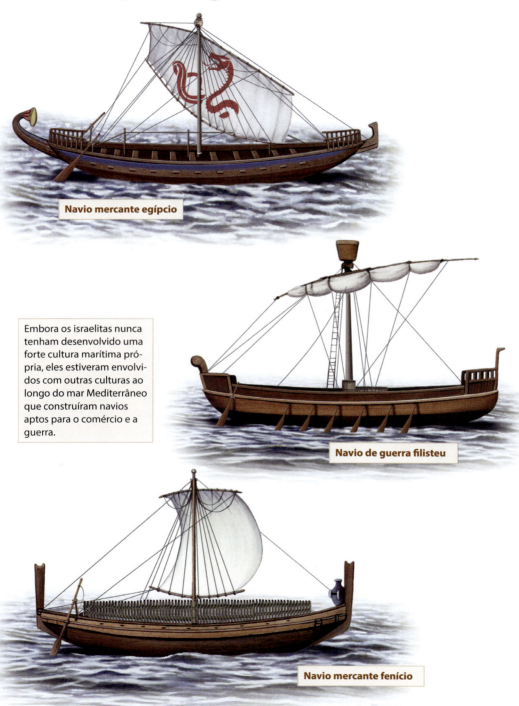

Navio mercante egípcio

Embora os israelitas nunca tenham desenvolvido uma forte cultura marítima própria, eles estiveram envolvidos com outras culturas ao longo do mar Mediterrâneo que construíram navios aptos para o comércio e a guerra.

Navio de guerra filisteu

Navio mercante fenício

Instrumentos musicais

A Bíblia celebra o uso da música e menciona uma variedade de instrumentos musicais. Os mais comuns são ilustrados aqui.

Jerusalém de Davi

Depois da guerra civil que ocorreu após a morte do rei Saul, Davi capturou a cidade de Jebus e seu sistema hídrico. Foi então escolhida para a capital de Israel, que era conhecida como a Cidade de Davi ou Jerusalém.

1 Palácio Real de Davi
2 Torre da Primavera
3 Torre da Piscina
4 Vale Central
5 Vale de Cedrom
6 Futuro local do templo

Manual bíblico de mapas, gráficos e cronologias

149

Jerusalém de Salomão

Salomão expandiu Jerusalém para incluir o cume diretamente ao norte da Cidade de Davi, alcançando mais que o dobro do tamanho da capital de Israel.

1 Palácio Real de Davi
2 Torre da Primavera
3 Torre da Piscina
4 Complexo do Palácio de Salomão
5 Templo
6 Vale Central
7 Vale do Cedrom

Manual bíblico de mapas, gráficos e cronologias

Jerusalém de Ezequias

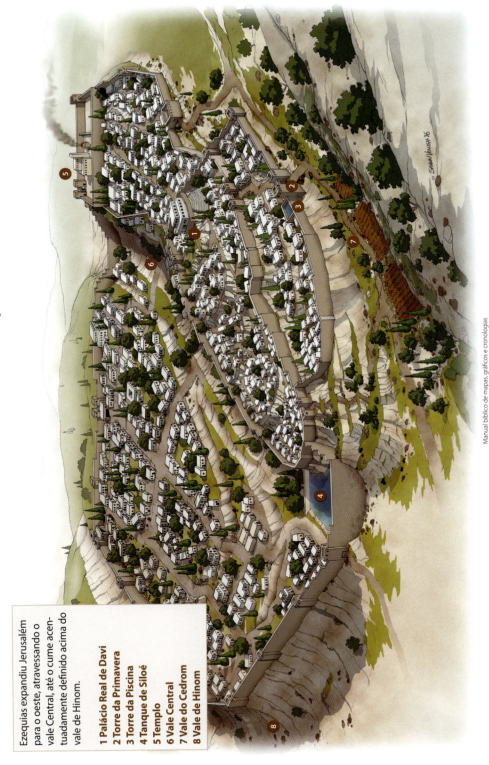

Ezequias expandiu Jerusalém para o oeste, atravessando o vale Central, até o cume acentuadamente definido acima do vale de Hinom.

1 Palácio Real de Davi
2 Torre da Primavera
3 Torre da Piscina
4 Tanque de Siloé
5 Templo
6 Vale Central
7 Vale do Cedrom
8 Vale de Hinom

PARTE 3

NOVO TESTAMENTO

Cronologia do Novo Testamento

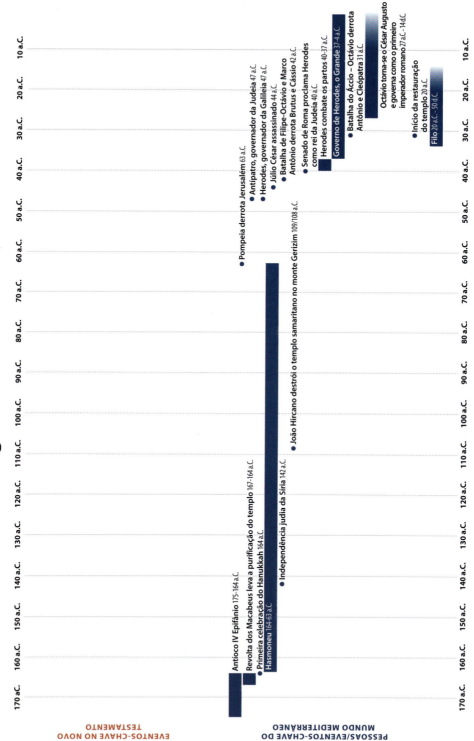

Manual bíblico de mapas, gráficos e cronologias

Cronologia do Novo Testamento

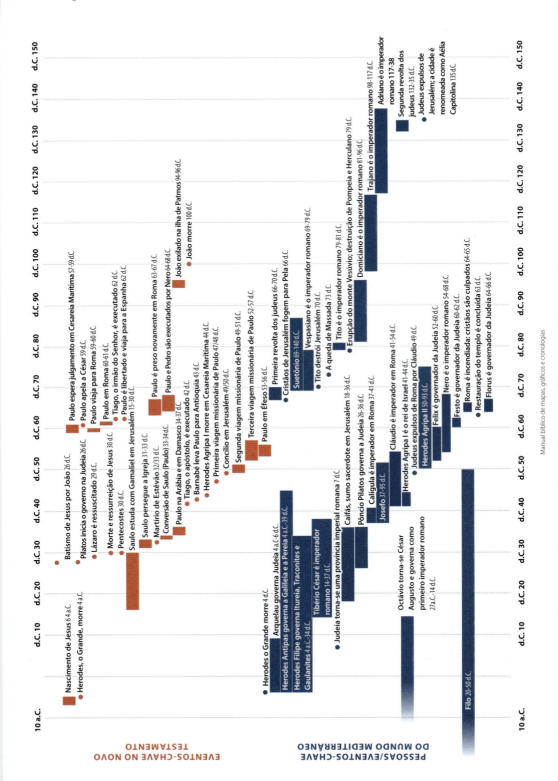

Manual bíblico de mapas, gráficos e cronologias

Israel do Novo Testamento

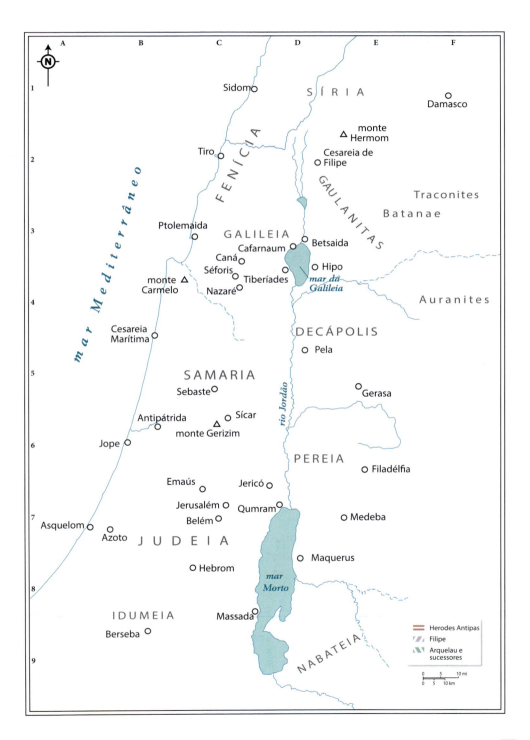

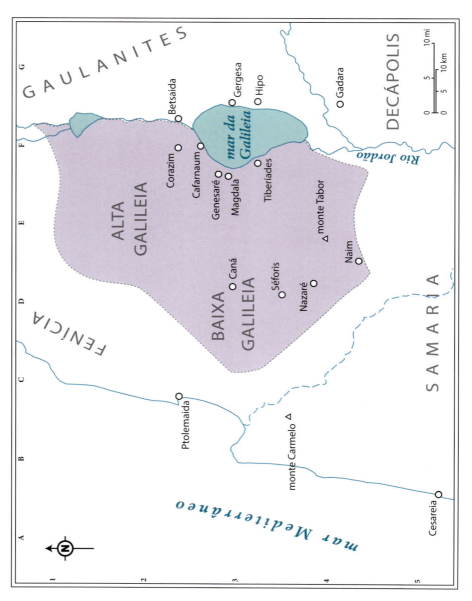

Galileia e regiões circunvizinhas nos tempos de Jesus

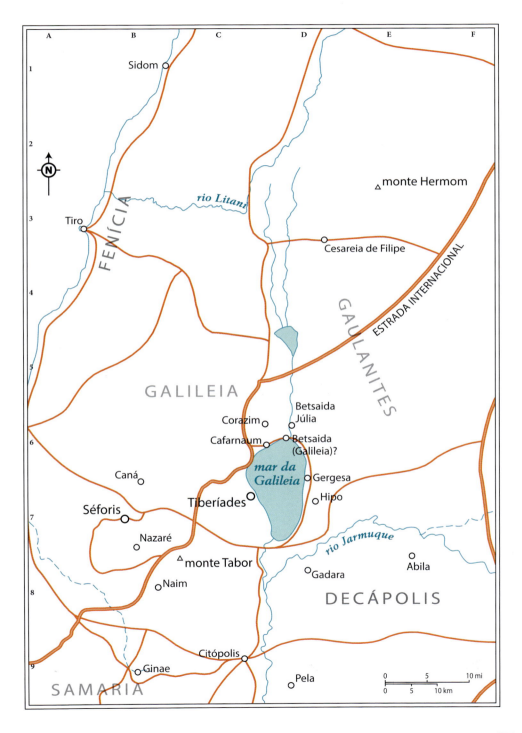

Jerusalém no período do Novo Testamento

Primeiras viagens de Filipe, Pedro e Paulo

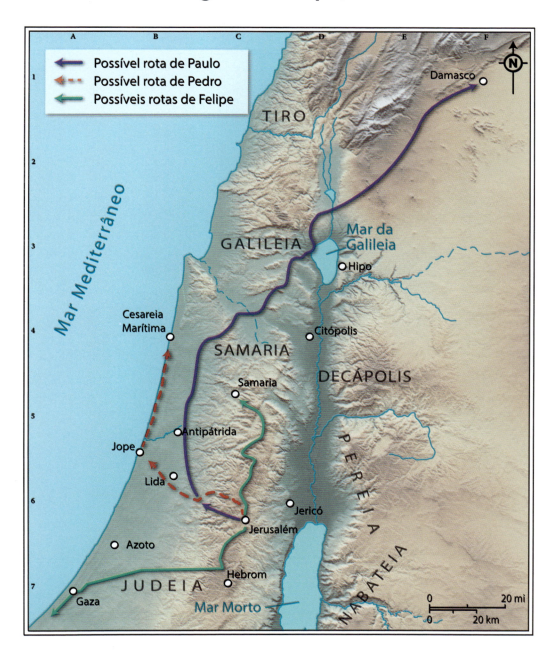

Primeira viagem missionária de Paulo

Segunda viagem missionária de Paulo

Terceira viagem missionária de Paulo

Paulo viaja até Roma

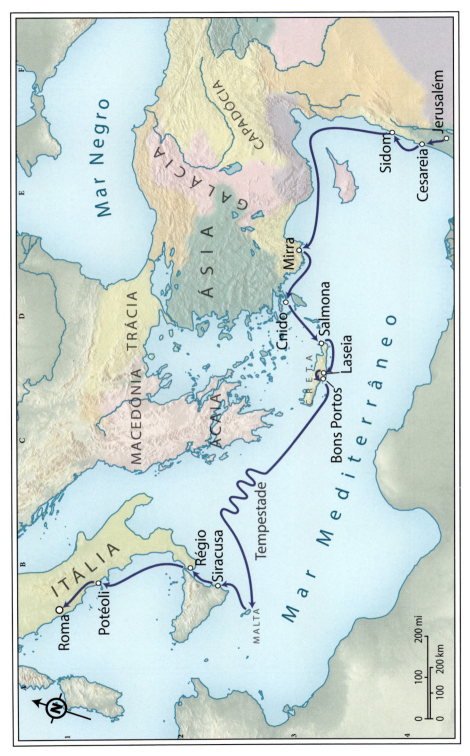

As sete igrejas do Apocalipse

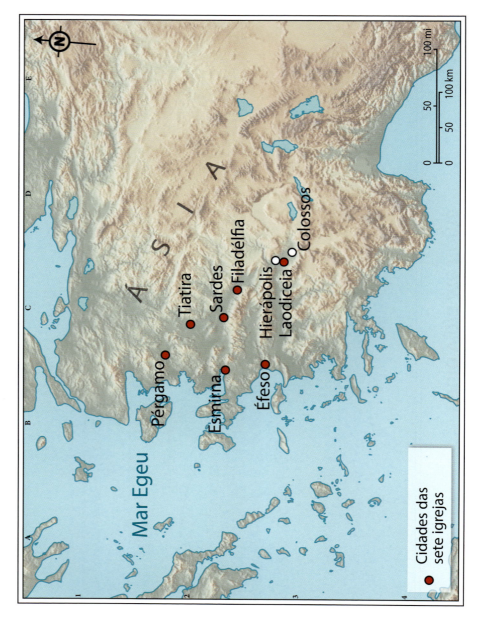

Centros populacionais judaicos no mundo romano

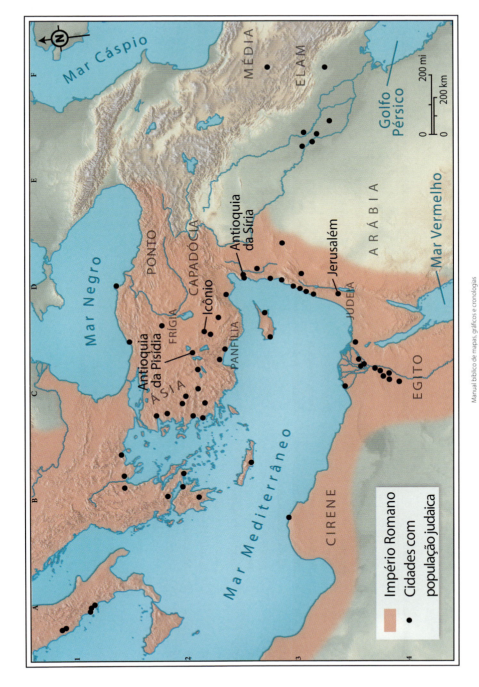

Manual bíblico de mapas, gráficos e cronologias

Citações-chave do Antigo Testamento no Novo Testamento

Referência do Novo Testamento	Tópico	Pentateuco	Livros Históricos	Profetas Maiores	Profetas Menores	Poéticos
Mateus 1.2-23	Emanuel			Isaías 7.14		
Mateus 2.5-6	Belém				Miqueias 5.2	
Mateus 2.17-18	Sofrimento em Ramá			Jeremias 31.15		
Mateus 3.3	Precursor			Isaías 40.3		
Mateus 4.4	Confiança no deserto	Deuteronômio 8.3				
Mateus 4.7	Pondo Deus à prova	Deuteronômio 6.16				
Mateus 4.10	Obediente serviço a Deus	Deuteronômio 6.13				
Mateus 4.14-16	Influência geográfica do Messias			Isaías 9.1-2		
Mateus 8.17	A cura do Messias			Isaías 53.4		
Mateus 11.10	Precursor				Malaquias 3.1	
Mateus 12.17-21	Qualidades do Messias			Isaías 42.1-4		
Mateus 13.14-15	Tolerância espiritual			Isaías 6.9-10		
Mateus 13.35	Uso de parábolas					Salmo 78.2
Mateus 15.7-9	Adoração vazia			Isaías 29.13		
Mateus 19.4-5	Casamento	Gênesis 1.27; 2.24				
Mateus 21.4-5	A chegada do Messias em Sião				Zacarias 9.9	
Mateus 21.13	Contaminação do Templo			Isaías 56.7; Jeremias 7.11.		
Mateus 21.42	A pedra angular é rejeitada					Salmo 118.22-23
Mateus 22.37-38	Maior mandamento	Levítico 19.18; Deuteronômio 6.5.				
Mateus 22.44	Messias como o filho de Davi					Salmo 110.1
Mateus 24.15	Abominação que causa desolação			Daniel 9.27; 11.31; 12.11		
Mateus 24.29	Fim dos tempos			Isaías 13.10; 34.4		
Mateus 24.30	Filho do homem			Daniel 7.13		
Mateus 26.31	Messias abandonado				Zacarias 13.7	
Mateus 27.35	Lançaram sorte sobre as vestes					Salmo 22.18

Manual bíblico de mapas, gráficos e cronologias

Citações-chave do Antigo Testamento no Novo Testamento

Referência do Novo Testamento	Tópico	Pentateuco	Livros Históricos	Profetas Maiores	Profetas Menores	Poéticos
Mateus 27.45-46	Abandonado por Deus					Salmo 22.1
Marcos 1.2-3	Precursor			Isaías 40.3	Malaquias 3.1	
Marcos 7.6-7	Hipocrisia			Isaías 29.13		
Marcos 9.48	Inferno			Isaías 66.24		
Marcos 10.6-8	Casamento	Gênesis 1.27; 2.24				
Marcos 11.17	Contaminação do templo			Isaías 56.7; Jeremias 7.11.		
Marcos 12.10-11	A pedra angular é rejeitada					Salmo 118.22-23
Marcos 12.29-31	Maior mandamento	Levítico 19.18; Deuteronômio 6.5.				
Marcos 12.36	Messias como o filho de Davi					Salmo 110.1
Marcos 13.14	Abominação que causa desolação			Daniel 9.27; 11.31; 12.11		
Marcos 13.24-25	Fim dos tempos			Isaías 13.10; 34.4		
Marcos 13.26	Filho do homem			Daniel 7.13		
Marcos 14.27	Messias abandonado				Zacarias 13.7	
Marcos 15.34	Abandonado por Deus					Salmo 22.1
Lucas 3.4-6	Precursor			Isaías 40.3-5		
Lucas 4.4	Confiança no deserto	Deuteronômio 8.3				
Lucas 4.8	Obediente serviço a Deus	Deuteronômio 6.13				
Lucas 4.12	Pondo Deus à prova	Deuteronômio 6.16				
Lucas 4.18-19	A obra do Messias			Isaías 61.1-2		
Lucas 7.27	Precursor				Malaquias 3.1	
Lucas 8.10	Uso de parábolas			Isaías 6.9		
Lucas 19.46	Contaminação do templo			Isaías 56.7; Jeremias 7.11		
Lucas 20.17	A pedra angular é rejeitada					Salmo 118.22
Lucas 20.42-43	Messias como filho de Davi					Salmo 110.1
Lucas 21.27	Filho do homem			Daniel 7.13		
Lucas 22.37	Messias como criminoso			Isaías 53.12		
João 1.23	Precursor			Isaías 40.3		

Citações-chave do Antigo Testamento no Novo Testamento

Referência do Novo Testamento	Tópico	Pentateuco	Livros Históricos	Profetas Maiores	Profetas Menores	Poéticos
João 6.31	Pão da vida	Êxodo 16.4				
João 6.45	Salvação proveniente de Deus			Isaías 54.13		
João 12.15	A chegada do Messias em Sião				Zacarias 9.9	
João 12.38-40	A rejeição do Messias			Isaías 6.10; 53.1		
João 13.18	Traição do Messias					Salmo 41.9
João 19.24	Roupa do Messias é dividida					Salmo 22.18
João 19.36	Os ossos do Messias ficam intactos					Salmo 34.20
João 19.37	Messias é perfurado				Zacarias 12.10	
Atos 1.20	Substituição de Judas					Salmos 69.25; 109.8
Atos 2.16-21	Chegada dos últimos dias				Joel 2.28-32	
Atos 2.25-28	O corpo do Messias não se decompõe					Salmo 16.8-11
Atos 2.34-35	Messias como filho de Davi					Salmo 110.1
Atos 3.22-23	Messias como profeta	Deuteronômio 18.15, 18-19				
Atos 3.25	Todas as pessoas abençoadas por meio de Abraão	Gênesis 22.18; 26.4				
Atos 4.11	A pedra angular é rejeitada					Salmo 118.22
Atos 4.25-26	Oposição ao Messias					Salmo 2.1-2
Atos 7.3	Pacto com Abraão	Gênesis 12.1-3				
Atos 7.42-43	Pecados passados de Israel				Amós 5.25-27	
Atos 8.32-33	O sofrimento do Messias			Isaías 53.7-8		
Atos 13.33	Jesus é o filho de Deus					Salmo 2.7
Atos 13.34-35	O corpo do Messias não se decompõe			Isaías 55.3		Salmo 16.10
Atos 13.47	Salvação para os gentios			Isaías 49.6		
Atos 15.15-18	Salvação para os gentios				Amós 9.11-12	
Romanos 1.17	Os justos vivem pela fé				Habacuque 2.4	
Romanos 3.4	A fidelidade de Deus					Salmo 51.4
Romanos 3.10-18	Ninguém é justo			Isaías 59.7-8		Salmos 5.9; 10.7; 14.1-3; 36.1; 53.1-3; 140.3; Eclesiastes 7.20
Romanos 4.3	Abraão justificado pela fé	Gênesis 15.6				
Romanos 4.7-8	Justiça pela fé					Salmo 32.1-2

Citações-chave do Antigo Testamento no Novo Testamento

Referência do Novo Testamento	Tópico	Pentateuco	Livros Históricos	Profetas Maiores	Profetas Menores	Poéticos
Romanos 4.16-18	Justiça pela fé	Gênesis 15.5; 17.5				
Romanos 9.6-9	Israel mais do que Israel	Gênesis 18.10, 14; 21.12				
Romanos 9.15	Eleição baseada na misericórdia de Deus	Êxodo 33.19				
Romanos 9.25-29	Misericórdia para os gentios			Isaías 1.9; 10.22-23	Oseias 1.10; 2.23	
Romanos 9.33	Messias como pedra de tropeço			Isaías 8.14; 28.16		
Romanos 10.5-8	Justiça pela fé	Levítico 18.5; Deuteronômio 30.13-14				
Romanos 10.11-13	Justiça pela fé			Isaías 28.16	Joel 2.32	
Romanos 10.16-21	A oportunidade de Israel desperdiçada	Deuteronômio 32.21		Isaías 53.1; 65.1-2;		Salmo 19.4
Romanos 11.4	Remanescente em Israel		1Reis 19.18			
Romanos 11.7-10	Risco de endurecer o coração	Deuteronômio 29.4		Isaías 29.10		Salmo 69.22-23
Romanos 11.26-27	Todo o Israel salvo			Isaías 59.20-21		
Romanos 12.19-20	Mostre misericórdia a seus inimigos	Deuteronômio 32.35				Provérbios 25.21-22
Romanos 14.11	Julgamento final			Isaías 45.23		
Romanos 15.9-12	Os gentios glorificam a Deus	Deuteronômio 32.4	2Samuel 22.50	Isaías 11.10; 52.15		Salmo 117.1
1Coríntios 3.19-20	Tolos sábios					Jó 5.13; Salmo 94.11
1Coríntios 6.16	Casamento	Gênesis 2.24				
1Coríntios 9.9	Direitos de um apóstolo	Deuteronômio 25.4				
1Coríntios 15.45	Corpos naturais e espirituais	Gênesis 2.7				
1Coríntios 15.54-55	Vitória sobre a morte			Isaías 25.8		
2Coríntios 6.2	Tempo do favor de Deus			Isaías 49.8		
2Coríntios 6.17-18	Sem união com incrédulos			Isaías 52.11		
2Coríntios 8.15	Igualdade econômica	Êxodo 16.18				
2Coríntios 10.17	Vangloriando-se no Senhor			Jeremias 9.24		
Gálatas 3.6	Salvos pela fé	Gênesis 15.6				
Gálatas 3.8	Salvação dos gentios	Gênesis 12.3; 18.18; 22.18				
Gálatas 3.10	Maldição sobre pecadores	Deuteronômio 27.26				
Gálatas 3.11	Os justos vivem pela fé				Habacuque 2.4	
Gálatas 3.13	Maldição da crucificação	Deuteronômio 21.23				
Gálatas 5.14	Amar o próximo como a si mesmo	Levítico 19.18				

Manual bíblico de mapas, gráficos e cronologias

171

Citações-chave do Antigo Testamento no Novo Testamento

Referência do Novo Testamento	Tópico	Pentateuco	Livros Históricos	Profetas Maiores	Profetas Menores	Poéticos
Efésios 4.26	Raiva					Salmo 4.4
Efésios 5.31	Casamento	Gênesis 2.24				
Efésios 6.3	Obediência devida aos pais	Deuteronômio 5.16				
1 Timóteo 5.18	Honorário para os trabalhadores da igreja	Deuteronômio 24.5				
Hebreus 1.5-13	Superioridade das palavras de Jesus	Deuteronômio 32.43;	2 Samuel 7.14;			Salmos 2.7; 45.6-7; 102.25-27; 110.1
Hebreus 2.11-12	A natureza humana de Jesus					Salmo 22.22
Hebreus 3.7-15	Aviso contra a descrença					Salmo 95.7-11
Hebreus 4.4	Descanso sabático	Gênesis 2.2				
Hebreus 5.5-6	Jesus como filho de Deus e sacerdote					Salmos 2.7; 110.4
Hebreus 7.17, 21	Jesus como sacerdote					Salmo 110.4
Hebreus 8.8-12	Nova aliança			Jeremias 31.31-34		
Hebreus 9.20	Relação de sangue e aliança	Êxodo 24.8				
Hebreus 10.5-7	O sacrifício suficiente					Salmo 40.6-8
Hebreus 10.15-17	O sacrifício de Jesus e a nova aliança			Jeremias 31.33-34		
Hebreus 10.37-38	Justiça e fé				Habacuque 2.3-4	
Hebreus 12.5-6	Suportar dificuldades como disciplina					Provérbios 3.11-12
Hebreus 13.5-6	Estar satisfeito com a provisão de Deus	Deuteronômio 31.6				Salmo 118.6-7
Tiago 2.8	Amor ao próximo	Levítico 19.18				
Tiago 2.23	Fé e justiça	Gênesis 15.6				
Tiago 4.6	Humildade					Provérbios 3.34
1 Pedro 1.16	Vida santa	Levítico 19.2; 20.7				
1 Pedro 1.24,25	Imortalidade para os mortais			Isaías 40.6-8		
1 Pedro 2.6	Cristo, a pedra angular			Isaías 28.16		
1 Pedro 2.22	Vida justa			Isaías 53.9		
1 Pedro 3.10-12	Recebendo a bênção de Deus					Salmo 34.12-16
1 Pedro 5.5	Humildade					Provérbios 3.34
Apocalipse 1.13	Jesus, o Filho do Homem			Daniel 7.13		
Apocalipse 2.27	O domínio de Jesus					Salmo 2.9
Apocalipse 14.14	Jesus, o Filho do Homem			Daniel 7.13		
Apocalipse 19.15	O domínio de Jesus					Salmo 2.9

Figuras-chave do Antigo Testamento no Novo Testamento

Pessoa	Texto-chave	Principais percepções
Abel	Mateus 23.35 (Lucas 11.51); Hebreus 12.24	Jesus usou a morte de Abel, juntamente com a de Zacarias (filho de Joiada), como uma amostra que expunha todo o alcance da história do Antigo Testamento. O sangue de Abel, que clama por retribuição, contrasta com o sangue de Jesus, que anuncia o perdão.
Abraão	Mateus 1.1 (Lucas 3.34); 3.9; 8.11; Lucas 1.73; 3.8; João 8.39-40, 56-58; Atos 3.25; Romanos 4.1-3, 12-13; 9.8; Gálatas 3.6-9; Hebreus 11.8, 17, 19	Como prometido no Antigo Testamento, Jesus foi um descendente de Abraão. A singularidade de Jesus é destacada pelo fato de que, embora ele existisse antes de Abraão nascer, Jesus era um descendente de Abraão. A menção de Abraão é usada como um símbolo das promessas da aliança do Antigo Testamento feitas a ele. Ser um descendente físico de Abraão não garante a salvação eterna quando há falta de fé. Tanto os judeus quanto os gentios que se arrependem e produzem frutos de fé, irão sentar-se no banquete dado por Abraão no reino vindouro de Deus. Abraão foi justificado pela fé; consequentemente, todos os crentes que são justificados pela fé são chamados "descendentes de Abraão".
Adão	Romanos 5.12-21; 1Coríntios 15.22, 45; 1Timóteo 2.13-14	Como Adão foi a porta de entrada para o pecado e a morte, Jesus é a porta de entrada para o perdão e a vida. A ordem de criação de Adão e Eva e a ordem em que eles caíram no pecado estão ligadas a instruções sobre a adoração.
Arão	Hebreus 5.4; 7.11	Jesus foi chamado por Deus para ser o Sumo Sacerdote, assim como Arão foi chamado por Deus para ser sumo sacerdote. Jesus, como um não levita, forneceu a perfeição que os descendentes sacerdotais de Levi não podiam oferecer.
Caim	1João 3.12; Judas 1.11	O comportamento egoísta e sem amor de Caim é o oposto do que significa amar e ser leal ao Senhor.

Figuras-chave do Antigo Testamento no Novo Testamento

Pessoa	Texto-chave	Principais percepções
Davi	Mateus 1.1; 9.27; 12.3-4 (Marcos 2.25-26); 22.42-45 (Marcos 12.35-37; Lucas 20.41-44); João 7.42; Atos 2.25-31; Apocalipse 3.7; 5.5; 22.16	Como prometido no Antigo Testamento, Jesus foi um descendente de Davi. A singularidade de Jesus é destacada pelo fato de que, embora ele existisse antes de Davi nascer, Jesus era um descendente de Davi. Davi ilustrou que a vida "legal" que honra a lei fundamental por amor poderia significar quebrar certas exigências do código da lei escrita. Jesus é ratificado como o Messias, porque ele não se decompôs no túmulo como Davi.
Elias	Mateus 11.14; 17.10-12 (Marcos 9.11-13); Lucas 1.17; 4.25-26; 9.30-31; Tiago 5.17	João Batista foi o novo Elias, que iria anunciar a vinda do Messias. Na transfiguração de Jesus, Elias confirmou a retidão do plano de Jesus, que implicava em seu sofrimento e morte em Jerusalém. Elias é usado como um exemplo de um profeta enviado para trazer a Palavra de Deus aos gentios. Elias ilustra o poder da oração de uma pessoa justa.
Eliseu	Lucas 4.27	Eliseu é usado como exemplo de um profeta enviado para trazer a Palavra de Deus aos gentios.
Eva	2Coríntios 11.3; 1Timóteo 2.13-14	A ordem de criação de Adão e Eva e a ordem em que eles caíram no pecado estão ligadas a instruções sobre a adoração. A capacidade de Satanás de enganar Eva ilustra nossa vulnerabilidade em sermos enganados por falsos ensinamentos.
Hagar	Gálatas 4.24-25	Como escrava, Hagar se torna um símbolo da aliança mosaica, que vincula a figura de pecadores à de escravos.
Isaque	Mateus 8.11; 22.32; Lucas 13.28; Atos 7.32; Romanos 9.7-8; Gálatas 4.28	A menção de Isaque torna-se simbólica da aliança abraâmica e da salvação fruto da promessa divina. Isaque vive no céu e acolhe gentios, pois eles são herdeiros das promessas de Deus junto com os judeus.
Jacó	Mateus 1.16; 8.11; Lucas 13.28; Atos 3.13; Romanos 9.13	Jesus está vinculado à nação de Israel, identificando-o como um descendente de Jacó. A menção de Jacó se torna simbólica em relação à aliança abraâmica e da salvação pela promessa divina. Jacó vive no céu e acolhe gentios, pois eles são herdeiros das promessas de Deus junto com os judeus. Jacó é um exemplo da eleição misericordiosa de Deus.
Jó	Tiago 5.11	Jó nos dá o exemplo da perseverança fiel.

Pessoa	Texto-chave	Principais percepções
Jonas	Mateus 12.39-41 (Lucas 11.29-32)	Jesus teve muitas semelhanças com Jonas (ambos eram profetas, viviam na serra de Nazaré, passaram três dias e três noites num lugar indesejável e pregaram a Palavra de Deus aos gentios). No entanto, Jesus contrasta com Jonas como tendo muito mais a oferecer.
Josué	Hebreus 4.8	Porque o "descanso" que Josué proporcionou era incompleto, Jesus veio para cumprir a promessa do sábado de descanso.
Melquisedeque	Hebreus 7	Jesus foi um sacerdote como Melquisedeque, que não era um descendente de Levi e mesmo assim foi nomeado para o serviço especial como um sacerdote.
Moisés	Mateus 8.4; 19.8; Marcos 10.3-4; Lucas 9.30-31; 24.27, 44; João 5.45-46; Atos 3.32; Romanos 10.5; 2Coríntios 3.7-15; Hebreus 3.1-6	Moisés tornou-se o símbolo da Torá, em geral, e o código da lei dentro dele, em particular. Na Torá, Moisés disse ao mundo que esperava a vinda de um profeta maior. Na transfiguração de Jesus, Moisés confirmou a identificação de Jesus como aquele profeta e a retidão de seu plano, que consistia em sofrer e morrer em Jerusalém. Por mais importante que Moisés fosse, Jesus é digno de maior honra do que ele. Paulo compara seu ministério da nova aliança ao ministério de Moisés sob a antiga aliança.
Noé	Mateus 24.27-38 (Lucas 17.26-27); 2Pedro 2.5	O caráter ordinário do período de Noé, que conduz ao grande dilúvio, é comparado com a singularidade do tempo que antecede a segunda vinda de Jesus. Noé ilustra a disposição de Deus para poupar os justos no dia do julgamento.
Rainha de Sabá (Rainha do Sul)	Mateus 12.42 (Lucas 11.31)	Esta rainha gentílica viajou uma distância grande para conhecer a sabedoria compartilhada por Salomão. Sua fiel busca da verdade contrasta com os detratores de Jesus, que tinham contato com alguém bem maior que Salomão.
Raabe	Mateus 1.5; Hebreus 11.31; Tiago 2.25	Raabe era uma gentia que foi um exemplo justo da fé posta em ação, tornando-se uma ancestral de Jesus.
Salomão	Mateus 6.29 (Lucas 12.27); 12.42 (Lucas 11.31)	O esplendor de Salomão desvanece em comparação com as flores do campo, que Jesus usou como um exemplo da disposição de Deus em cuidar daqueles que são tentados a constante preocupação. A sabedoria de Salomão se esvai em comparação com os ensinamentos de Jesus.

Promessas de Jesus cumpridas antes de 100 a.C.

Promessas de Jesus	Referências	Promessa cumprida	Referência
André o pescador, "pescaria homens".	Mateus 4.18-20; Marcos 1.16-18	André levou Pedro a Jesus. André trouxe gentios tementes a Deus para Jesus.	João 1.40-41; 12.21-22
Simão Pedro, o pescador, "pescaria homens".	Mateus 4.18-20; Marcos 1.16-18; Lucas 5.10-11	Pedro pregou em Jerusalém, no Pentecostes. Pedro pregou em Samaria. Pedro pregou em Cesareia, na casa de Cornélio. Pedro escreveu aos crentes na Ásia Menor.	Atos 2.14-41; 8.14-25; 10.24-48; 1Pedro 1.1
O servo do centurião seria curado sem que Jesus fosse até seu leito de enfermidade.	Mateus 8.8-13	O servo do centurião foi curado.	Mateus 8.13
Quando os discípulos fossem presos, o Espírito Santo lhes daria as palavras certas a dizer.	Mateus 10.17-20; Marcos 13.11; Lucas 12.11-12; 21.12-15	O Espírito Santo deu palavras a Pedro para falar quando preso pelo Sinédrio. Os apóstolos souberam o que dizer diante do Sinédrio.	Atos 4.8; 5.27-32
Pedro receberia a autoridade para ensinar.	Mateus 16.19-20	Jesus deu a Pedro autoridade para ensinar.	Mateus 28.18-20; João 21.15-18
Jesus anunciou que sofreria, morreria e ressuscitaria dos mortos em Jerusalém.	Mateus 16.21; 17.22; 20.17-19; Marcos 8.31; 10.32-34; Lucas 9.22; 18.31-33	Jesus sofreu, morreu e ressuscitou dos mortos em Jerusalém.	Mateus 26-28; Marcos 14-16; Lucas 22-24; João 18-21
Alguns dos discípulos veriam o Filho do homem entrando em seu reino antes de morrerem.	Mateus 16.28; Marcos 9.1; Lucas 9.27	Em poucos dias, Pedro, Tiago e João viram Jesus transfigurado diante de seus olhos na glória celestial.	Mateus 17.1-8; Marcos 9.2-12; Lucas 9.28-36
Tiago morreria como um mártir.	Mateus 20.21-23; Marcos 10.35-39	Tiago morreu como mártir.	Atos 12.1-2
A rejeição dos judeus por Jesus criaria uma oportunidade para os gentios ouvirem o evangelho e serem salvos.	Mateus 21.42-43	Quando os judeus rejeitaram as boas-novas, o evangelho foi imediatamente levado aos gentios.	Atos 9.15; 13.46; 18.6; 22.21

Promessas de Jesus	Referências	Promessa cumprida	Referência
O centro de adoração de Jerusalém seria destruído.	Mateus 24.2; Marcos 13.2; Lucas 21.6	O centro de adoração de Jerusalém foi destruído pelos romanos em 70 d.C.	Não registrada
O evangelho seria pregado em todo o mundo conhecido.	Mateus 24.14; Lucas 24.47	A mensagem do evangelho expandiu-se de Jerusalém para a Judeia, a Samaria e os confins da terra.	Como descrito em Atos 1.8
Os discípulos abandonariam Jesus.	Mateus 26.31; Marcos 14.27	Os discípulos abandonaram Jesus.	Mateus 26.56; Marcos 14.50
Jesus iria se encontrar com os apóstolos na Galileia após a sua ressurreição.	Mateus 26.32; Marcos 14.28	Jesus se encontrou com os apóstolos na Galileia após a sua ressurreição.	Mateus 28.16; João 21.1
Pedro negaria Jesus três vezes antes que o galo cantasse.	Mateus 26.34; Marcos 14.30; Lucas 22.34; João 13.38	Pedro negou Jesus três vezes antes de o galo cantar.	Mateus 26.69-75; Marcos 14.66-72; Lucas 22.54-62; João 18.15-18, 25-27
Jesus prometeu a Jairo que sua filha seria ressuscitada.	Lucas 8.50	Jesus ressuscitou a filha de Jairo dentre os mortos.	Lucas 8.55
Jesus prometeu ao ladrão na cruz que entraria no paraíso naquele mesmo dia com ele.	Lucas 23.43	O ladrão na cruz morreu e entrou no paraíso naquele mesmo dia.	Não registrada
Jesus prometeu que o Espírito Santo viria sobre os discípulos em Jerusalém.	Lucas 24.49; João 14.16; 15.26; 16.7; Atos 1.5-8	O Espírito Santo veio sobre os apóstolos em Jerusalém.	Atos 2.1-4
Jesus anunciou que o templo (seu corpo) seria destruído e depois restaurado no terceiro dia.	João 2.19	Jesus ressuscitou dos mortos no terceiro dia.	Mateus 27; Marcos 15; Lucas 23; João 19
Jesus disse aos discípulos e a Marta que o irmão dela ressuscitaria dos mortos.	João 11.11, 23	Jesus ressuscitou Lázaro dos mortos.	João 11.43-44
Jesus prometeu que não deixaria os discípulos como órfãos.	João 14.18	Jesus apareceu aos discípulos depois de sua ressurreição.	João 20.19-31
Jesus disse a Pedro que ele, o discípulo, morreria como um mártir.	João 21.18-19	Pedro morreu como um mártir.	Não registrada

Promessas de Jesus cumpridas antes de 100 a.C.

Seitas judaicas e Jesus

Fariseus

Quem foram os fariseus?

Descendentes ideológicos dos *hassidim*, grupo do período intertestamentário, que lutou para manter sua identidade judaica diante da perseguição religiosa.

Um partido religioso e político do Novo Testamento que perseguiu, policiou e exigiu uma forma de vida justa que se conformasse com seus altos padrões de comportamento.

Professores do povo comum, os rabinos, que lideravam nas sinagogas.

Os professores religiosos autorizados que certificaram a próxima geração de professores religiosos autorizados.

No que os fariseus acreditavam?

Essa verdade divina foi fornecida na Palavra escrita do Antigo Testamento, bem como na tradicional interpretação oral e extensões da Palavra, que remontam a Moisés (a lei oral).

Essa vida justa era a mais alta virtude, com ênfase especial na observância do sábado.

Que havia um mundo espiritual cheio de anjos e demônios.

Que a alma era imortal e que haveria uma ressurreição corporal.

Que o céu foi reservado para os judeus (e alguns gentios) obedientes à Torá.

Como os fariseus e Jesus interagiram?

Fariseus como Nicodemos, José de Arimateia e Saulo (Paulo) passaram a crer em Jesus como o Messias.

Geralmente os fariseus não gostavam da maneira como Jesus passava o tempo com aqueles que eram considerados pecadores públicos, como coletores de impostos e prostitutas;

o relacionamento mais casual que Jesus parecia ter com a observância do sábado;

o fato de Jesus não ter sido "autorizado" a ensinar por qualquer um de seus próprios professores autorizados.

Jesus criticou sua elevação da lei oral, tornando-a equivalente à lei divina, particularmente no que diz respeito à observância do sábado;

o fardo que a lei oral colocava aos israelitas comuns;

seu orgulho, autoengrandecimento comportamental;

seu fracasso em demonstrar amor e misericórdia;

sua atitude em relação aos gentios.

Saduceus

Quem eram os saduceus?

Alegaram ser descendentes de Zadoque, o sumo sacerdote na época de Davi e Salomão.

Distinguidos dos sacerdotes comuns, eram os sacerdotes aristocráticos que viviam em Jerusalém e formaram um partido político com famílias acomodadas.

Grupo que controlou os assuntos cotidianos do templo em Jerusalém.

Dominou o conselho governante judeu (Sanhedrin) durante o tempo do Novo Testamento.

Estabeleceu uma relação de trabalho com a potência ocupante de Roma, mostrando uma disposição para comprometer a sua identidade judaica e aceitar a ideologia do mundo romano em troca dos benefícios que ela rendeu.

No que os saduceus acreditavam?

Essa verdade divina foi derivada apenas do Antigo Testamento escrito (a Torá ou o Pentateuco em particular) sem recorrer à lei oral.

Que o destino dos mortais residia nas escolhas que eles faziam, e não na providência divina.

Que o mundo real não incluía seres espirituais.

Que não havia ressurreição ou vida além da morte.

Essa posse material, esse poder e esse prestígio social eram as recompensas finais na vida e deviam ser perseguidas a todo custo.

Como Jesus e os saduceus interagiram?

Os saduceus viam Jesus como uma ameaça ao status quo, que lhes dava poder sobre o templo e, portanto, a riqueza e a notoriedade que o templo poderia proporcionar.

Jesus criticou diretamente o fato de não crerem na vida após a morte nem na ressurreição;

sua paixão pelo poder, pelo prestígio e pela riqueza, não só quando ele falou sobre esses temas, mas também quando ele interrompeu a compra e venda nos mercados do templo.

Zelotes

Quem eram os zelotes?

Um movimento judaico que se opunha à ocupação de Roma na terra prometida e a todos aqueles que colaboraram com Roma.

No que os zelotes acreditavam?

Que não poderia haver paz com os romanos que ocupavam suas terras.

Que a ocupação de Roma não era um chamado ao arrependimento, mas um apelo à revolta.

Que o pagamento dos impostos romanos era um sinal de deslealdade ao Todo-poderoso.

O fato de ser um judeu justo e observador da Torá significava rejeitar todas as coisas romanas.

Essa liberdade nacional para Israel era o principal objetivo da vida.

Como os zelotes e Jesus interagiram?

Os zelotes não teriam gostado do fracasso de Jesus em usar seu poder e influência em apoio à libertação nacional;

a relação de Jesus com os cobradores de impostos, em geral, e Mateus, em particular;

o tratamento bondoso de Jesus aos centuriões e a inclusão de gentios no reino de Deus;

a diretriz de Jesus para pagar os impostos devidos a César;

o chamado de Jesus para amar os inimigos e orar por eles.

Os encontros diretos com os zelotes não são mencionados nos evangelhos, mas Jesus contou Simão, o Zelote, entre seus discípulos (Lucas 6.15)..

Essênios

Quem eram os essênios?

Um movimento religioso dentro do judaísmo, espalhado sobre Israel, incluindo lugares como Jerusalém e Qumran.

Um grupo que abominava o modo como o templo em Jerusalém estava sendo operado.

Um grupo um tanto ascético, que dirigia suas energias para a oração, o apoio comunitário, a pureza ritual e a espera pelo fim dos tempos.

Um grupo que deu especial atenção à vida intelectual, dando atenção à cópia, ao estudo e à interpretação das Escrituras.

No que os essênios acreditavam?

Que Deus era soberano.

Que os mortais foram criados com uma alma imortal.

Que a vida comunitária impediu a formação insalubre de uma sociedade orientada por classes.

Que essa riqueza pessoal era um risco, então os bens eram mantidos em comunhão, usados para o bem comum e para ajudar aqueles em necessidade.

Que o dever dos mortais era viver uma vida justa, incluindo uma estrita observância do sábado.

Como os essênios e Jesus interagiram?

Não há menção direta de Jesus interagindo com um membro de uma comunidade essênia, mas dada a sua presença nos lugares que ele ensinou, provavelmente o ouviram.

Os essênios teriam gostado:

do chamado de Jesus para abandonar o mundo e segui-lo;

da crítica de Jesus aos sacerdotes aristocráticos;

da advertência de Jesus sobre a paixão pela riqueza;

do ensinamento de Jesus sobre a imortalidade dos mortais;

da ênfase de Jesus na oração;

da atenção de Jesus à Palavra de Deus;

do chamado de Jesus para cuidar dos necessitados;

do foco escatológico de Jesus no vindouro reino de Deus.

Sistemas monetários do Novo Testamento

Moedas de ouro

Moeda / Unidade	Valor	Referência
Áureo	25 dias de trabalho comum 25 ovelhas	Provavelmente a moeda por trás da referência ao "ouro", em Mateus 10.9

Moedas de prata

Moeda / Unidade	Valor	Referência
Dracma grega Denário romano	1 dia de trabalho comum 1 ovelha	O salário convencionado na parábola dos trabalhadores na vinha (Mateus 20.1-16) A moeda usada para pagar o imposto de voto romano e, assim, usada na resposta de Jesus à pergunta sobre pagar impostos a César (Mateus 22.15-21) Estima-se que eram necessários duzentos denários para comprar comida que alimentaria uma multidão de cinco mil pessoas (Marcos 6.30-44) Jesus foi ungido com um perfume que custou trezentos denários, em Betânia (Marcos 14.5) Uma das dez moedas perdidas e encontradas na parábola da moeda perdida (Lucas 1)
Didracma (Duas dracmas)	2 denários 2 dias de trabalho comum 2 ovelhas	A quantia que um judeu precisava para pagar o imposto anual do templo (Mateus 17.24)
Grego Ciclo de Tiro	4 dracmas 4 dias de trabalho comum 4 ovelhas	Devido ao seu maior teor de prata, o ciclo de Tiro era a moeda necessária para pagamentos feitos no templo em Jerusalém, precipitando a necessidade de trocadores de dinheiro (Mateus 17.27; 21.12-15). Judas recebeu trinta moedas para trair Jesus (Mateus 26.15).
Mina	100 dias de trabalho comum 100 ovelhas	Um homem nobre deu uma mina a cada um de seus dez servos, com a expectativa de que eles a usariam para ganhar mais, na parábola das dez minas (Lucas 19.11-27)
Talento	6 mil dias ou 16 anos de trabalho comum 6 mil ovelhas	Um homem deu cinco, dois e um talento, respectivamente, a três servos com a expectativa de que eles usassem isso para ganhar mais, na parábola dos talentos (Mateus 25.14-30). Uma dívida perdoada de dez mil talentos não incitou o tratamento misericordioso daquele que devia ao credor bem menos, na parábola do servo implacável (Mateus 18.21-35).

Moedas de bronze

Moeda / Unidade	Valor	Referência
Ceitil (plural: ceitis)	1/16 de um dia de trabalho comum Eram necessários 16 ceitis para comprar uma ovelha Eram necessários 2 ceitis para pagar um jantar em uma pousada	O Pai Celestial está atento ao bem-estar de cada pardal, embora dois deles possam ser comprados por apenas um ceitil (Mateus 10.29, Lucas 12.6).
Quadrantes ou kodrantes	1/4 de um ceitil 1/64 de um dia de trabalho comum Eram necessárias 64 unidades para comprar uma ovelha	Jesus pediu o assentamento de questões legais antes de ir ao tribunal, para evitar o tempo de prisão que não expiraria até pagar os últimos quadrantes (Mateus 5.26).
Lepto	A moeda menos valorizada ½ de um quadrante 1/128 de um dia de trabalho comum Eram necessários 128 leptos para comprar uma ovelha	Jesus celebrou o dom da viúva, que consistia em duas moedas (Marcos 12.42 e Lucas 21.2) Jesus pediu o assentamento de questões legais antes de ir ao tribunal, para evitar o tempo de prisão que não expiraria até pagar o último lepto (Lucas 12.59).

Manual bíblico de mapas, gráficos e cronologias

Mundo religioso greco-romano

Cosmovisão religiosa greco-romana

Fenômenos observados na natureza e em outras realidades da experiência humana foram atribuídos às ações e à influência de divindades invisíveis.

A ampla gama de fenômenos naturais e as experiências humanas inexplicáveis exigiam um panteão cheio de divindades, cada uma responsável por áreas específicas de influência.

Os romanos usaram a estrutura do panteão grego para desenvolver seu sistema de explicação do mundo, muitas vezes dando às deidades gregas, nomes romanos.

Oração, sacrifício e um ano inteiro de festivais foram usados para ganhar a cooperação dessas divindades e influenciar seu comportamento.

Como a influência dessas divindades era sentida na vida pessoal e pública, religião e política estavam intimamente unidas.

Quando o imperador foi concebido para operar com um espírito divino dentro dele, um pequeno passo para a prática chamada adoração imperial foi dado. Embora somente Calígula (37-41 d.C.) e Domiciano (81-96 d.C.) insistissem em ser adorados antes de sua morte, a oferta de adoração ao imperador era ocasionalmente exigida daqueles cuja lealdade à Roma era suspeita.

Deidades greco-romanas e o Novo Testamento

Deidade	Área de influência	Conexão com o Novo Testamento
Ares ou Marte	O deus do trovão, que era responsável pela força e coragem na guerra e que ironicamente era responsável pela ordem civil.	Em Atenas, Paulo falou no Areópago (monte de Ares) sobre o "deus desconhecido" (Atos 17.22-23).
Ártemis ou Diana	A deusa da lua, que influenciou a caça e os animais selvagens. Em Éfeso, ela era adorada como a deusa-mãe que proporcionava fertilidade e nutrição.	A pregação de Paulo perturbou tanto o culto financeiramente lucrativo de Ártemis, em seu templo em Éfeso, que um tumulto foi desencadeado (Atos 19.23-41).
Dice (Justiça)	A deusa que personificava a justiça e procurava restaurar o equilíbrio diante da injustiça, punindo o malfeitor e recompensando os virtuosos.	Depois que Paulo sobreviveu a um naufrágio e enquanto se aqueceu junto ao fogo, uma cobra agarrou-se à sua mão. Os moradores da localidade onde esse fato ocorreu, assumiram que este era um ato de justiça que pagava a Paulo por algum ato injusto que havia cometido (Atos 28.4).
Hermes ou Mercúrio	Este filho de Zeus era o deus que defendia a eloquência e a persuasão. Representado com pés alados e uma espécie de capacete de viajante com aba larga, ele supervisionou o bem-estar de estradas, viagens e mensageiros.	Em Listra, os locais chamavam Paulo de Hermes, porque ele era o principal orador (Atos 14.12).
Zeus ou Júpiter	Muitas vezes retratado com um relâmpago na mão, ele era considerado como o deus do céu e do tempo. Mais importante, esta divindade era o rei dos deuses e também passou a ser o deus patrono de Listra.	Em Listra, os locais chamavam Barnabé de Zeus (Atos 14.12).
Pã ou Fauno	Meio homem e meio cabra, Pã era o deus dos pastores e da natureza.	Uma gruta de Pã estava localizada na cidade de Cesareia de Filipe.
César Augusto	Embora não tenha solicitado o culto público, permitiu que os templos fossem construídos em sua honra.	Herodes, o Grande, construiu templos para Augusto em Samaria, Cesareia de Filipe e Cesareia Marítima.

Roma e suas províncias

Distinções entre as províncias senatoriais e imperiais

	Províncias senatoriais	Províncias imperiais
Autoridade final	Governadores respondiam ao Senado	Governadores respondiam ao Império Romano
Características	Próximas de Roma Mais cidadãos romanos Território longevo Menos propenso à revolta	Mais distante de Roma Poucos cidadãos romanos Território recém-adquirido Mais propenso à revolta
Governantes	Procônsul (senador experiente oriundo dos escalões do Senado nomeado como governador) ou propretor (administrador experiente oriundo dos escalões equestres nomeado como governador)	Legados (governador de grau senatorial em que as tropas romanas eram mais prevalentes), prefeito/procurador (administradores imperiais de posto equestre que ganharam a confiança do imperador) ou cliente (territórios governados por realeza local que ganharam a confiança do imperador)
Presença militar	Legiões romanas	Misto de tropas romanas e soldados auxiliares recrutados localmente, treinados por Roma e liderados por comandantes romanos

A vida para os provincianos

As províncias eram governadas em benefício de Roma e do governador provincial, e não em benefício dos moradores.

As principais responsabilidades dos governadores de províncias eram a arrecadação de impostos e a manutenção da paz.

Governadores provinciais governaram com poder quase absoluto, estabelecendo políticas públicas, liderando a força policial e servindo como tribunal.

Governadores provinciais procuraram consolidar seu poder distribuindo favores e fazendo alianças locais.

Os residentes provincianos foram tributados para pagar os salários daqueles que governavam sua província e para apoiar o estilo de vida dos líderes em Roma.

Os residentes provincianos enfrentavam uma espiral de expectativas em função dos governadores frequente e rapidamente mudarem as políticas públicas.

Os residentes provincianos tinham direitos limitados e não podiam esperar que a justiça fosse distribuída igualmente.

O recurso a abusos foi limitado. Os residentes provincianos poderiam recorrer ao imperador e ao Senado romano no caso de abusos extremos. No entanto, os cidadãos romanos dentro das províncias tinham o direito de recorrer de casos jurídicos pessoais ao imperador.

TRIÂNGULO DE PODER

Imperador
Senador romano
Governadores provinciais
Residentes das províncias senatoriais e imperiais

Imperadores romanos e o Novo Testamento

Imperador	Datas	Conexão cristã ou judaica
César Augusto (Otaviano)*	27 a.C. - 14 d.C.	Ele emitiu uma ordem de censo que fez com que Maria e José fossem de Nazaré para Belém, para o nascimento de Jesus (Lucas 2.1). Herodes, o Grande, edificou templos em honra de Augusto em Cesareia Marítima, Cesareia de Filipe e Sebaste.
Tibério César*	14-37 d.C.	Ele governou o Império Romano durante a maior parte da vida de Jesus. Foi quem nomeou Pilatos como prefeito da Judeia em 26 d.C. (Lucas 3.1).
Calígula	37-41 d.C.	Calígula viu-se como uma divindade e ordenou que sua própria imagem fosse instalada em sinagogas e no templo em Jerusalém, com a visão de transformá-lo em um local de adoração imperial. Ele morreu antes de realizar este último feito.
Cláudio*	41-54 d.C.	Ele designou Herodes Agripa I como governador da Judeia e da Galileia (41 d.C.). Ele governou em um mundo romano devastado por uma severa fome, prevista por Ágabo (Atos 11.28). Cláudio emitiu uma ordem para expulsar todos os judeus de Roma em 49 d.C., algo que varreu também os cristãos daquela localidade, incluindo Áquila e Priscila (Atos 18.2).
Nero	54-68 d.C.	Paulo, que havia sido preso e mantido em Cesareia, apelou para que seu caso fosse ouvido antes deste imperador, e provavelmente foi libertado em 62 d.C. (Atos 25.11; 28.19). Quando Roma queimou em 64 d.C., os cristãos tornaram-se os bodes expiatórios, fornecendo o contexto para o martírio de Pedro e de Paulo. A primeira revolta judaica começou em 66 d.C. Massada foi capturada por *sicários* judeus.
Galba	68 d.C.	As perdas judaicas continuaram a subir, e o general romano Vespasiano cercou Jerusalém em 68 d.C.
Oto	69 d.C.	Jerusalém foi sitiada.
Vitélio	69 d.C.	Jerusalém foi sitiada.
Vespasiano	69-79 d.C.	Jerusalém caiu e o complexo do templo foi destruído pelo general romano Tito, em 70 d.C. A deslumbrante perda do templo precipitou um tempo de reavaliação do que significava ser judeu. Massada caiu em 73 d.C. O silêncio retornou à Terra Santa, permitindo que os cristãos se reagrupassem.
Tito	79-81 d.C.	Condições calmas continuaram na Terra Santa.
Domiciano	81-96 d.C.	Insistiu no título *Dominus et Deus*, identificando-se como "Senhor e Deus". Ele usou o sacrifício à imagem do imperador como um teste de lealdade. Essas exigências do culto imperial causaram a perseguição dos cristãos, abordada no esperançoso livro de Apocalipse.

*Denota menção formal no Novo Testamento

Prefeitos romanos e o Novo Testamento

Prefeito	Datas	Conexão com o Novo Testamento
Copônio	6-9 d.C.	Substituiu o incompetente filho de Herodes, Arquelau, que fora nomeado etnarca da Judeia e de Samaria Seu sistema tributário revisto, alimentou as chamas de um movimento de independência judaica que cresceu e cresceu, até o período da primeira revolta judaica sessenta anos depois
Marco Ambíbulo	9-12 d.C.	
Ânio Rufo	12-15 d.C.	
Valério Grato	15-26 d.C.	
Pôncio Pilatos*	26-36 d.C.	Tentativa de instaurar imagens do imperador em Jerusalém Confiscou fundos do templo para construir um novo aqueduto Descrito por Filo como inflexível, desumano, impiedoso, corrupto, cruel e propenso a ordenar execuções sem julgamento, o que aumentou a sua vulnerabilidade política Presidiu o julgamento civil de Jesus e sua execução ordenada pelo estado (Mateus 27.2, 19, Marcos 15.1, Lucas 3.1, 23.1)
Marcelo	36-37 d.C.	
Marulo	37-41 d.C.	
Herodes Agripa I, rei da Judeia e da Galileia	41-44 d.C.	Como amigo do imperador Cláudio, negociou melhores direitos civis para os judeus. Perseguiu os cristãos em Jerusalém e pagou o preço por suas ações (Atos 12.1, 19-24)
Cúspio Fado	44-46 d.C.	Responsável por decapitar Teudas (Atos 5.36)
Alexandre	46-48 d.C.	Judeu alexandrino que repudiou a fé judaica Tempo de fome previsto por Ágabo (Atos 11.28-30)
Cumano	48-52 d.C.	Período com múltiplos episódios de violência Quando um soldado romano se expôs em vista daqueles que adoravam no templo, houve uma revolta que terminou com a morte de milhares de peregrinos presentes para a Páscoa

Quebra na sequência

Prefeito	Datas	Conexão com o Novo Testamento
Antônio Félix*	52-60 d.C.	Casado com Drusila, uma princesa judaica e irmã de Herodes Agripa I Caçou e executou ativamente os judeus revolucionários, levando a uma maior atividade pelos sicários judeus Presidiu o julgamento de Paulo em Cesareia Marítima e o manteve lá por dois anos como um favor aos judeus que se opuseram ao ensino de Paulo (Atos 23.25–24.27)
Pórcio Festo*	60-62 d.C.	A Judeia estava pronta para a revolta, pois Cláudio inverteu a concessão de direitos civis que anteriormente havia estendido aos judeus Herdou o caso de Paulo de seu antecessor Quando Festo procurou fazer aos judeus um favor, transferindo Paulo de volta a Jerusalém, rapidamente o apóstolo apelou para que seu caso fosse julgado perante o imperador em Roma (Atos 24.24–26.32)
Albino	62-64 d.C.	Renovação do templo concluída, levando dezoito mil trabalhadores ao desemprego Aumentou os impostos, valeu-se da extorsão e ativamente reprimiu o sicário A sociedade judaica tornou-se cada vez mais violenta e instável
Floro	64-66 d.C.	Tempo de grande desordem civil, extorsão e violência, que inflamaram a revolta total contra Roma
Primeira revolta judaica	66-70 d.C.	Quando a guerra explodiu, muitos cristãos em Jerusalém fugiram para Pela. Resistentes judeus tomaram Massada.
Lucílio Basso	71-73 d.C.	Tarefas com o fim da revolta judaica, após a queda de Jerusalém, em 70 d.C. **Supervisionou os cercos de Heródio, Maquero e Massada**
Flávio Silva	73-81 d.C.	Massada caiu. Colônia militar criada em Emaús com oitocentos soldados

*Denota menção formal no Novo Testamento

Reis herodianos e o Novo Testamento

Rei	Datas	Dados familiares	Área regulamentada	Conexão com o Novo Testamento
Herodes, o Grande	37-4 a.C.	Filho de Antípater	Rei da Judeia e posteriormente de toda a Palestina	Nomeado rei da Judeia, em 40 a.C., pelo Senado romano Derrotou a oposição na Judeia e alcançou o trono em 37 a.C. Dirigiu a renovação do templo em Jerusalém Governava quando João Batista e Jesus nasceram (Lucas 1.5) Recebeu os sábios e procurou executar o menino Jesus em Belém, forçando Maria, José e o bebê a fugirem para o Egito (Mateus 2.1-19)
Arquelau	4 a.C. – 6 d.C.	Filho de Herodes, o Grande	Etnarca da Judeia, Samaria e Idumeia	O governante incompetente e cruel, que fez com que Maria, José e Jesus se desviassem da Judeia e se instalassem em Nazaré da Galileia, quando retornassem do Egito (Mateus 2.22-23)
Herodes Antipas	4 a.C. – 39 d.C.	Filho de Herodes, o Grande	Tetrarca da Galileia e da Pereia	Reconstruiu Séforis como a capital da Galileia e, em seguida, construiu uma nova capital na mata virgem de Tiberíades Governou quando João Batista pregou no deserto (Lucas 3.1) Prendeu e executou João Batista (Mateus 14.1-12, Marcos 6.14-29, Lucas 3.19) Usado como uma ameaça pelos fariseus, que procuravam manipular o itinerário de Jesus (Lucas 13.31-33) Interrogou Jesus em Jerusalém antes de sua execução (Lucas 23.7-12)
Herodes Filipe	4 a.C. – 34 d.C.	Filho de Herodes, o Grande	Tetrarca de Itureia, Gaulanites e Traconites	Reconstruiu Paneas e deram-lhe o nome de Cesareia de Filipe Recebeu apenas menção incidental (Lucas 3.1)
Herodes Agripa I	41-44 d.C.	Neto de Herodes, o Grande	Rei da Judeia e depois acrescentou Galileia e Pereia	Como amigo do imperador Cláudio, ele negociou melhores direitos civis para os judeus Como um defensor dos fariseus, ele perseguiu os cristãos em Jerusalém (Atos 12.1) Executou o apóstolo Tiago, irmão de João (Atos 12.2) Prendeu Pedro (Atos 12.3-4) Abatido pelo Senhor por ter recebido a honra divina (Atos 12.19-24)
Herodes Agripa II	48-100 d.C.	Bisneto de Herodes, o Grande	Inicialmente controlou o templo em Jerusalém, antes de adicionar Itureia, Gaulanites, Traconites e Decápolis	Observou as crescentes tensões sociais e econômicas que levaram à primeira revolta judaica e à destruição do templo em Jerusalém Ouviu Paulo apresentar seu caso em Cesareia Marítima durante o julgamento diante do prefeito romano Festo (Atos 25.13–26.32)

Genealogias de Jesus

Genealogias na Bíblia

Definição

Uma genealogia é uma lista selecionada e muitas vezes estilizada de nomes que indicam indivíduos que têm uma relação familiar uns com os outros, reconhecido por intermédio do lado do pai da família, que marcou a ascendência legal de alguém.

Funções

Pessoas proeminentes precisavam demonstrar que tinham uma herança familiar digna, porque a identidade pessoal e o caráter estavam intimamente ligados ao patrimônio familiar.

Os indivíduos que desejavam qualificar-se para certos papéis sociais tiveram de demonstrar que possuíam a herança familiar para se posicionarem para essas funções (exemplos incluem os reis israelitas e os sumos sacerdotes, Êxodo 28.1, Deuteronômio 17.14-15).

Para se qualificar como o Messias, o candidato tinha que ser um descendente de Abraão (Gênesis 12.1-3), Isaque (Gênesis 21.12), Jacó (Gênesis 28.3-4), Judá (Gênesis 49.10) e Davi (2Samuel 7.11-16).

Genealogia de Jesus em Mateus (1.1-17)

Características

Colocado no início de Mateus.

Traça a genealogia de Jesus de Abraão por intermédio de José, o marido de Maria.

Avança no tempo.

Organizado em três grupos de catorze personagens. Pode ter sido para empregar o número de "completude" (sete), dobrando-o para fazer os grupos de quatorze, ou pode ter sido uma gematria – um dispositivo literário em que um número é derivado do valor das consoantes em hebraico. Neste caso, as consoantes no nome hebraico de Davi (D-V-D) somam quatorze (D/4 + V/6 + D/4 = 14), enfatizando, assim, o lugar de Davi na genealogia.

Inclui quatro mulheres, todas gentias.

Funções

Demonstra que o plano de salvação evolui ao longo de milhares de anos, marcado por complexidade e desafios ao longo do caminho.

Demonstra que o plano de salvação inclui gentios, incluindo quatro deles na genealogia de Jesus.

Demonstra que Jesus se qualifica como o Messias prometido porque sua genealogia contada por intermédio de seu pai legal, José, inclui os indivíduos necessários do passado.

Segue a linha de descendência por meio do filho de Davi, Salomão, enfatizando a herança real de Jesus e explicando as diferenças com a genealogia de Lucas.

Genealogia de Jesus em Lucas (3.23-27)

Características

Colocado entre o relato de Lucas sobre o batismo e a tentação de Jesus.

Traça a genealogia de Jesus de Adão por meio de José, o marido de Maria.

Retrocede no tempo.

Seus setenta e sete nomes estão organizados em grupos de sete, cada um dos quais conclui com uma figura proeminente.

Este pode ser um dispositivo literário que usa a conotação de "completude" associada ao número sete.

Funções

Demonstra que o plano de salvação evolui ao longo de milhares de anos, marcado por complexidade e desafios ao longo do caminho.

Demonstra que o plano de salvação inclui gentios, começando com Adão.

Demonstra que Jesus se qualifica como o Messias prometido porque sua genealogia contada por meio de seu pai legal, José, inclui os indivíduos necessários do passado.

Segue a linha biológica de descendência por intermédio de Natã, filho de Davi, explicando as diferenças com a genealogia de Mateus.

Harmonia dos Evangelhos

	Mateus	Marcos	Lucas	João
Material introdutório				
Prefácio			1.1–4	
Prólogo – O verbo tornou-se carne				1.1–18
Genealogias	1.1–17		3.23–37	
Nascimento e primeiros anos de Jesus				
Nascimento de João Batista profetizado			1.5–25	
Nascimento de Jesus predito a Maria			1.26–38	
Maria visita Isabel			1.39–56	
Nascimento e início da vida de João Batista			1.57–80	
Nascimento de Jesus, predito a José	1.18–25			
Nascimento de Jesus			2.1–20	
Jesus apresentado no templo			2.21–40	
Visita dos magos	2.1–12			
Viagem da família sagrada para o Egito	2.13–23			
Jesus no templo aos doze anos			2.41–52	
João prepara o caminho	3.1–12	1.1–8	3.1–18	1.19–28
Batismo e ministério inicial de Jesus				
Batismo de Jesus	3.13–17	1.9–11	3.21–23	1.29–34
Tentação de Jesus	4.1–11	1.12–13	4.1–13	
Jesus começa a reunir discípulos				1.35–51
Casamento em Caná				2.1–11
Jesus e Nicodemos				3.1–21
O testemunho de João Batista sobre Jesus				3.22–36
Jesus cura o filho de um oficial real				4.43–54
Jesus cura no tanque de Betesda, em Jerusalém, e invoca o testemunho de seu Pai				5.1–47
Jesus na Galileia				
Mudança estratégica para Cafarnaum	4.12–17			
Jesus reúne os doze discípulos	4.18–22; 9.9–13; 10.2–4	1.16–20; 2.13–17; 3.13–19	5.1–11, 27–32; 6.12–16	
Ensinando e curando em Cafarnaum	8.14–17	1.21–34	4.31–41	
Jesus nas sinagogas da Galileia	4.23–24	1.35–39; 3.7–12	4.42–44	
Sermão do Monte	5.1–7.29		6.20–49	

	Mateus	Marcos	Lucas	João
Cura de um homem com lepra	8.1–4	1.40–45	5.12–16	
Cura do servo do centurião	8.5–13		7.1–10	
O custo de seguir Jesus	8.18–22		9.57–62	
Autoridade demonstrada na cura de um homem paralítico	9.1–8	2.1–12	5.17–26	
Pergunta sobre o jejum	9.14–17	2.18–22	5.33–39	
Ressuscitando a filha de Jairo	9.18–26	5.21–43	8.40–56	
Cura de um deficiente e possesso	9.27–34			
Jesus envia os doze discípulos	9.35–11.1	6.6–13	9.1–6	
Jesus e João Batista	11.2–19		7.18–35	
Descanso para o cansado	11.25–30			
Os "ais" para as cidades	11.20–24		10.13–15	
Ungido por uma mulher pecadora em Cafarnaum			7.36–50	
Senhor do sábado	12.1–14	2.23–3.6	6.1–11	
Jesus, o servo em Isaías	12.15–21			
Jesus e Belzebu	12.22–37	3.20–30	11.17–22	
Sinal de Jonas	12.38–45		11.24–32	
A mãe e os irmãos de Jesus	12.46–50	3.31–35	8.19–21	
Parábolas de Jesus	13.1–52	4.1–34	8.4–18	
Rejeição em Nazaré	13.53–58	6.1–6	4.14–30	
Detenção e execução de João Batista	14.1–12	6.14–29	3.19–20	
Alimentação dos cinco mil	14.13–21	6.30–44	9.10–17	6.1–15
Jesus anda sobre a água	14.22–36	6.45–56		6.16–24
Pão da vida e a resposta				6.25–71
Lição sobre a pureza cerimonial	15.1–20	7.1–23		
Cura do cego em Betsaida		8.22–26		
Taxa do templo paga	17.24–27			
Entrada e liderança no reino de Deus	18.1–9	9.33–37	9.46–48	
Parábola da ovelha perdida	18.10–14		15.1–7	
Lições sobre o perdão	18.15–35			
Aceite todos os que estão por nós		9.38–41	9.49–50	
Gerenciando e derrotando o pecado		9.42–50		
Lição sobre o divórcio	19.1–12	10.1–12		
Jesus sobre Herodes e Jerusalém			14.31–35	

Harmonia dos Evangelhos

Harmonia dos Evangelhos

	Mateus	Marcos	Lucas	João
Filhos no reino	19.13–15	10.13–16	18.15–17	
Lição sobre a riqueza e o reino	19.16–30	10.17–31	18.18–30	
Parábola dos operários na vinha	20.1–16			
Jesus anuncia novamente a sua morte	20.17–19	10.32–34	18.31–33	
O pedido da mãe em favor de Tiago e João	20.20–28	10.35–45		
Jesus além da Galileia				
Filho da viúva em Naim			7.11–17	
Jesus e a mulher samaritana				4.1–42
Acalmando a tempestade e curando um endemoninhado em Decápolis	8.23–34	4.35–5.20	8.22–39	
Curas na Fenícia	15.21–28	7.24–37		
Alimentação de quatro mil pessoas em Decápolis	15.29–39	8.1–13		
Lição ensinada pela alimentação de quatro mil e cinco mil pessoas	16.1–12	8.14–21		
A grande confissão de Pedro, perto de Cesareia de Filipe	16.13–20	8.27–30	9.18–20	
Jesus anuncia a sua morte, que está próxima	16.21–28	8.31–9.1	9.21–27	
Transfiguração	17.1–13	9.2–13	9.28–36	
Cura de um menino endemoninhado	17.14–23	9.14–32	9.37–45	
Jesus na Judeia				
Jesus e a Festa dos Tabernáculos				7.1–52
Mulher descoberta em adultério				8.1–11
Jesus afirma sua identidade				8.12–59
Cego curado no tanque de Siloé				9.1–41
Jesus, o bom pastor				10.1–21
Jesus na Festa da Dedicação				10.22–42
Parábola do bom samaritano			10.25–37	
Jesus, Maria, Marta e a única coisa indispensável			10.38–42	
Oração			11.1–13	
Jesus e Belzebu			11.14–28	
Sinal de Jonas	12.38–45		11.29–32	
Lições da lâmpada			11.33–36	
Advertência sobre os líderes religiosos judeus			11.37–12.12	
Parábola do rico tolo			12.13–21	
Discussão sobre preocupação			12.22–34	

	Mateus	Marcos	Lucas	João
A segunda vinda de Jesus			12.35–59	
Parábola da figueira			13.1–9	
Cura, no sábado, de uma mulher com deficiência			13.10–17	
Viagens de e para Jerusalém				
Oposição samaritana			9.51–56	
Jesus envia os setenta e dois			10.1–24	
Caminhos largos e estreitos			13.22–30	
Lições sobre obediência e humildade			14.1–14	
O custo de ser um discípulo			14.25–34	
Parábolas sobre coisas perdidas			15.1–32	
História sobre o administrador perspicaz			16.1–15	
O rico e Lázaro			16.19–31	
Ressurreição de Lázaro				11.1–54
Dez pessoas curadas de lepra			17.11–19	
A segunda vinda de Jesus			17.20–37	
Parábola da viúva persistente			18.1–8	
História do fariseu e do publicano			18.9–14	
Cura do cego Bartimeu	20.29–34	10.46–52	18.35–43	
Jesus e Zaqueu			19.1–10	
Parábola das dez minas			19.11–27	
Os últimos dias de Jesus em Jerusalém				
A entrada triunfal de Jesus	21.1–11	11.1–11	19.28–44	12.12–19
Purificação do templo	21.12–17	11.12–19	19.45–48	2.13–16
Figueira ressecada	21.18–22	11.20–26		
A autoridade de Jesus é questionada	21.23–27	11.27–33	20.1–8	
Parábola dos dois filhos	21.28–32			
Parábola dos inquilinos	21.33–46	12.1–12	20.9–19	
Jesus anuncia a sua morte iminente				12.20–36
Continuação da descrença em Jerusalém				12.37–50
Parábola do banquete de casamento	22.1–14		14.15–24	
Impostos para César	22.15–22	12.13–17	20.20–26	
Casamento na ressurreição	22.23–33	12.18–27	20.27–40	
O maior mandamento	22.34–40	12.28–34		
Jesus como o Filho de Deus	22.41–46	12.35–37	20.41–44	

Harmonia dos Evangelhos

	Mateus	Marcos	Lucas	João
Aflições pronunciadas sobre líderes judaicos	23.1–39	12.38–40	20.45–47	
A doação da viúva pobre		12.41–44	21.1–4	
Sinais do fim dos tempos	24.1–51	13.1–37	21.5–38	
Parábola das dez virgens	25.1–13			
Parábola dos talentos	25.14–30			
Destino das ovelhas e dos bodes	25.31–46			
Trama contra Jesus	26.1–5	14.1–2	22.1–2	
Jesus ungido por Maria	26.6–13	14.3–9		12.1–11
Judas concorda em trair Jesus	26.14–16	14.10–11	22.3–6	
Preparação da Páscoa	26.17–19	14.12–17	22.7–13	
Jesus antecipa a traição de Judas	26.20–25	14.18–21	22.21–23	13.18–30
Posição no reino de Deus			22.24–30	
Jesus lava os pés dos discípulos				13.1–20
A Páscoa se torna a Ceia do Senhor	26.26–30	14.22–26	22.14–20	
Jesus antecipa a negação de Pedro	26.31–35	14.27–31	22.31–34	13.31–38
Jesus conforta os discípulos				14.1–16.33
Jesus ora por si mesmo e pela igreja				17.1–26
Sofrimento no Getsêmani	26.36–46	14.32–42	22.39–46	18.1
Jesus é preso	26.47–56	14.43–52	22.47–53	18.2–27
Jesus diante do Sinédrio	26.57–68	14.53–65		18.12–14, 19–24
A negação de Pedro	26.69–75	14.66–72	22.54–62	18.15–18, 25–27
Morte de Judas	27.1–10			
Jesus diante de Pilatos	27.11–31	15.1–20	22.63–23.25	18.28–19.16
Jesus é crucificado	27.32–56	15.21–41	23.26–49	19.16–37
Jesus é sepultado e a guarda é estabelecida	27.57–66	15.42–47	23.50–56	19.38–42
A ressurreição de Jesus, suas aparições e sua ascensão				
Ressurreição	28.1–15	16.1–8	24.1–12	20.1–9
Jesus e Maria Madalena		16.9–11		20.10–18
Jesus com os discípulos de Emaús		16.12–13	24.13–35	
Jesus aparece aos Dez			24.36–48	20.19–23
Jesus aparece aos Onze		16.14		20.24–31
Jesus na Galileia	28.16–20	16.15–18		21.1–23
A ascensão de Jesus		16.19–20	24.50–52	

Os apóstolos

Os apóstolos eram todos alunos pessoais de Jesus, compartilhando diferentes graus de tempo público e privado com ele. Eles foram especificamente selecionados como testemunhas oculares do que Jesus havia dito e feito, particularmente com relação à sua ressurreição, para que pudessem fornecer relatos de primeira mão sobre Jesus ao mundo (Atos 1.8, 21-22).

Passagens-chave que identificam os catorze homens (incluindo Matias e Saulo/Paulo) a quem foi dada esta honra, incluem: Mateus 10.2-4; Marcos 3.14-19; Lucas 6.13-16; Atos 1.13-14, 26; 9.1-16; Gálatas 1.1, 11-17

Nome	Cidade natal	Principais informações	Passagens-chave
Simão / Pedro, filho de Jonas (João)	Betsaida, na Galileia	Irmão de André Pescador que se associou a Tiago e João Impetuoso e sincero Um dos três no círculo íntimo de Jesus Reconheceu verbalmente Jesus como o Messias Negou Jesus três vezes, mas depois foi restaurado por Jesus ao serviço Principal pregador no Pentecostes Encorajou uma mudança na atitude judaica em relação aos gentios Seus sermões ou memórias forneceram a João Marcos as informações que deram forma ao Evangelho de Marcos Autor de 1-2Pedro Provavelmente morreu como um mártir em Roma	Mateus 4.18-20; 16.16-23; 26.33-35; 69-75; João 21.15-23; Atos 2.14-40; 10.1–11.18
André, filho de Jonas (João)	Betsaida, na Galileia	Irmão de Pedro, levou-o a Jesus Pescador Identificou o menino com cinco pães e dois peixes pequenos durante a alimentação de cinco mil pessoas Falou a Jesus sobre peregrinos gregos em Jerusalém que queriam conhecê-lo	Mateus 4.18-20; João 1.40-42; 6.8; 12.20-22
Tiago, filho de Zebedeu	Galileia	Irmão de João Pescador que se associou a Pedro Um dos "Filhos do Trovão" Um dos três no círculo íntimo de Jesus Presumiu que merecia ter um lugar sentado à direita ou à esquerda de Jesus Martirizado por Herodes Agripa I	Mateus 4.21-22; Marcos 3.17; 10.35-41; Atos 12.2
João, filho de Zebedeu	Galileia	Irmão de Tiago Pescador que se associou a Pedro Um dos "Filhos do Trovão" Um dos três no círculo íntimo de Jesus Presumiu que merecia ter um lugar sentado à direita ou à esquerda de Jesus Discípulo "a quem Jesus amava" Conectado ao círculo interno do sumo sacerdote em Jerusalém Ordenado, no Calvário, a cuidar da mãe de Jesus Líder do movimento cristão em Jerusalém após o Pentecostes Exilado em Patmos, onde recebeu a visão que se tornou o livro de Apocalipse Autor do Evangelho de João e de 1-3João	Mateus 4.21-22; Marcos 3.17; 10.35-41; João 18.15; 19.26-27; Atos 3.1-4.30; Apocalipse 1.1-9

Os apóstolos

Nome	Cidade natal	Principais informações	Passagens-chave
Filipe	Betsaida, na Galileia	Contou a Natanael sobre Jesus Deu voz à óbvia falta de alimento, que precedeu a milagrosa multiplicação de pães e peixes para cinco mil pessoas Foi abordado por peregrinos gregos que iam para Jerusalém e queriam encontrar Jesus Perguntou como poderia ver o Pai	João 1.43-48; 6.5-7; 12.20-22
Bartolomeu / Natanael	Caná, na Galileia	Jesus sabia que ele estava sentado debaixo de uma figueira quando Filipe lhe falou a seu respeito. Chamou Jesus de "o Filho de Deus e Rei de Israel"	João 1.43-51; 21.2
Tomé / Dídimo	Galileia	Um gêmeo Pediu que lhe fosse mostrado "o caminho" Queria evidência tangível da ressurreição de Jesus e duvidava até de sua veracidade	João 11.16; 14.5; 20.24-29
Mateus, filho de Alfeu / Levi	Cafarnaum, na Galileia	Havia sido um coletor de impostos Convidou outros "pecadores" para jantar com Jesus Autor do Evangelho de Mateus	Mateus 9.9-13; Marcos 2.14
Tiago, filho de Alfeu	Galileia	Possivelmente foi irmão de Mateus Figura entre os menos conhecidos dos apóstolos	Mencionado apenas nas listas de discípulos
Tadeu / Judas, filho de Tiago	Galileia	Figura entre os menos conhecidos dos apóstolos Perguntou a Jesus a razão de não se revelar mais amplamente como o Messias	João 14.22
Simão, o Zelote	Galileia	Figura entre os menos conhecidos dos apóstolos	Mencionado apenas nas listas de discípulos
Judas	Queriote, na Judeia	Único não galileu entre os doze apóstolos Tesoureiro e ladrão Traiu Jesus com um beijo, em troca de trinta moedas de prata Tentou desfazer a traição devolvendo o dinheiro Cheio de remorso, ele tirou a própria vida	Mateus 26.14-16, 47-49; 27.3-10; João 6.70-71; 12.4-6; 13.2, 27; Atos 1.18-20
Matias	Desconhecida	Selecionado pelo Espírito Santo para substituir Judas	Atos 1.26
Saulo / Paulo	Tarso, na Cilícia	Um cidadão romano Um fariseu dedicado a acabar com a heresia difundida sobre Jesus mantida por seguidores do "Caminho" Convertido no caminho de Damasco por uma aparição do Jesus ressurreto Tornou-se o missionário entre os gentios Tornou-se o autor mais proeminente do Novo Testamento	Atos 9.1-31; Gálatas 1.11-17

Sermões e discursos de Jesus

Texto bíblico	Audiência	Localidade	Tema ou tópico
Mateus 5-7; Lucas 6.17-49	Discípulos e uma multidão reunida	Monte Arbel	Sermão no monte / planície Instrução teológica avançada, dirigida particularmente aos doze antes de ser emitida para fora
Mateus 10.5-42	Doze discípulos	Galileia	Instruções sobre aonde ir, o que fazer, o que dizer e o que esperar quando os discípulos foram enviados para as aldeias israelitas, para falar sobre a vinda do reino de Deus
Mateus 11.2-29; Lucas 7.18-35	Os discípulos de João e uma multidão de israelitas	Galileia	A identidade de João Batista como o precursor prometido, a identidade de Jesus como o Messias prometido e o "descanso" duradouro que ele proporciona
Mateus 12.22-45; Marcos 3.22-30	Fariseus	Galileia	A relação de Jesus com os demônios é contrastada com a natureza demoníaca das palavras, das ações e dos pensamentos dos fariseus
Mateus 13.1-52; Marcos 4.1-34; Lucas 8.4-18	Multidão reunida	Litoral do mar da Galileia	Conjunto de parábolas usando analogias agrícolas, domésticas e de pesca para ensinar sobre o reino dos céus
Mateus 15.1-20; Marcos 7.1-23	Os fariseus e os mestres da lei, uma multidão reunida e, eventualmente, os discípulos sozinhos	Galileia	A vida de adoração dos líderes religiosos judaicos é criticada quando Jesus esclarece o que significa ser ritualmente puro. Isso prepara os discípulos para se encontrar e interagir com gentios, quando eles viajassem para as regiões gentílicas
Mateus 18.1-35	Doze discípulos	Galileia	Uma discussão sobre como Deus olha para os pecadores é ligada a uma outra discussão de como os pecadores perdoados são convidados a olhar para aqueles que pecaram contra eles
Mateus 19.16 – 20.16; Marcos 10.17-31	Jovem rico e os discípulos	Judeia	A entrada no reino de Deus e o que esperar como trabalhador nesse reino

Sermões e discursos de Jesus

Texto bíblico	Audiência	Localidade	Tema ou tópico
Mateus 23.1-39	Multidão judia e os doze discípulos	Jerusalém	Denúncia dos líderes religiosos judeus cuja vida não correspondia às exigências de seu ensino
Mateus 24-25; Marcos 13.1-37; Lucas 21.5-36	Doze discípulos	Monte das Oliveiras	Sinais que marcarão a vinda dos últimos dias e estratégias para se preparar para o dia do julgamento vindouro
Lucas 4.16-30	Adoradores da sinagoga	Nazaré	Jesus identifica-se como o Messias, cujo amor e perdão se estendem aos gentios
Lucas 10.1-24	Setenta e dois discípulos	Judeia	Palavras de direção e encorajamento aos setenta e dois que foram enviados para as aldeias da Judeia são unidas a palavras que celebram as realizações do seu tempo nessas aldeias
Lucas 11.1-13	Doze discípulos	Judeia	Instrução sobre a oração
Lucas 11.37-54	Fariseus	Judeia	Denúncia das atitudes e dos comportamentos dos fariseus e dos mestres da lei
Lucas 15	Multidão mista de pecadores e líderes religiosos	Desconhecida	As parábolas sobre os "perdidos que foram encontrados" demonstram a difusão da graça de Deus
Lucas 16	Doze discípulos	Desconhecida	Discussão sobre o uso e os riscos associados à riqueza
João 3.1-21	Nicodemos	Judeia	Discussão sobre o perdão e a entrada no reino de Deus
João 5.19-47	Multidão oposta a Jesus	Judeia	Testemunho que apoia a origem divina de Jesus
João 6.25-59	Multidão	Cafarnaum, na Galileia	Jesus é o pão da vida
João 10.1-18	Multidão	Jerusalém	Jesus é o bom pastor
João 14-17	Doze discípulos	Jerusalém	Palavras finais de encorajamento, conforto e direção para os discípulos que Jesus está prestes a deixar

Declarações de Jesus: "Eu Sou"

Eu Sou

A expressão "Eu Sou" sai dos lábios de Jesus com uma frequência impressionante no Evangelho de João; isso fornece um vínculo silencioso, mas poderoso, de sua natureza divina.

Quando Jesus usa a expressão "Eu Sou" para definir sua identidade, ele está refletindo a linguagem que Deus usou ao se identificar para Moisés. Quando Moisés pediu a Deus que revelasse seu nome, o Senhor respondeu: "Eu Sou" (Êxodo 3.14).

Cada referência abaixo é uma frase em que João destaca as palavras de Jesus usando a expressão grega *egō eimi* ou *eimi*.

Referência	Declaração
João 4.26	*Eu sou* aquele que fala com você.
João 6.35	*Eu sou* o pão da vida.
João 6.41	*Eu sou* o pão que desceu do céu.
João 6.48	*Eu sou* o pão da vida.
João 6.51	*Eu sou* o pão vivo que desceu do céu.
João 8.12	*Eu sou* a luz do mundo.
João 8.18	*Eu sou* o que dá testemunho sobre mim mesmo.
João 8.24	Se vocês não creem que *eu sou* o único...
João 8.58	Antes de Abraão nascer, *Eu sou*!
João 9.5	*Eu sou* a luz do mundo.
João 10.7	*Eu sou* a porta para as ovelhas.
João 10.9	*Eu sou* a porta.
João 10.11	*Eu sou* o bom pastor.
João 10.14	*Eu sou* o bom pastor.
João 10.36	*Eu sou* o Filho de Deus.
João 11.25	*Eu sou* a ressurreição e a vida.
João 13.19	*Eu sou* quem *Eu sou*.
João 14.6	*Eu sou* o caminho, e a verdade, e a vida.
João 15.1	*Eu sou* a videira verdadeira.
João 15.5	*Eu sou* a videira.
João 18.8	*Eu sou* ele.
João 18.37	*Eu sou* rei.

Milagres de Jesus

Milagre	Texto bíblico	Localidade	Resultado maior (se indicado)
Água transformada em vinho durante uma festa de casamento	João 2.1-11	Caná	Seus discípulos creram nele.
Curou o filho de um oficial real	João 4.46-54	Caná / Cafarnaum	A casa inteira de um oficial real veio à fé.
Proporcionou uma pesca milagrosa	Lucas 5.1-11	Mar da Galileia	Pedro, Tiago e João tornaram-se discípulos de Jesus.
Curou muitas pessoas	Mateus 4.23-25	Galileia	A Síria, Galileia, Decápolis, Jerusalém e Judeia se reuniram com Jesus.
Cura um homem com lepra	Mateus 8.1-4; Marcos 1.40-44; Lucas 5.12-14	Galileia	As multidões crescentes obrigaram Jesus a buscar silêncio fora das aldeias em lugares isolados.
Cura o servo de um centurião	Mateus 8.5-13; Lucas 7.1-10	Cafarnaum	O centurião gentio foi apresentado como um exemplo de fé.
Curou a sogra de Pedro	Mateus 8.14-15; Marcos 1.29-31; Lucas 4.38-39	Cafarnaum	Ela começou a esperar em Jesus.
Expulsou espíritos malignos e curou os doentes	Mateus 8.16-17; Marcos 1.32-34; Lucas 4.40-41	Cafarnaum	A profecia sobre o Messias que fora entregue por Isaías se cumpriu.
Acalmou uma tempestade de vento	Mateus 8.23-27; Marcos 4.35-41; Lucas 8.22-25	Mar da Galileia	Os discípulos perguntaram quem Jesus poderia ser.
Curou o endemoninhado enviando os demônios do homem para uma manada de porcos	Mateus 8.28-34; Marcos 5.1-20; Lucas 8.26-39	Gadara	Um homem libertado dos demônios divulgou notícias sobre Jesus em toda a região de Decápolis.
Cura um paralítico	Mateus 9.1-8; Marcos 2.1-12; Lucas 5.17-26	Cafarnaum	O povo louvava a Deus, reconhecendo que Jesus tinha autoridade especial.
Curou uma mulher que sofria de uma hemorragia havia doze anos	Mateus 9.20-22; Marcos 5.25-34; Lucas 8.43-48	Cafarnaum	
Ressuscitou a filha de Jairo	Mateus 9.18-19, 23-26; Marcos 5.22-24, 35-43; Lucas 8.41-42, 49-56	Cafarnaum	Notícias sobre Jesus se espalharam por toda a região.
Cura de dois cegos	Mateus 9.27-31	Galileia	Notícias sobre Jesus se espalharam por toda a região.
Curou um homem endemoninhado e incapaz de falar	Mateus 9.32-34	Galileia	A multidão ficou espantada, mas os fariseus afirmaram que Jesus tinha usado demônios para operar o milagre.
Cura um homem com a mão atrofiada	Mateus 12.9-14; Marcos 3.1-6; Lucas 6.6-11	Galileia	Os fariseus e os herodianos conspiravam para matar Jesus.
Curou um homem cego e incapaz de falar	Mateus 12.22; Lucas 11.14	Galileia	As pessoas perguntaram sobre a fonte de seu poder.
Alimentou cinco mil famílias	Mateus 14.15-21; Marcos 6.35-44; Lucas 9.10-17; João 6.5-15	Lugar remoto perto de Betsaida	Muitos reconheceram Jesus como profeta e tentaram fazer dele seu rei pela força.
Andou sobre as águas e permitiu que Pedro fizesse o mesmo, durante uma tempestade de vento	Mateus 14.22-33; Marcos 6.45-52; João 6.16-21	Mar da Galileia	Os discípulos reconheceram que Jesus era o Filho de Deus.

Milagres de Jesus

Milagre	Texto bíblico	Localidade	Resultado maior (se indicado)
Cura a filha de uma mulher grega	Mateus 15.21-28; Marcos 7.24-30	Arredores de Tiro	
Alimentou quatro mil famílias	Mateus 15.32-39; Marcos 8.1-9, 14-21	Decápolis	Demonstrou a natureza inclusiva do reino de Jesus, proporcionando um milagre para os gentios em paralelo com o milagre previsto para os judeus. Veja Mateus 16.5-12.
Curou um menino propenso a convulsões	Mateus 17.14-20; Marcos 9.14-29; Lucas 9.37-43	Próximo ao monte Hermom	Demonstrou a necessidade dos discípulos de amadurecerem sua fé e seu conhecimento
Proveu uma moeda de quatro dracmas da boca de um peixe	Mateus 17.24-27	Cafarnaum	Pedro pagou o imposto do templo para si e para Jesus.
Cura dois cegos, incluindo Bartimeu	Mateus 20.29-34; Marcos 10.46-52; Lucas 18.35-43	Jericó	Os homens curados seguiram Jesus e se juntaram à multidão em louvor a Deus.
Fez uma figueira secar	Mateus 21.18-22; Marcos 11.12-14, 20-25	Monte das Oliveiras	Promoveu uma discussão sobre a fé e o poder da oração
Curou um homem possuído por um demônio	Marcos 1.21-27; Lucas 4.33-36	Cafarnaum	A palavra se espalhou pela Galileia, pois Jesus era aquele que ensinava com autoridade.
Cura um homem incapaz de ouvir ou de falar claramente	Marcos 7.31-37	Decápolis	As pessoas ficaram maravilhadas e começaram a compartilhar as notícias sobre Jesus.
Curou um cego	Marcos 8.22-26	Betsaida	
Ressuscitou o filho de uma viúva	Lucas 7.11-17	Naim	A multidão reconheceu Jesus como um grande profeta; notícias sobre ele se espalharam por toda a Judeia.
Curou uma mulher com deficiência havia dezoito anos	Lucas 13.10-17	Judeia	Os oponentes de Jesus foram humilhados.
Curou um homem com inchaço anormal	Lucas 14.1-6	Judeia	Demonstrou que era apropriado curar no sábado.
Curou dez leprosos	Lucas 17.11-19	Fronteira de Samaria e da Galileia	Destacou a resposta grata do samaritano que havia sido curado
Curou um homem que estava paralítico havia trinta e oito anos	João 5.1-15	Tanque de Betesda, em Jerusalém	Demonstrou que era apropriado curar no sábado.
Curou um homem que tinha nascido cego	João 9.1-41	Tanque de Siloé, em Jerusalém	Os fariseus foram forçados a discutir a fonte do poder de Jesus.
Ressuscitou Lázaro	João 11.1-54	Betânia	Muitas pessoas que estavam perto de Jerusalém puseram sua fé em Jesus, o que impulsionou os líderes judeus a buscar a execução de Jesus, fazendo com que ele se retirasse para Efraim.
Cura a orelha cortada de Malco	Lucas 22.49-51; João 18.10	Getsêmani, em Jerusalém	
Proporcionou uma pesca miraculosa	João 21.1-14	Mar da Galileia	Jesus confirmou mais uma vez que havia ressuscitado dos mortos.

Parábolas e ilustrações extensas de Jesus

Parábola/Ilustração	Texto	Conceito-chave
O cisco e a trave	Mateus 7.3-5; Lucas 6.41-42	Os cristãos são chamados a refletir sobre suas próprias falhas antes de tentar corrigir as falhas, que veem nos outros.
Os bons e os maus frutos	Mateus 7.16-20; Lucas 6.43-45	As ações exteriores e as palavras de uma pessoa serão consistentes com a condição espiritual de seu coração.
Os construtores sábios e os tolos	Mateus 7.24-27; Lucas 6.47-49	Um fundamento seguro para a vida é construído não apenas em ouvir a Palavra de Deus, mas em colocar essas palavras em ação.
Os odres novos / velhos	Mateus 9.16-17	A vinda do reino de Deus não pode ser totalmente abrigada dentro da mentalidade oriunda da revelação do Velho Testamento.
O semeador	Mateus 13.1-23; Marcos 4.2-20; Lucas 8.5-15	A mensagem de Jesus encontrará uma variedade de respostas. Há razões pelas quais aqueles que ouvem essa mensagem podem deixar de manter um relacionamento com ela.
As ervas daninhas	Mateus 13.24-30	Os cristãos são chamados a espalhar a Palavra, mas adiar a avaliação final daqueles que a ouvem até o dia do juízo.
A semente de mostarda e a levedura	Mateus 13.31-33; Marcos 4.30-32; Lucas 13.18-21	O humilde começo do reino de Deus vai amadurecer em algo muito maior e mais penetrante do que o esperado.
O tesouro escondido e a pérola	Mateus 13.44-46	O reino dos céus é incalculavelmente valioso, portanto nenhum esforço deve ser poupado em adquiri-lo.
A rede	Mateus 13.47-50	Os cristãos são convidados a usar a Palavra para se reunir e deixar a separação de ímpios e justos para os anjos no dia do juízo.
A ovelha perdida	Mateus 18.12-14; Lucas 15.3-7	O Pai sente uma paixão pessoal para salvar cada pecador. O arrependimento de apenas um pecador enche o céu de grande alegria.
O servo implacável	Mateus 18.21-35	Os cristãos são chamados a perdoar os outros com a mesma profundidade e sinceridade que o Pai mostrou ao perdoá-los.
Os trabalhadores na vinha	Mateus 20.1-16	Posição e recompensa no reino dos céus são determinadas pela graciosa vontade do Pai celestial.
Os dois filhos	Mateus 21.28-32	O bom prazer do Pai é reservado para aqueles que ouvem e fazem o que ele lhes pede.
Os inquilinos	Mateus 21.33-46; Marcos 12.1-12; Lucas 20.9-19	A rejeição sustentada dos profetas e de Jesus, o Filho de Deus, resultará na perda de uma posição privilegiada no reino.
O banquete de casamento	Mateus 22.1-14	Muitos farão o impensável e rejeitarão o convite para se juntarem ao reino dos céus.
Os servos sábios e ímpios	Mateus 24.45-51	Jesus chama os cristãos para serem sábios e fiéis ao cuidar das necessidades básicas dos outros, enquanto aguardam sua segunda vinda.

Parábola/Ilustração	Texto	Conceito-chave
As dez virgens	Mateus 25.1-13	Jesus pede aos cristãos que estejam preparados em todos os momentos para sua segunda vinda, porque o tempo preciso de seu retorno não é conhecido.
Os talentos	Mateus 25.14-30	Não é o quanto Deus nos dá, mas como usamos o que Deus nos deu que importa enquanto aguardamos sua segunda vinda.
A semente em crescimento	Marcos 4.26-29	O reino do Céu cresce de maneira inesperada e misteriosa.
A dívida cancelada	Lucas 7.41-43	A gratidão e apreciação do pecador perdoado são proporcionais à quantidade de pecado que foi perdoado.
O bom samaritano	Lucas 10.25-37	Os crentes são encorajados a estender amor e bondade além das fronteiras sociais restritivas que estamos propensos a traçar.
O amigo persistente	Lucas 11.5-8	Jesus encoraja os cristãos a orar com perseverança ousada pelas coisas de que necessitam.
O rico tolo	Lucas 12.16-21	Jesus adverte contra o crescimento da riqueza pessoal à custa de se tornar rico para com Deus.
A figueira estéril	Lucas 13.6-9	O tempo da presença de Deus na terra em Cristo é limitado, por isso há uma necessidade urgente de responder.
O grande banquete	Lucas 14.15-24	Muitos farão o impensável e rejeitarão o convite para se juntarem ao reino dos céus.
A torre e a guerra	Lucas 14.28-33	Aqueles que se comprometem com o reino de Deus devem fazê-lo somente depois de considerar cuidadosamente o custo antes do tempo.
Moeda perdida	Lucas 15.8-10	Um único pecador arrependido enche o céu de celebração.
Filho perdido	Lucas 15.11-32	O amor do Pai pelos pecadores vai além de sua rejeição enquanto espera o retorno daqueles que se arrependem. Ele espera que todos os crentes se juntem a ele para celebrar o retorno de tais pecadores.
O gerente perspicaz	Lucas 16.1-9	O melhor uso de posição e riqueza é avançar o reino de Deus e, assim, ganhar amigos apreciativos que irão acolher a nossa chegada ao céu.
O rico e Lázaro	Lucas 16.19-31	A Palavra de Deus é única, assim como suficiente, para que os pecadores encontrem perdão e vida eterna.
O servo indigno	Lucas 17.7-10	Enquanto trabalhamos no reino de Deus, devemos ser como servos que estão simplesmente cumprindo nossos deveres necessários.
A viúva persistente	Lucas 18.1-8	Jesus encoraja os crentes a orar com persistência, mesmo quando parece não chegar a lugar algum, porque a justiça será feita no tempo da segunda vinda de Jesus.
O fariseu e o cobrador de impostos	Lucas 18.9-14	Os humildes e penitentes serão exaltados, enquanto os orgulhosos e impenitentes serão humilhados.
As dez minas	Lucas 19.11-27	A segunda vinda de Jesus não virá imediatamente, mas quando isso acontecer, ele espera que os crentes tenham usado sabiamente suas riquezas e habilidades.

Domingo de Ramos para o Domingo de Páscoa

Dia	Texto	Eventos
Domingo de Ramos / Domingo da Entrada Triunfal	Mateus 21.1-11 Marcos 11.1-11 Lucas 19.28-40 João 12.12-19	Jesus deixa Betânia e sobe ao monte das Oliveiras, em seu caminho para Jerusalém. Jesus monta em um burro em Betfagé (os limites da cidade de Jerusalém) e, assim, cumpre Zacarias 9.9. Jesus é celebrado como rei quando ele monta no jumento pelo monte das Oliveiras. Jesus volta para Betânia à noite.
Segunda-feira	Mateus 21.12-22 Marcos 11.12-19 Lucas 19.41-48	Jesus deixa Betânia e sobe o monte das Oliveiras, em seu caminho para Jerusalém. No monte das Oliveiras, Jesus faz com que uma figueira murche e usa a situação para falar sobre o poder da fé e da oração. Jesus chora, lamentando sobre o destino de Jerusalém. Jesus derruba as mesas dos mercadores do templo. Depois de um tempo ensinando no complexo do templo, Jesus retorna à Betânia à noite.
Terça-feira	Mateus 21.23-26.5 Marcos 11.20-14.2 Lucas 20.1–21.38	Jesus deixa Betânia e sobe ao monte das Oliveiras em seu caminho para Jerusalém. A mensagem associada à figueira murcha é reafirmada à medida que passam. Jesus ensina nos tribunais do templo e participa de debates acentuados com os líderes religiosos judeus, levando-os a planejar a sua execução. No caminho de volta para Betânia, enquanto cruza o monte das Oliveiras, Jesus fala sobre o destino de Jerusalém e o fim dos tempos.
Quarta-feira	Mateus 26.14-16 Marcos 14.10-11 Lucas 22.1-6	Judas faz um acordo com os líderes religiosos para trair Jesus.
Quinta-feira	Mateus 26.17-56 Marcos 14.12-52 Lucas 22.7-53 João 13.1–18.11	O andar superior é seguro e usado para a refeição da Páscoa, que Jesus transforma no princípio da Ceia do Senhor. Jesus lava os pés dos discípulos. Jesus conforta os discípulos e ora por si mesmo, por eles e pela igreja. Jesus e os discípulos vão para o jardim do Getsêmani, no monte das Oliveiras, onde Jesus luta em oração. Judas trai Jesus, que é preso pelo Sinédrio. Os discípulos se dispersam e fogem.

Dia	Texto	Eventos
Sexta-Feira Santa (Shabbat começa no pôr do sol)	Mateus 26.57–27.65 Marcos 14.53–15.47 Lucas 22.54–23.56 João 18.12–19.42	Pedro nega Jesus três vezes. O Sinédrio sentencia Jesus como culpado por blasfêmia. O Sinédrio entrega Jesus a Pilatos, acusando-o de ser culpado de crimes contra o Estado romano. Pilatos envia Jesus a Herodes Antipas, governador da Galileia, que o questiona e depois o devolve a Pilatos. Embora Jesus não seja acusado de um crime capital, Pilatos ordena a sua execução. Jesus é levado para a Fortaleza Antônia, onde é zombado pelos soldados romanos e severamente espancado antes de sua crucificação. Jesus é levado ao Calvário e crucificado às 9 horas da manhã. Uma escuridão anormal persiste do meio-dia até às 15 horas. Jesus entrega sua vida. José de Arimateia e Nicodemos solicitam a custódia do corpo de Jesus e o enterram em um novo túmulo com a ajuda de mulheres que tinham vindo com Jesus, da Galileia. O túmulo é selado, e os guardas são colocados para vigiar o lugar depois do pôr do sol.
Sábado		O corpo de Jesus permanece no túmulo.
Domingo de Páscoa	Mateus 28.1-15 Marcos 16.1-14 Lucas 24.1-43 João 20.1-25	O túmulo é aberto para revelar que Jesus ressuscitou. Um fluxo de visitantes chega ao túmulo vazio e tem a certeza de que Jesus ressuscitou. Jesus passa tempo com dois discípulos no caminho de Emaús. Jesus aparece aos discípulos no andar superior.

Domingo de Ramos para o Domingo de Páscoa

A localização da morte e ressurreição de Jesus

Jardim do Túmulo (Calvário de Gordon, Túmulo de Gordon)

História

Século 8-7 a.C.	Uma sepultura foi escavada na colina do Jardim do Túmulo, seguindo o padrão da época.
Século 4-6 d.C.	Os cristãos bizantinos remodelaram o local do sepultamento, abrindo sarcófagos nos bancos de pedra anteriores e esculpindo cruzes nas paredes de pedra do túmulo.
1883	A localização foi identificada pelo general britânico Charles Gordon pela primeira vez como o local da morte e ressurreição de Jesus.
1894 - atualmente	O local foi comprado pela Garden Tomb Association (Associação do Jardim do Túmulo) e transformado em um sereno ambiente de adoração.

Observações históricas, culturais e arqueológicas

Está localizado fora das muralhas da cidade de Jerusalém construídas no século 1, uma estimativa precisa para um cemitério judaico e coerente com a linguagem de Hebreus 13.12.

O local está localizado ao longo de uma estrada bastante movimentada, o tipo de local público preferido para as crucificações romanas.

Está localizado perto da cidade (João 19.20).

O perfil da colina tem recessos que se assemelham aos traços faciais de um crânio (João 19.17). No entanto, a intenção da expressão "Lugar da caveira" pode ser para descrever um local de morte ou execução, em vez da aparência do ambiente.

Nem o design desse túmulo nem dos que estão próximos são do século 1 d.C., em contraste com a declaração do Evangelho de que Jesus foi enterrado em um "sepulcro novo que jamais havia sido utilizado" (Mateus 27.60, João 19.41).

Parece improvável que os cristãos bizantinos mudassem drasticamente o lugar como o fizeram se tivessem identificado o local com o túmulo de Jesus.

Parece improvável que um ponto de tal significado não tenha sido lembrado nem mencionado no registro histórico do século 1 até o século 19.

Igreja do Santo Sepulcro (Igreja da Ressurreição)

História

30 d.C.	Uma pedreira abandonada tornou-se um cemitério para Jerusalém.
66 d.C.	Os cristãos judeus que saíram de Jerusalém para Pela, levaram consigo a lembrança da localização do local, trazendo-a de volta para Jerusalém quando retornaram, ao fim do século 1.
135 d.C.	Os cristãos judeus foram expulsos da cidade por Adriano, mas cristãos gentios que permaneceram mantiveram a memória do local. Adriano reconfigurou o local, tornando-o um santuário pagão.
Aprox. 300 d.C.	Eusébio indicou que a memória do local havia sido preservada na área geral ocupada pelo santuário de Adriano.
312 d.C.	O imperador romano Constantino converteu-se ao Cristianismo e enviou sua mãe, Helena, a Jerusalém, onde a localização da ressurreição de Jesus havia sido preservada, ironicamente, como um santuário pagão.
326-35 d.C.	Helena removeu o altar pagão, construindo e dedicando uma igreja sobre o lugar da crucificação. Logo depois, ela colocou uma rotunda em torno do local que acreditava ser o túmulo de Jesus.
614 d.C.	Esse centro de adoração foi gravemente danificado pelos persas.
1009 d.C.	Destruição sistemática do santuário pelo califa Fatimí Hakim.
1048 d.C.	Modesta reconstrução do santuário.
1099	Os cruzados encontraram o modesto santuário e iniciaram grandes reformas.
1099-presente	Apesar do dano causado por incêndios e terremotos, os principais segmentos da igreja dos cruzados e alguns elementos da igreja bizantina anterior podem ser vistos na estrutura atual.

Observações históricas, culturais e arqueológicas

Está localizada perto da cidade (João 19.20).

Está localizado fora das muralhas da cidade de Jerusalém construídas no século 1, uma estimativa precisa para um cemitério judaico e coerente com a linguagem de Hebreus 13.12.

O local está perto do Portal de Gennath e das estradas que levam para o oeste da cidade, o tipo de local público favorecido para crucificações romanas.

Túmulos com design do século 1 podem ser encontrados nesse local.

Uma memória ininterrupta ligando esse local à crucificação e ressurreição de Jesus estende-se desde o presente até de volta ao século 1.

Principais sermões e discursos em Atos

Atos	Pregador	Localização	Audiência	Conceito-chave
2.14-39	Pedro	Jerusalém	Judeus tementes a Deus de todo o mundo, que vieram adorar no templo	Relaciona o milagre de Pentecostes a Joel 2.28-32 Relaciona a ressurreição de Jesus ao Salmo 16.8-11 Relaciona a ascensão de Jesus ao Salmo 110.1 Chama Israel a se arrepender, crer e ser batizado
3.11-26	Pedro	Jerusalém	Adoradores judeus no Pórtico de Salomão, no complexo do templo	Apontando para a cura do mendigo com necessidades especiais, afirma que fala por Jesus, o Messias glorificado Chama Israel a se arrepender e agarrar as promessas do Antigo Testamento das quais são herdeiros e que os abençoará com perdão
4.8-12	Pedro	Jerusalém	Líderes judeus, anciãos e mestres da lei	Relaciona a cura do mendigo com necessidades especiais a Cristo ressuscitado, a quem os líderes judeus rejeitaram Afirma que a salvação é possível somente por meio de Jesus
7.2-53	Estêvão	Jerusalém	Judeus anciãos e mestres da lei, incluindo Saulo	Fornece uma revisão da história de Israel destacando a graça e a fidelidade de Deus Contrastando isso com a persistente rejeição de Israel aos mensageiros divinos, o que continua no momento presente
10.34-43	Pedro	Cesareia Marítima	Gentios reunidos na casa de Cornélio	Afirma que a aceitação e o perdão de Deus se estendem a pessoas de todas as nações
11.4-17	Pedro	Jerusalém	Os crentes judeus preocupados com o fato de que Pedro tinha estado com gentios	Reconhece a visão que o exortou a deixar de ver gentios como indignos do evangelho Confirma a inclusão dos gentios, observando que eles tiveram a mesma conversão genuinamente espiritual experimentada pelos judeus
13.16-41	Paulo	Antioquia da Pisídia	Judeus e gentios tementes a Deus, que se reuniram na sinagoga	Contém elementos-chave da história judaica que culminam na vinda de Jesus, o Messias, cuja identidade foi confirmada quando ele ressuscitou dentre os mortos Convida-os a crer e encontrar o perdão em Jesus

Principais sermões e discursos em Atos

Atos	Pregador	Localização	Audiência	Conceito-chave
15.7-11	Pedro	Jerusalém	Os crentes judeus que defendiam que os gentios deveriam obedecer à lei de Moisés	Afirma que Deus forneceu os mesmos sinais de conversão e aceitação a judeus e gentios Enfatiza a salvação somente pela graça, para além da obediência à lei de Moisés
15.13-21	Tiago	Jerusalém	Os crentes judeus que defendiam que os gentios deveriam obedecer à lei de Moisés	Evita qualquer exigência que tornaria difícil aos gentios que eles se voltassem para Deus Incita várias concessões de estilo de vida de gentios, que tornariam mais fácil para os judeus voltarem-se para Jesus
17.22-31	Paulo	Atenas	Reunião no Areópago	Deus, o Criador todo-poderoso que lhes é desconhecido, quer fazer-se conhecido deles antes de julgá-los mediante aquele que ressuscitou dentre os mortos
20.18-35	Paulo	Mileto	Presbíteros da igreja em Éfeso	Palavras de encorajamento e direção para os presbíteros, que devem continuar o trabalho da igreja replicando a incansável paixão, coragem, honestidade e humildade de Paulo, a quem eles não verão novamente
22.1-21	Paulo	Jerusalém	Uma multidão judia irritada se reuniu diante da Fortaleza Antônia	Conta a história de sua vida como um judeu zeloso, que leva à sua conversão no caminho de Damasco e seu chamado para falar a todos em nome de Jesus, incluindo os gentios
24.10-21	Paulo	Cesareia Marítima	O governador romano Félix	Refuta as acusações de que ele violou o direito romano, quer por suscitar dissensão contra Roma ou por ser o líder de uma seita religiosa que Roma não tinha aprovado
26.1-23	Paulo	Cesareia Marítima	Herodes Agripa II, Berenice, o governador romano Festo e outros líderes e oficiais de alto escalão	Conta a história de sua vida como um judeu zeloso, conduzido por sua visão no caminho de Damasco, episódio que mudou sua atitude para com Jesus e a missão de sua vida Demonstra que seu testemunho sobre Jesus ressuscitado e o perdão que ele traz fluem das expectativas criadas no Antigo Testamento

Ministério e Cartas de Paulo

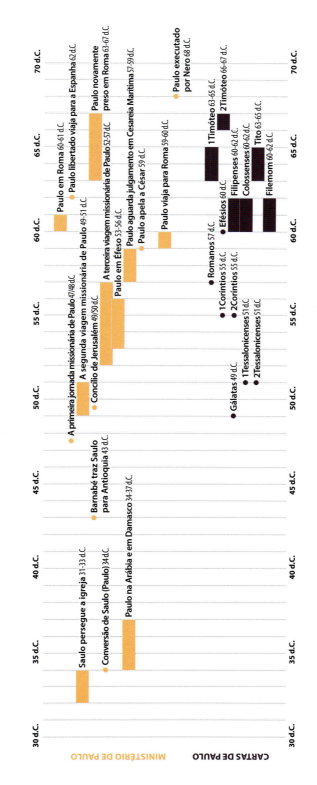

Manual bíblico de mapas, gráficos e cronologias

Dons espirituais

A cada cristão é dado um dom único ou uma coleção de dons que, quando usado corretamente, promoverá o bem-estar da igreja cristã, à medida que ela avança para o tempo da segunda vinda de Jesus.

	Romanos 12.6-8	1Coríntios 12.4-11	1Coríntios 12.28-30	Efésios 4.11	1Pedro 4.9-11
Profecia	•	•	•	•	
Serviço	•				
Ensino	•		•	•	
Encorajamento	•				
Doação	•				
Liderança	•				
Misericórdia	•				
Sabedoria		•			
Conhecimento		•			
Fé		•			
Cura		•	•		
Operação de milagres		•	•		
Discernimento de espíritos		•			
Falar em línguas		•	•		
Interpretação de línguas		•	•		
Apóstolo			•	•	
Auxílio			•		
Orientação			•		
Evangelista				•	
Pastor				•	
Hospitalidade					•
Serviço					•
Falar					•

Lendo o livro de Apocalipse

	Amilenismo	Pré-milenismo	Pós-milenismo
Geral	Enfatiza a verdadeira história passada a partir da qual o livro se desenvolve, com maior atenção à maneira como antecipa os desafios que virão à igreja antes da segunda vinda de Jesus	Geralmente interpreta Apocalipse como um livro sobre os eventos futuros que a igreja irá encarar, à medida que a história deste mundo chega ao fim	Enfatiza a verdadeira história passada da qual o livro se desenvolve, com maior destaque na maneira como antecipa as melhorias que a pregação do evangelho trará sobre a terra
Sete Igrejas em Apocalipse 1-3	Igrejas reais, existentes na Ásia Menor, que necessitavam de correção e encorajamento, cujas circunstâncias são refletidas na igreja ao longo de sua história	Igrejas reais, existentes na Ásia Menor, que necessitavam de correção e encorajamento, cujas circunstâncias são refletidas na igreja ao longo de sua história	Igrejas reais, existentes na Ásia Menor, que necessitavam de correção e encorajamento, cujas circunstâncias são refletidas na igreja ao longo de sua história
Linguagem de Apocalipse 4-19	Imagens vívidas e simbólicas, que ilustram os desafios que a igreja havia enfrentado e ainda enfrentaria, culminando no resgate que Jesus proporcionará Salienta que vários conjuntos de visões podem ser utilizados para representar tanto o desafio quanto o tratamento de Deus	Imagens vívidas e simbólicas, que ilustram os desafios que se apresentam à igreja e o resgate que Jesus proporcionará	Enfatiza o otimismo a respeito de um mundo melhor, quando a mensagem do evangelho torna-se aceita por mais e mais pessoas
"Milênio" de Apocalipse 20.1-4	Um período simbólico de tempo, que se estende desde a primeira vinda de Jesus até a sua segunda vinda, que consiste em muitos desafios no caminho para um reino eterno	Um período literal de abundância e bem-estar, que começa repentinamente e se realiza quando Cristo retorna para governar fisicamente com seu povo na terra (Os cristãos dispensacionalistas veem um papel especial para o povo judeu durante esse tempo de governo de Cristo.)	Um período simbólico de tempo, que se estende da primeira até a segunda vinda de Jesus, durante a qual o evangelho gradualmente se expande na terra para moldar o mundo ideal
"A Grande Tribulação" de Apocalipse 7.14	A perseguição dos cristãos, na época em que o Apocalipse foi escrito, exemplifica a perseguição dos cristãos que virão	Um tempo limitado de violência extrema no futuro Pode ser precedido por um "êxtase" durante o qual os crentes serão retirados da terra	A perseguição dos cristãos na época em que o Apocalipse foi escrito, com particular ênfase em como isso se correlaciona com as perseguições que virão
"Armagedom" de Apocalipse 16.16	Batalha simbólica que enfatizava a ferocidade da oposição que a igreja enfrentaria entre a primeira e a segunda vinda de Jesus	Batalha literal que pode ocorrer no vale de Jezreel, perto de Megido Encerrará a grande tribulação e inaugurará o milênio	A batalha simbólica que enfatizava o poder da Palavra de Deus ao derrotar a feroz oposição encontrada pela igreja entre a primeira e a segunda vinda de Jesus
"Ressurreições" de Apocalipse 20.4-6	A primeira ressurreição é a conversão de um crente, e a segunda ressurreição é a ressurreição física dos mortos	A primeira ressurreição é uma ressurreição física dos crentes que inicia o milênio, e a segunda é a ressurreição dos incrédulos no final do milênio	A primeira ressurreição é a conversão de um crente, e a segunda é a ressurreição física dos mortos

Arqueologia do Novo Testamento

	Artefato/Estrutura	Período	Descrição	Valor
1	Mapa de Madaba	Século 6 d.C.	Mapa em mosaico do mundo bíblico encontrado em uma parte do assoalho da Igreja de São Jorge, em Madaba, Jordânia.	Embora apenas um terço do mapa tenha sobrevivido, é o mapa bíblico mais antigo encontrado até a data e nos diz onde os cristãos bizantinos acreditavam que os lugares bíblicos estavam localizados. O mapa inclui uma apresentação particularmente detalhada de Jerusalém.
2	Casas de Nazaré	Século 1 d.C.	Abaixo da moderna Igreja da Anunciação, em Nazaré, encontramos cavernas que foram ampliadas para formar a sala interior de casas do século 1 que tinham fachadas de alvenaria.	Ajuda na definição do tamanho e da natureza de Nazaré na época em que Maria, José e Jesus moravam ali (Mateus 2.23). Era uma pequena aldeia agrícola com uma população de cerca de trezentas pessoas.
3	Igreja da Natividade	Século 4 ao século 6 d.C.	Igreja bizantina localizada em Belém. As tradições mais primitivas indicam que esta igreja foi construída ao redor do estábulo em que Maria deu à luz a Jesus.	Apoia esta posição como aquela em que Jesus nasceu em Belém e oferece informações sobre o tipo de estábulo que hospedou seu nascimento (Lucas 2.1-20)
4	Túmulo de Herodes, o Grande	Século 1 a.C.	Fundação da estrutura de sete andares que serviu como a tumba de Herodes, o Grande, no Heródio	Herodes foi o rei romano da Judeia que se sentiu tão ameaçado pelo nascimento do rei dos judeus, que ordenou a morte de todos os meninos até dois anos de idade em Belém. Isso fez com que Maria, José e Jesus fugissem para o Egito (Mateus 2.1-18).

Arqueologia do Novo Testamento

Artefato/Estrutura	Período	Descrição	Valor
5 Muro de contenção do monte do Templo	Século 1 a.C. ao século 1 d.C.	Parte ocidental do muro de contenção que apoiava a extensa plataforma sobre a qual o complexo do templo de Herodes foi construído	Marca a localização do complexo do templo do Novo Testamento em Jerusalém, que se tornou o cenário de muitos eventos do Novo Testamento
6 *Mikvá*	Século 1 d.C.	Este mikvá, ou estação de banho tradicional judaica, foi usado por adoradores judeus que passavam por um banho ritual antes de ir até o templo. As escadas para a piscina muitas vezes foram divididas para que a entrada e a saída fossem feitas em lados opostos das escadas	Este mikvá foi um dos muitos localizado em um edifício na entrada principal do complexo do templo. Teria sido usado por muitos dos indivíduos que encontramos no Novo Testamento, incluindo Maria, a mãe de Jesus, Jesus e Paulo
7 Escadaria do Sul	Século 1 d.C.	Esta escadaria foi a principal entrada para o complexo do templo e também foi utilizada como uma sala de aula ao ar livre pelos rabinos ao ensinar seus alunos	Como a entrada principal do templo, esta escadaria foi percorrida por muitos dos indivíduos que encontramos no Novo Testamento e pode ter sido o local em que Jesus buscou respostas para suas perguntas quando tinha doze anos de idade (Lucas 2.46-50)
8 Jarros de armazenamento de pedra	Século 1 d.C.	Vasilhas torneadas de calcário que foram usadas por famílias judias durante certos rituais de limpeza. De acordo com a tradição judaica posterior, a pedra não transferia a impureza ritual, como um vaso cerâmico que podia absorver e manter a impureza	Estes jarros fornecem exemplos dos grandes jarros de armazenagem que Jesus usou para realizar seu primeiro milagre, transformando água em vinho, em Caná (João 2.1-11)

© Baker Publishing Group e Dr. James C. Martin. The British Museum.

Arqueologia do Novo Testamento

	Artefato/Estrutura	Período	Descrição	Valor
9	Sinagoga em Cafarnaum	Século 1 d.C.	A sinagoga de pedra calcária mais clara, de uma era posterior está acima da fundação de basalto, preto da sinagoga anterior que serviu Cafarnaum durante o tempo de Jesus	A sede do ministério de Jesus na Galileia estava em Cafarnaum. Ele ensinou e curou na sua sinagoga (Marcos 1.21-28)
10	A casa de Pedro em Cafarnaum	Século 1 d.C.	Uma fundação de casa de insula, cercada por estruturas da igreja bizantina que identificam a casa, como a de Pedro	A casa em que Pedro, e provavelmente Jesus, permaneceu durante as noites em Cafarnaum (Mateus 8.14, Marcos 1.29, Lucas 4.38)
11	Barco na Galileia	Século 1 d.C.	Casco e estrutura de um barco de pesca preservado do século 1, descoberto perto de Ginosar, na costa ocidental do mar da Galileia	Representa o tamanho e o design dos barcos de pesca que foram usados no mar da Galileia durante o tempo de Jesus e são mencionados nos evangelhos (Mateus 8.24; 13.2; 14.13, 22, 29)
12	Cadeira de Moisés	Século 3 ao século 4 d.C.	Cadeira de basalto descoberta dentro da sinagoga em Corazim, na qual o professor judaico autorizado se sentava para interpretar e aplicar a Palavra de Deus	O tipo de lugar que Jesus mencionou em Mateus 23.2 ao criticar os mestres da lei e os fariseus que "se sentam na cadeira de Moisés". Note que Jesus "sentou-se para ensinar" (Lucas 4.20) na sinagoga de Nazaré

© Baker Publishing Group and Dr. James C. Martin. The British Museum.

	Artefato/Estrutura	Período	Descrição	Valor
13	Sinagoga em Gamla	Século 1 d.C.	A fundação e a estrutura de piso de um edifício de sinagoga, que foi destruído antes de 70 d.C.	Este edifício preserva uma sinagoga judaica, de estilo galileu, como aqueles em que Jesus falou enquanto viajava pela porção norte da terra prometida (Mateus 4.23; Marcos 1.39)
14	Poço de Jacó, em Sicar	Século 1 d.C.	Um poço situado perto de uma vila do século 1, em Sicar, que foi estimado para ter aproximadamente 74 metros de profundidade no século 7 d.C. Já em 333 d.C., um peregrino cristão primitivo identificou isso bem com o mencionado em João 4.12. No final do século 4 d.C., uma igreja havia sido construída sobre o poço	Provavelmente o poço profundo onde Jesus se encontrou e falou com a mulher samaritana que tinha chegado ao local para tirar água (João 4.1-26)
15	Área pagã em Cesareia de Filipe	Século 1 a.C. ao século 1 d.C.	Na base de um penhasco de aspecto surreal, encontramos uma área sagrada, que na época de Jesus incluiu um templo construído para Augusto e um santuário para Pan	Jesus levou os discípulos a esta região para ter uma conversa sobre sua identidade. É onde Pedro identificou Jesus como "o Cristo, o Filho do Deus vivo" (Mateus 16.13-20)
16	Igreja em Cursi	Século 6 d.C.	Igreja bizantina e monastério construídos para lembrar o exorcismo dos demônios, conhecidos como o milagre dos suínos, e também para recordar a alimentação de Jesus das quatro mil pessoas	Marca a área de Decápolis em que Jesus curou o homem possesso e alimentou quatro mil pessoas (Marcos 5.1-20; 7.31; 8.1-13)

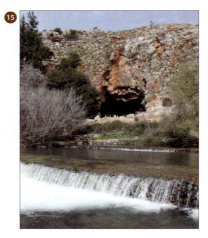

Arqueologia do Novo Testamento

	Artefato/Estrutura	Período	Descrição	Valor
17	Tanques de Betesda	Século 8 a.C. ao século 1 d.C.	Um par de grandes reservatórios de água (65 metros por 49 metros e 53 metros por 40 metros) ao norte do complexo do templo em Jerusalém, que captou e reservou a água de escoamento do vale de Betsata	O local em que Jesus curou um homem com necessidades especiais, que esperava junto às piscinas. Ele esperava ser curado quando entrou na água no momento em que foi milagrosamente agitada (João 5.3-9)
18	Tanque de Siloé	Século 8 a.C. ao século 1 d.C.	Um complexo de represas e reservatórios de água no extremo sul do vale central de Jerusalém, perto do ponto de saída do túnel de Ezequias. Escadas cercavam o tanque e foram utilizadas para dar acesso à água	Tanque para o qual Jesus enviou o homem nascido cego para realizar sua cura (João 9.1-7)
19	Túmulo de Lázaro	Menção mais antiga remonta do início do século 4 d.C. por Eusébio	Uma câmara funerária de 2,5 metros por 2,5 metros, na aldeia neotestamentária de Betânia, que a tradição identifica como o túmulo de Lázaro	Possível localização onde Lázaro ressuscitou, evento que agitou os líderes judeus em Jerusalém a buscar mais urgentemente a execução de Jesus (João 11.38-53)
20	*Moeda judeia capta*	69-79 d.C.	Este sestércio romano era uma moeda cunhada por Vespasiano, para celebrar a supressão de Roma da Primeira Revolta Judaica (66-70 d.C.). Empregou zombeteiramente uma palmeira, o símbolo judeu da liberdade	A conexão entre a palmeira e a liberdade judaica explica o uso que a multidão fez dos ramos de palmeira no Domingo de Ramos (o Domingo da Entrada Triunfal) ao celebrarem a chegada de Jesus a Jerusalém (João 12.13)

Manual bíblico de mapas, gráficos e cronologias

Arqueologia do Novo Testamento

	Artefato/Estrutura	Período	Descrição	Valor
21	Escombros do templo	70 d.C.	Pedras que tinham composto os edifícios e o parapeito do complexo do templo em Jerusalém. Eles foram quebrados e empurrados do monte do Templo pelos romanos no final da Primeira Revolta Judaica (66-70 d.C.)	A realidade que Jesus antecipou para o templo quando observou que "não ficará aqui pedra sobre pedra; serão todas derrubadas" (Mateus 24.2)
22	Casas aristocráticas na colina ocidental de Jerusalém	Século 1 d.C.	Fundamentos, pisos e conteúdos de casas grandes e opulentas construídos na Cidade Alta de Jerusalém, que provavelmente foram usadas pelos saduceus aristocráticos	Essas casas e seus móveis nos dão um vislumbre da vida dos saduceus aristocráticos, que encontramos em conflito com Jesus e os apóstolos em Jerusalém (Mateus 22.23-24, Atos 5.17).
23	Shekel de Tiro	Século 1 d.C.	Devido ao seu conteúdo de prata consistentemente alto, o shekel tiriano foi a moeda que os líderes judeus exigiram para o pagamento de impostos religiosos e para as compras feitas no mercado do templo de Jerusalém	O uso necessário dessa moeda gerou a necessidade de cambistas no templo em Jerusalém (Mateus 21.12-15). Porque foi a cunhagem favorecida pelos líderes religiosos judeus, é provável que trinta moedas tenham sido dadas em pagamento a Judas, a fim de pagar pela traição de Jesus (Mateus 27.3-10)
24	Andar superior	Século 4 d.C.	Andar superior da Igreja de Sião, que foi construída por cristãos bizantinos e mais tarde restaurada pelos cruzados. A igreja foi construída sob as pegadas da Igreja dos Apóstolos (73 d.C.), uma igreja estabelecida por crentes judeus em Jesus retornando de Pela	Esse "andar superior" da igreja dos cruzados em Jerusalém provavelmente ocupa o espaço do andar superior associado à casa em que Jesus organizou a Páscoa na noite anterior à sua morte (Marcos 14.15), onde Jesus apareceu aos discípulos após sua ressurreição (Lucas 24.33-43) e possivelmente onde o Pentecostes começou (Atos 2.1)

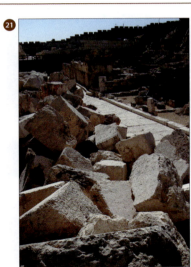

Arqueologia do Novo Testamento

	Artefato/Estrutura	Período	Descrição	Valor
25	Degraus do monte Sião	Século 1 d.C.	Um conjunto de escadas no complexo da Igreja de São Pedro Galicanto, que conecta o alto do monte Sião com a parte inferior do vale de Hinom, em Jerusalém	As escadas que Jesus provavelmente desceu depois de deixar o andar superior, quando se encaminhou com os discípulos para o jardim do Getsêmani. Após a sua prisão, a viagem de regresso às suas audições com Anás e Caifás teria sido através das mesmas escadas.
26	Getsêmani	Século 4 d.C.	A moderna Igreja de Todas as Nações é construída sob os pés de uma antiga igreja bizantina, que os cristãos daquela época usavam para demarcar o Jardim do Getsêmani, e a grande pedra sobre a qual Jesus lutava em oração	Marca a área geral em que Jesus lutou em oração na noite anterior à sua morte na cruz (Mateus 26.36, Marcos 14.32, Lucas 22.39 e João 18.1).
27	Inscrição "Lugar de trombeta"	Século 1 d.C.	Inscrição colocada em uma porção do parapeito de pedra que cercava o complexo do monte do Templo, em Jerusalém. Ele diz "Para o lugar de trombeta", indicando que era o local onde o sacerdote deveria se posicionar para tocar a trombeta de sinalização	Os escritos tradicionais judaicos referem-se ao som da trombeta no templo como "o canto de galo". Esse pode ser o som a que Jesus se refere quando ele diz a Pedro que antes de o "galo cantar", ele negará Jesus três vezes (Mateus 26.34, 75)
28	Ossuário de Caifás	Século 1 d.C.	Um ossuário cuidadosamente decorado, descoberto em Jerusalém, no qual estava inscrito "José, filho de Caifás"	Caifás foi sumo sacerdote em Jerusalém, entre 18 e 36 anos. Ele é identificado como aquele diante do qual Jesus estava para uma prova religiosa momentos antes de sua morte (Mateus 26.3, 57)

© Baker Publishing Group e Dr. James C. Martin. The British Museum.

Manual bíblico de mapas, gráficos e cronologias

	Artefato/Estrutura	Período	Descrição	Valor
29	Inscrição de Pilatos	Século 1 d.C.	O nome de Pôncio Pilatos está incluído nesta inscrição dedicatória associada a um Tiberium, provavelmente um templo construído em Cesareia Marítima, que homenageou o imperador Tibério	Pilatos era o governador romano (procurador) da Judeia 26-36 d.C. Ele é o oficial romano que ouviu a acusação contra Jesus, declarou não ver motivos para condená-lo, mas ordenou sua execução (Mateus 27.2, 13, 17, 19, 22-26)
30	Palácio de Herodes em Jerusalém	Século 1 a.C. ao século 1 d.C.	Um palácio de luxo construído por Herodes, o Grande, em Jerusalém, que mais tarde foi usado pelos governadores romanos como sua principal residência, quando estavam na cidade a negócios. A fundação da Torre Hípico do palácio é retratada	O julgamento de Jesus perante Pilatos provavelmente ocorreu dentro do complexo deste palácio, onde havia o "Pavimento de Pedra" (João 19.13)
31	Calcanhar do homem crucificado	Século 1 d.C.	Ossos de calcanhar recuperados do ossuário de Yehohanan, filho de Hagkol de Jerusalém. O prego de ferro embutido dentro do osso do calcanhar indica que ele foi crucificado	Ilustra o tipo de cravos e os métodos que os romanos costumavam usar nos condenados, como foi com Jesus na cruz (João 20.25, Atos 2.23 e Colossenses 2.14)
32	Igreja do Santo Sepulcro	Século 4 d.C.	A Igreja contemporânea do Santo Sepulcro (Igreja da Ressurreição) está construída sobre a área a qual os cristãos bizantinos acreditavam ser o local da crucificação e ressurreição de Jesus.	Acrescenta à continuidade histórica e evidência física que identifica a área desta igreja como o lugar autêntico da crucificação e ressurreição de Jesus (João 19.17-20)

© Baker Publishing Group e Dr. James C. Martin. The British Museum.

© Baker Publishing Group e Dr. James C. Martin. The British Museum.

Arqueologia do Novo Testamento

	Artefato/Estrutura	Período	Descrição	Valor
33	Túmulo judaico	Século 1 d.C.	Um túmulo de pedra calcária do século I, com uma porta de pedra rolante. Dentro da cultura judaica de 20 a.C. a 70 d.C., o túmulo estilo kochim era o estilo tipicamente usado para o túmulo da família	Ilustra como era o túmulo de Jesus, mostrando a configuração que nos dá a ideia dos detalhes de seu sepultamento e sua ressurreição (João 19.41–20.1)
34*	* Decreto de Nazaré	Meados do século 1 d.C.	Laje de mármore que contém um decreto do imperador Cláudio e aparentemente destinava-se aos enterros judaicos. Exige que as sepulturas permaneçam inalteradas, bloqueando pedras seladas e corpos intactos. Os criminosos serão condenados à pena de morte.	Essa pode ser uma resposta imperial à perturbação em Roma, associada a um homem chamado "Chrestus". A penalidade extrema associada aos tumultos na sepultura diminuem a credibilidade da história circulada sobre os discípulos, que durante a noite vieram e roubaram o corpo de Jesus enquanto os guardas dormiam (Mateus 28.13)
35	Arco de Tito	Aprox. 81 d.C.	Um arco de vitória erguido no Fórum de Roma para comemorar a derrota de Jerusalém por Tito no final da primeira revolta judaica. O arco contém um relevo representando vários itens de adoração, incluindo um candelabro (menorá) levado do templo pelos soldados romanos (71 d.C.)	A realidade que Jesus antecipou sobre o templo em Jerusalém durante o seu discurso dos últimos tempos (Mateus 24.2, 15-21)
36	Inscrição de Sérgio Paulo	Século 1 d.C.	Uma inscrição encontrada perto de Antioquia da Pisídia, que contém o nome Sérgio Paulo	Sérgio Paulo foi um procônsul romano em Pafos, na ilha de Chipre, que enviou Paulo e tornou-se um crente (Atos 13.6-12). Após seu tempo em Chipre, Paulo viajou para a Antioquia da Pisídia. Este artefato suporta a noção de que a família extensa de Sérgio Paulo tinha grandes propriedades perto dessa localidade e pode explicar a razão de Paulo haver visitado essa área depois de deixar Chipre (Atos 13.13-14)
37	Via Ignácia	Século 2 a.C. no século V d.C.	Segmento da Via Ignácia perto de Filipos, que ligou Roma (através do mar Adriático) com Bizâncio	Paulo provavelmente usaria este segmento de estrada enquanto viajava de Neápolis para Filipos e para Tessalônica (Atos 16.11–17.9)

*Sem imagem

	Artefato/Estrutura	Período	Descrição	Valor
38	A prisão de Paulo em Filipos	Século 5 d.C.	Cripta de pedra perto do Fórum de Filipos, que os cristãos bizantinos identificaram como a prisão em que Paulo e Silas foram mantidos	Possivelmente a prisão que manteve encarcerados Paulo e Silas e em que seu carcereiro veio a conhecer Jesus como seu Salvador (Atos 16.22-34)
39*	* Inscrição politarca	Século 2 d.C.	Uma inscrição em um arco que se estendeu sobre a Via Ignácia no lado oeste de Tessalônica, que usa o termo grego politarca	Durante o tempo de Paulo e Silas em Tessalônica, eles foram presos diante dos oficiais da cidade, que Lucas identifica como politarcas (Atos 17.6, 8. A NIV traduz como "oficiais da cidade")
40	Colina de Marte	Século 1 d.C.	A proeminente afloração de rochas na antiga Atenas identificou-se com o local de encontro do primeiro século do Areópago (Colina de Ares / Marte)	Durante o tempo de Paulo em Atenas, ele usou o chamado Deus Desconhecido como ponto de partida para falar sobre Jesus antes de uma reunião do Conselho do Areópago (Atos 17.19-34)
41	Bema, em Corinto	25-50 d.C.	Bema (latino, rostra) ou a plataforma do orador, em Corinto, a partir da qual foram feitos anúncios públicos e onde os cidadãos se reuniram com funcionários públicos para julgar casos judiciais	Quando Paulo foi acusado de um crime em Corinto, provavelmente foi levado a esta bema para comparecer perante o procônsul Gálio (Atos 18.12-17)
42	Inscrição de Gálio	52 d.C.	Uma inscrição gravemente quebrada encomendada pelo imperador Cláudio e descoberta em Delfos, que menciona "Gálio, meu amigo e o procônsul (da Acaia)"	Paulo foi convocado para uma audiência perante "Gálio, procônsul de Acaia", durante seu tempo em Corinto (Atos 18.12). Esta inscrição desempenha um papel crítico no estabelecimento da linha do tempo para o ministério do Apóstolo

*Sem imagem

Manual bíblico de mapas, gráficos e cronologias

	Artefato/Estrutura	Período	Descrição	Valor
43	Templo de Ártemis, em Éfeso	Século 6 a.C.	Embora pouco tenha restado, o templo de Ártemis, em Éfeso, foi considerado uma das sete maravilhas do mundo antigo. Esta estrutura maciça tinha 18 metros de altura e se notabilizava por suas 127 colunas jônicas	Quando Paulo falou sobre haver um só Deus verdadeiro, causou um tumulto liderado por muitos que estavam intimamente ligados teológica e economicamente ao culto de Ártemis na cidade de Éfeso (Atos 19.23-41)
44	Teatro em Éfeso	Século 3 a.C. ao século 5 d.C.	O teatro em Éfeso passou por muitas fases de construção e renovação durante sua longa história. Alcançando pouco mais de trinta metros de altura, poderia acomodar 25 mil pessoas em seus três níveis	A pregação de Paulo em Éfeso levou à tomada de seu companheiro de viagem, Aristarco. A multidão arrebatadora o levou ao teatro, procurando ação contra ele (Atos 19.28-29)
45	Estátua de Ártemis	Século 1 d.C.	Esta estátua do século 1 retrata Ártemis de Éfeso. Ela era a deusa da caça, do deserto e dos animais selvagens	Quando a pregação de Paulo ofendeu os adeptos de Ártemis em Éfeso, um tumulto eclodiu naquela cidade (Atos 19.28-34)
46	Palácio de Herodes, em Cesareia Marítima	Fundado em 22 a.C.	O palácio de Herodes, o Grande, construído na esbanjadora cidade portuária de Cesareia Marítima	Governadores romanos como Pilatos, Félix e Festo usaram este palácio como sua residência principal quando foram designados para Israel. Paulo foi mantido sob custódia neste palácio durante sua estada de dois anos nesta cidade (Atos 23.35)

	Artefato/Estrutura	Período	Descrição	Valor
47	Prisão de Mamertine, em Roma	Construída no século 7 a.C.	Estrutura subterrânea de dois andares, localizada no lado nordeste do Capitólio, adjacente ao Fórum Romano, para aguardar o julgamento do imperador	Estrutura que a tradição ligou com a detenção de Pedro e, particularmente, de Paulo. Ela ilustra as condições da detenção de Paulo enquanto aguardava o julgamento antes de sua execução (2Timóteo 1.16; 2.9; 4.6-8)
48	Inscrição de Erasto	Aprox. 50 d.C.	Uma inscrição de pedra remontada de Corinto, que contém o nome "Erasto" e que o identifica como um aidele, um gerente de negócio da cidade ou tesoureiro	Provavelmente o nome de um importante oficial cívico em Corinto, que se tornou um cristão e é identificado pelo nome em Romanos 16.23, uma carta escrita em Corinto. Ele também pode ser reconhecido em 2Timóteo 4.20 e Atos 19.22
49	Inscrição de advertência do templo	Século 1 d.C.	Um sinal de aviso associado a uma parede de divisão erguida no monte do Templo, em Jerusalém, para dividir a área onde os gentios eram permitidos (Tribunal dos Gentios) dos reservados exclusivamente para os de descendência judaica	Ilustra a separação cultural entre judeus e gentios, o que era a norma em Israel, enquanto a igreja primitiva trabalhava para levar o evangelho a ambos. Esta pode ser a imagem que Paulo tem em mente quando fala de Jesus removendo "a barreira, o muro de inimizade" entre judeus e gentios em Efésios 2.14
50	Templo de culto imperial, em Pérgamo	Séculos 1 e 2 d.C.	Ruínas do templo construído para o culto do imperador Trajano, em Pérgamo, o centro oficial do culto imperial na Ásia Menor	Os imperadores romanos permitiram silenciosamente, ou agressivamente exigiram, seu reconhecimento como entes divinos durante os primeiros três séculos d.C. Durante esse tempo, as instalações de adoração do culto imperial se espalharam por todo o mundo romano, incluindo a Grécia, a Ásia Menor e até mesmo Israel. Uma referência direta ao choque do Cristianismo com esse culto pode ser encontrada em Apocalipse 2.13; 13.14,15

© Baker Publishing Group e Dr. James C. Martin. The British Museum.

Casa judaica (caverna)

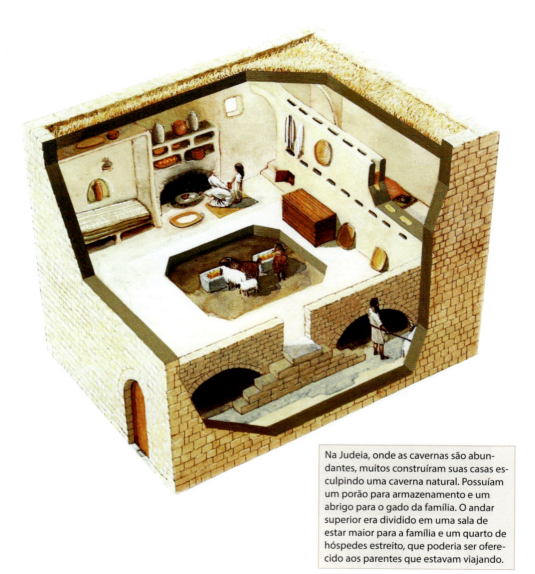

Na Judeia, onde as cavernas são abundantes, muitos construíram suas casas esculpindo uma caverna natural. Possuíam um porão para armazenamento e um abrigo para o gado da família. O andar superior era dividido em uma sala de estar maior para a família e um quarto de hóspedes estreito, que poderia ser oferecido aos parentes que estavam viajando.

Complexo domiciliar *insula*

Na área ao redor do mar da Galileia, as famílias extensas construíram seus condomínios ao redor de um pátio ao ar livre chamado insula (*ilha*, em latim). O pátio fornecia um lugar em que a família extensa poderia interagir, realizar tarefas domésticas e, durante à noite, manter seus animais domésticos. Cada núcleo familiar tinha uma pequena sala privada no perímetro do pátio, para onde eles podiam se retirar à noite.

Manual bíblico de mapas, gráficos e cronologias

Cafarnaum

© Ritmeyer Archaeological Design

A cidade de Cafarnaum, no mar da Galileia, tornou-se o lar de Jesus e a base para seu ministério naquela região. Cafarnaum concedeu a Jesus acesso aos barcos de pesca, que ele usou para viajar à beira do lago, e foi o local da sinagoga em que ele frequentemente ensinou e curou.

Sinagoga

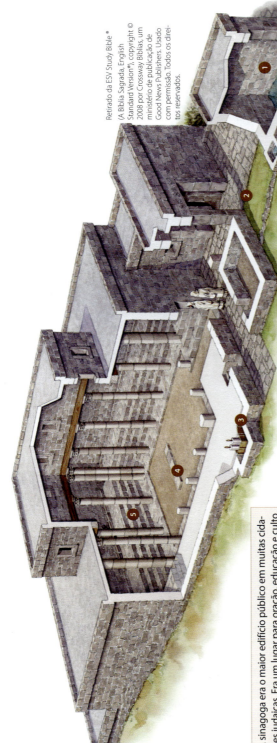

Retirado da ESV Study Bible ® (A Bíblia Sagrada, English Standard Version®), copyright © 2008 por Crossway Bíblias, um ministério de publicação de Good News Publishers. Usado com permissão. Todos os direitos reservados.

A sinagoga era o maior edifício público em muitas cidades judaicas. Era um lugar para oração, educação e culto comunitário, bem como o local para outras reuniões cívicas anteriormente associadas com o portão da cidade.

1 **Mikvá**. *Tanque usado para a purificação ritual antes da adoração.*
2 **Entrada**. A entrada da sinagoga era voltada para Jerusalém.
3 **Câmara**. Os rolos do Antigo Testamento eram mantidos aqui.
4 **Plataforma**. Os rolos do Antigo Testamento eram lidos desta plataforma.
5 **Degraus**. Os degraus eram utilizados como assentos públicos.

Técnicas de pesca

A **tarrafa** era uma rede jogada à mão, usada para pescar em água rasa perto da costa. Era redonda, medindo de 5 a 7 metros de diâmetro, com pesos de pedra presos no perímetro. O pescador girava a sobrecarga da rede, usando a força centrífuga para abrir a rede até seu diâmetro completo e, em seguida, a lançava sobre um cardume de peixe, prendendo-os.

A **rede de arrasto** era de forma retangular, com trezentos metros de comprimento e três metros de altura. Era usada para pescar em lugares rasos. Flutuadores foram anexados ao topo da rede e pesos foram anexados à base para que ela pudesse boiar verticalmente na água. Era desdobrada pelos esforços combinados de uma tripulação em um barco e pescadores em terra. A tripulação do barco começava puxando a rede para seu comprimento total perpendicular à linha costeira. Então o barco girava paralelo à costa, e ambos os grupos arrastavam essa cortina vertical através da água, conduzindo peixes à frente dela. Eventualmente o barco arqueava para trás da costa, cercando os peixes colhidos quando a rede era puxada.

Técnicas de pesca

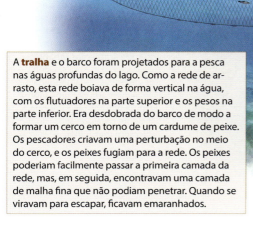

A **tralha** e o barco foram projetados para a pesca nas águas profundas do lago. Como a rede de arrasto, esta rede boiava de forma vertical na água, com os flutuadores na parte superior e os pesos na parte inferior. Era desdobrada do barco de modo a formar um cerco em torno de um cardume de peixe. Os pescadores criavam uma perturbação no meio do cerco, e os peixes fugiam para a rede. Os peixes poderiam facilmente passar a primeira camada da rede, mas, em seguida, encontravam uma camada de malha fina que não podiam penetrar. Quando se viravam para escapar, ficavam emaranhados.

O **barco de pesca** é o tipo de embarcação usada por Pedro, Tiago e João para pescar no mar da Galileia. Ele também foi usado por Jesus como uma plataforma para falar em público e para o transporte, quando ele se locomovia em torno do lago.

Manual bíblico de mapas, gráficos e cronologias

Mikvá

O código de lei do Antigo Testamento exigia que o povo escolhido de Deus permanecesse ritualmente limpo. Uma das formas como a pureza ritual era restaurada quando perdida se dava por meio da lavagem com água. Em ambientes urbanos, essa necessidade era satisfeita por um mikvá, uma pequena piscina alimentada por uma fonte de água natural. Era profunda o suficiente para que seus usuários pudessem mergulhar.

Mesa de triclínio

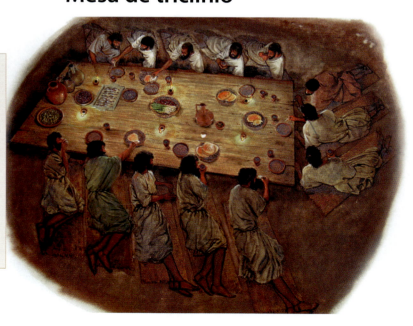

Na Quinta-feira Santa, Jesus e os discípulos provavelmente se reclinaram em torno de uma mesa baixa como esta, no andar superior. Cada um tomou uma posição em torno da mesa, relacionados de acordo com o papel social que eles desempenhavam durante a refeição e para o seu estatuto social entre aqueles que jantavam juntos.

Métodos de crucificação

Os romanos reservavam a crucificação para ladrões, desertores e rebeldes políticos.

O **flagelo** consistia de uma alça de madeira com tiras de couro amarradas em nós, que foram embutidos com ossos e pedaços de metal afiado. Repetidas chicotadas com esse dispositivo antes da crucificação real deixava o condenado incapaz de resistir ao que estava por vir.

Durante a **crucificação**, o condenado era colocado em uma árvore ou em uma estrutura feita de postes de madeira usando cordas, pregos ou uma combinação de ambos. Utilizava-se uma variedade de posições, mas todas elas estendiam os braços ao nível da cabeça ou acima dela. Os Evangelhos não revelam o método usado para a crucificação de Jesus, mas os primeiros relatos cristãos indicam que Jesus foi crucificado em uma cruz em forma de "T".

Túmulo *kochim*

Quando José de Arimateia ofereceu seu túmulo para o sepultamento de Jesus, era provável que fosse um túmulo de estilo *kochim*. A sala principal do túmulo tinha um banco em torno de seu perímetro, para preparar o corpo antes de colocá-lo em um dos *kochim* menores (nichos). Em torno de doze a dezoito meses, a família retornaria ao túmulo, reuniria os restos do *koch* e os colocaria em uma caixa de calcário chamada ossuário.

Complexo do templo de Herodes

1 Escadaria do sul
2 Casa de banho ritual (Mikvaot)
3 Escada de Robinson
4 Portão de Barclay
5 Ponte de Wilson
6 Pórtico Real
7 Alpendre de Salomão
8 Corte dos Gentios
9 Soreg
10 Tribunal das Mulheres
11 Portão de Nicanor
12 Templo
13 Fortaleza Antônia
14 Tanque de Israel
15 Portão de Susã

Design do templo no Novo Testamento

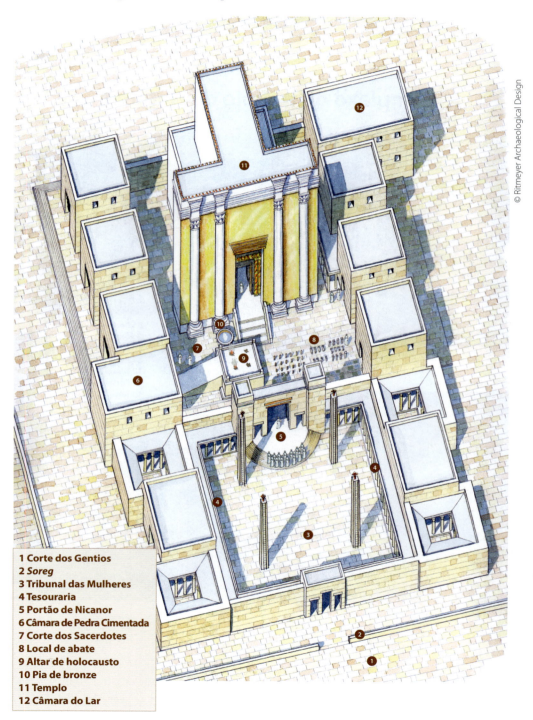

1 Corte dos Gentios
2 *Soreg*
3 Tribunal das Mulheres
4 Tesouraria
5 Portão de Nicanor
6 Câmara de Pedra Cimentada
7 Corte dos Sacerdotes
8 Local de abate
9 Altar de holocausto
10 Pia de bronze
11 Templo
12 Câmara do Lar

Jerusalém no período do Novo Testamento

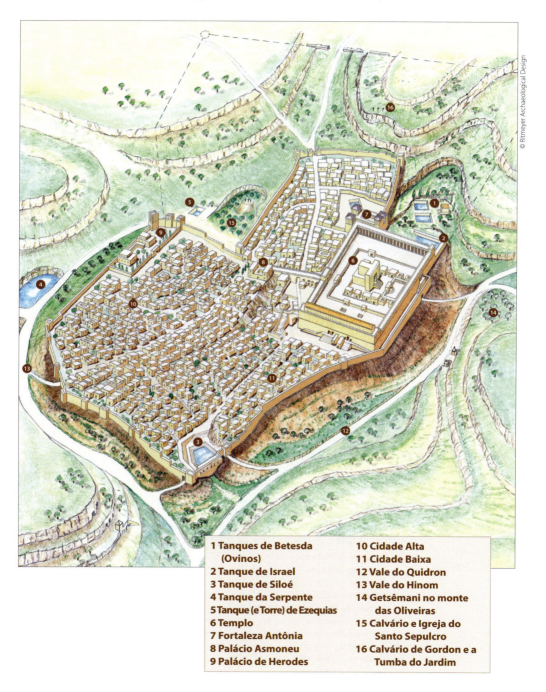

1 Tanques de Betesda (Ovinos)
2 Tanque de Israel
3 Tanque de Siloé
4 Tanque da Serpente
5 Tanque (e Torre) de Ezequias
6 Templo
7 Fortaleza Antônia
8 Palácio Asmoneu
9 Palácio de Herodes
10 Cidade Alta
11 Cidade Baixa
12 Vale do Quidron
13 Vale do Hinom
14 Getsêmani no monte das Oliveiras
15 Calvário e Igreja do Santo Sepulcro
16 Calvário de Gordon e a Tumba do Jardim

Jesus em Jerusalém

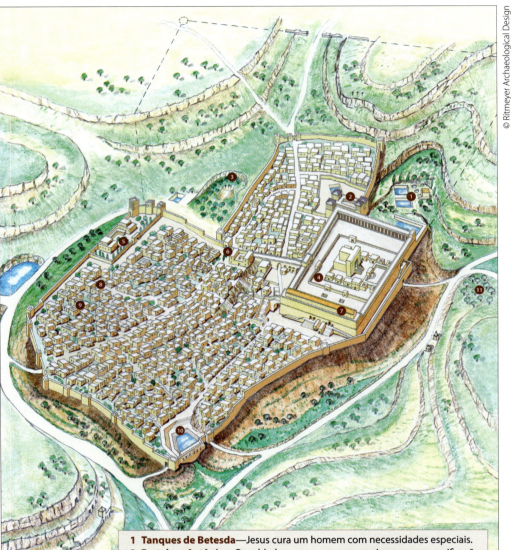

1 **Tanques de Betesda**—Jesus cura um homem com necessidades especiais.
2 **Fortaleza Antônia**—Os soldados romanos preparam Jesus para a crucificação.
3 **Calvário**—Jesus é crucificado, sepultado e ressuscitado dentre os mortos.
4 **Complexo do Templo**—Jesus adora, ensina e cura.
5 **Palácio de Herodes**—Jesus em julgamento diante de Pôncio Pilatos.
6 **Palácio Asmoneu**—Jesus aparece diante de Herodes Antipas.
7 **Pórtico Real**—Jesus confronta os mercadores corruptos do templo.
8 **Cidade Alta**—Jesus em julgamento diante de Caifás.
9 **Andar superior**—Jesus celebra a Páscoa e inicia a Ceia do Senhor.
10 **Tanque de Siloé**—Jesus cura um homem cego de nascença.
11 **Getsêmani**—Jesus luta em oração.

Porto e palácio em Cesareia Marítima

© Ritmeyer Archaeological Design

Este palácio opulento foi construído por Herodes, o Grande, em uma pequena península que se projeta no mar Mediterrâneo. Mais tarde, tornou-se a sede dos governadores romanos que comandavam a Judeia – incluindo Pilatos, Félix e Festo. Quando Paulo foi preso em Jerusalém, ele foi transferido para lá, onde ficou detido por dois anos antes de fazer o apelo para que seu caso fosse ouvido perante César, em Roma (Atos 23.35; 24.27; 25.10-12).

Templo de Ártemis em Éfeso

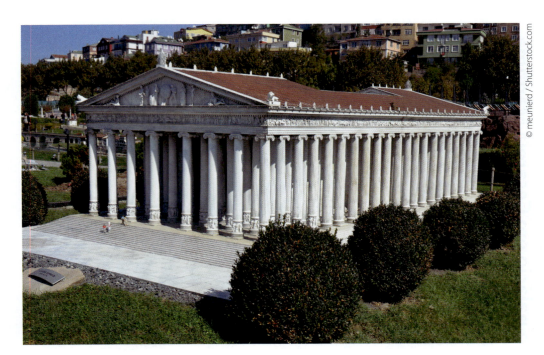

Paulo passou muitos meses pregando o evangelho em Éfeso. Entre os desafios que enfrentou, estava a adoração de Ártemis (também denominada Diana, em Atos 19) e o impacto visual de seu templo. Está listado entre as sete maravilhas do mundo antigo. O templo foi projetado para impressionar tanto pelo seu tamanho (115 metros por 55 metros) quanto pelo seu design (127 colunas, cada uma com 18 metros de altura). Esta foto descreve uma réplica do templo.

Índice de mapas

"Além do Rio" (região), C-3
Abila, E-7
Abraão
Abraão e sua família,
Acade, F-3
Acaia, A-4, A-4, A-4, C-2
Áccio, B-3, B-2, E-2, B-3, C-3
Adão, D-5
Adoraim, B-6
Adulão, A-6
Afeque, B-6, A-5
Ai, D-5, D-5, C-7
Aijalom, B-6
Alepo, D-2, D-2, C-2, C-3, D-3
Alexandria, A-4
Amã, H-5, E-6, I-4, F-5
Amom, E-2, E-5, D-4, F-3, D-5
Antigo Oriente
Antioquia da Pisídia, D-4, D-4, D-4, C-2.
Antioquia da Síria, F-5, F-5, F-5, D-2
Antioquia, C-2. *Veja também* Antioquia da Pisídia
Antípater, B-6, B-5
Apocalipse, sete igrejas do,
Arabá, C-6
Arábia, D-4, D-3, D-4
Aracósia, G-3
Arade, C-8, D-3, D-4, B-7
Aram, D-3, F-2, C-2
Aria, G-3
Armênia, D-2
Aroer, E-4
Asdode, B-7, B-5, D-4, A-5
Asher, C-2, B-2
Ásia Menor, B-1
Ásia, D-3, D-3, D-3, D-2, D-2, C-2
Asquelom, A-7, A-6, A-7
Assíria, F-2
Assur, F-2, D-3, D-3
Asur, 71 F-3
Atalia, D-4, D-4, D-4
Atenas, F-3, B-2, A-3, A-3, A-3
Auranite, F-4
Azeca, B-7, B-8, 6 B-6

Azoto, B-7, B-7
Babilônia (cidade), F-3, H-4, E-2, D-3, F-4, E-3
Babilônia (região), G-4
Babilônia, E-3, E-3, E-4
Báctria, H-2
Baraque, D-2
Basan, D-2, E-1
Batanae, E-3
Belém, C-7, C-6, C-5, B-6, C-7
Benjamim, C-5, C-5
Bereia, A-2, A-2, A-2
Berseba, B-8, F-6, B-8, C-8, C-5, D-4, A-7, B-8
Betânia, C-6, E-3
Betel, C-6, C-5, D-5, D-4, C-7, C-5, B-5
Betfagé, D-2
Bete-Seã, D-4, D-3, D-5, C-3,E-3, B-4
Bete-Semes, B-7, B-5, D-4
Bete-Zur, B-6
Betsaida (Galileia), D-6
Betsaida Júlia, D-3, D-6
Betsaida, D-3, F-2. *Veja também* Betsaida (Galileia); Betsaida Júlia
Bezer, D-5
Biblos, C-3
Bitínia e Ponto, E-2, E-2, E-2
Bizantino, B-2
Bons Portos, C-3
Bozra, D-9, C-8
Cades da Galileia, D-2
Cades-Barneia, A-10, C-4, D-5, A-8
Cafarnaum, D-3, E-1, D-3, F-3, D-6
Caifás, lar de, B-3
Calá, D-5
Calvário de Gordon, B-1
Campo do Oleiro, B-4
Caná, C-3, D-3, B-7
Canaã, C-6, D-4
Capadócia, D-2, F-3, F-3, F-3, D-2
Carquemis, D-2, C-2, D-2
Cencreia, A-3, A-3, A-3
Cesareia de Filipe, D-2, D-2, D-3
Cesareia, B-5, F-7, F-7, F-7, E-4

Cesareia Marítima, B-4, B-5, B-4
Chipre, C-2, C-3, F-6, F-6, F-6
chuvas,
Cidade Alta, B-3
Cidade Baixa, B-3
Cidades de refúgio,
Cidades de,
Cilícia, F-5, F-5, F-5
Cirene, B-3
Citópolis, E-4, D-5, C-9, D-4
Cnido, D-3
Colina do Templo (Jerusalém), D-4
Colina Noroeste (Jerusalém), B-3
Colina Sudoeste (Jerusalém), C-5
Colossos, D-3
Complexo do palácio de Herodes, B-3
Complexo do palácio real (Jerusalém), D-4
Comunidades judaicas exiladas, C-4, C-6, F-4
Conquista de,
Corazim, D-3, F-2, D-6
Corinto, A-3, A-3, A-3
Costa dos filisteus, A-4
Creta, B-5, B-5, B-5, C-3
D-4, E-3
Dã (cidade), D-2, H-1, E-1, D-2, E-2, C-2
Dã, B-5, B-5
Damasco, D-3, F-1, D-3, F-2, D-2, D-2, C-3, D-3, C-3, F-1, F-1
Débora, D-2
Decápolis, D-4, G-5, E-8, D-5
Derbe, F-4, F-4, F-4
Deserto Árabe, E-5, F-5, E-4
Deserto de Parã, C-5
Deserto de Sin, C-6
Deserto de Zin, D-4
Dibon, E-7, E-7, E-8, E-4, C-6
Divisões tribais,
Divisões tribais. *Veja* Israel, divisões tribais
Dor, B-4, A-4
Dotã, C-4, D-4
Ebenézer, B-6
Ecbátana, G-2, E-3, G-3, E-3

Índice de mapas

Ecrom, B-6, B-5, A-5
Edom, D-6, E-4, D-7, C-7, E-5, B-7, D-4
Edrei, E-2
Éfeso, A-1, C-4, C-4, C-4, B-3
Efraim, C-4
Efraim, C-5, B-4
Egito, B-5, G-6, B-6, A-4, A-4, B-4, B-5, C-4, C-4
Eglom, B-8
Ela, G-4
Elam, F-3
Elefantina, B-6
Elom, C-3
Emaús, B-6, C-6
En-Gedi, C-8
Escadarias do sul (templo de Jerusalém), C-3
Esmirna, B-2
Estrada do Rei, C-4, F-6
Estrada Internacional, E-4, B-6, E-5
Eúde, C-5
Exílio e retorno,
Êxodo,
Ezion-Geber, D-6, D-6, C-4, C-4
Filipe, viagens iniciais de,
Fenícia, E-1, B-2, C-2, C-1, B-3, F-7, F-7, F-7
Filadélfia (Amom), E-6, F-5, E-6
Filadélfia (Ásia Menor), C-2
Filipos, B-2, B-2, B-2
Filístia, D-3, A-6
Fonte de Giom, D-5
Fortaleza Antônia, B-2
Frígia, D-4, D-4, D-4, D-2
Gadara, D-4, G-4, D-8
Gade, E-3. *Veja também* Israel, divisões tribais, Gade
Galácia, E-3, E-3, E-3, E-2
Galileia (região), C-2, C-3, B-5, C-3
Galileia, mar de. *Veja* mar da Galileia.
Gandara, I-3
Gate, B-7, B-6, D-4, A-6
Gate-Hefer, C-3
Gaulanites, D-3, G-1, E-5
Gaza, C-4, A-7, A-7, A-9, D-4, A-6, C-4, A-7
Gedrósia, G-4
Genesaré, E-3
Gerar, A-8, B-7, C-5
Gerasa, E-5, D-4, E-5
Gergesa, F-3, D-7
Getsêmani, D-2
Gezer, B-6, B-5, B-7, C-5, D-3, A-5
Gibeá de Saul, C-6
Gibeá, C-5

Gibeão, C-6, C-5, C-7, E-3
Gideão, B-3
Gileade, D-4, E-4
Gilgal, D-7
Ginae, B-9
Golã, D-3
Golfo de Aqaba, D-7, D-7
Golfo de Suez, B-6
Golfo Pérsico, H-5, G-4, E-4, H-5, F-4, F-4
Gomorra, E-8
Hamate, C-2
Harã, D-2, F-1, D-1, E-2, D-3
Hazerote, C-6
Hazor, C-3, D-3, D-3, E-2, B-2
Hebrom, C-7, C-7, C-7, C-8, C-6, E-4, B-6, C-8, C-7
Heliópolis, B-4
Herodes Antipas, palácio de, B-3
Heródio, C-7
Hesbom, E-6, D-5, C-5
Hierápolis, C-3
Hipo, D-3, D-4, G-3, D-7, D-3
Hormá, D-3
Ibsã, C-5
Icônio, E-4, E-4, E-4, D-2
Idumeia, B-8
Igreja do Santo Sepulcro, B-2
Império Assírio,
Império Babilônico,
Império Persa,
Índia, H-4
Inferior, D-3
Israel
Israel (Reino do Norte), B-4
Issacar, C-3, C-3
Itália, B-1
Jabes-Gileade, D-4
Jaza, E-3
Jarmute, B-8
Jebus, D-6
Jefté, E-3
Jerash, E-5
Jericó, D-6, D-5, D-3, D-7, D-5, C-5, E-4, C-7, D-6
Jerusalém, C-4, H-5, C-6, G-5, C-6, D-6, C-7, E-4, B-6, C-3, C-3, D-4, C-3, C-7, C-6, G-7, G-7, G-7, F-4, D-3
Jezreel, D-4, B-4
Jônia, B-2
Jope, B-6, B-6, D-3, A-5, B-6, B-5
Judá (região), C-4. *Veja também* Israel, Divisões tribais, Judá; Judá (Reino do Sul)
Judá (Reino do Sul)
Judá (Reino do Rul), 68 A-7, 70 C-3. *Veja*

também Israel, Divisões tribais, Judá; Judá (região)
Judá, B-6, B-6. *Veja também* Judá (região); Judeia, B-7, B-7, D-3
juízes. *Veja* Israel, juízes
Khorsabad, D-2
Lago Hula, D-2
Laodiceia, C-3
Laquis, B-7, B-8, A-6, C-4
Laseia, D-3
Líbia, E-6, B-3
Lícia, D-5, D-5, D-5
Lida, B-6
Lídia, C-1, B-2
Listra, E-4, E-4, E-4
Macedônia, A-1, A-1, A-1, C-2
Magdala, C-3, F-3
Malta, A-3
Manaaim, D-4
Manassés, a leste, D-2, D-2
Manassés, C-4, B-3
Maom, C-9
Maqueda, C-8
Maquero, D-7
Mar Cáspio, E-2, G-1, E-2, F-1
Mar da Arábia, H-5
Mar da Galileia, D-3, C-3, H-2, E-1, E-2, D-2, D-4, D-3, C-2, E-2, C-3, D-3, F-3, D-7, D-3
Mar Egeu, A-1, B-3, B-3, B-3, A-2
Mar Morto, D-8, C-5, 1H-5, D-7, D-7, D-3, D-8, D-6, C-6, E-4, B-6, D-8, D-7
Mar Negro, C-2, D-1, C-1, E-1, D-1
Mar Vermelho, C-5, C-8, C-5, C-4, C-6, C-5, D-4
Mari, E-2, F-3
Massada, C-8, C-8
Medeba, E-7, D-5, E-7
Média, E-2, H-3, E-3, F-2
Mediterrâneo, B-3, B-2, A-2, E-3, A-3, B-4, C-3, C-3, B-4, B-3, A-3, B-2, A-3, B-2, A-2, B-3, A-3, B-3, A-3, B-3, C-6, C-6, C-4, B-3
Megido, C-3, C-4, C-2, D-4, C-4, C-3, D-3, B-4
Mênfis, A-5, B-4, B-4, B-4
Mesopotâmia, F-2
Midiã, D-6
Mileto, C-4, C-4, C-4
Mirra, D-3
Mísia, C-3, C-3, C-3
Mispá, B-5
Moabe, D-5, E-3, D-6, D-6, E-4, C-7
Montanhas Centrais, B-4
Montanhas da Judeia, B-5

Montanhas do Anti-Líbano, D-1
Montanhas do Líbano, C-1
Monte Carmelo, B-4, B-4
Monte das Oliveiras, E-4, D-3
Monte Ebal, C-5, C-6
Monte Gerizim, C-5, C-6, C-6
Monte Gilboa, D-5
Monte Hermon, D-1, H-l, D-2, E-3
Monte Hor, C-4
Monte Meron, C-3
Monte Moré, C-4, C-3
Monte Nebo, D-7, D-3
Monte Sinai, C-7, 67 C-7
Monte Tabor, C-3, E-4, B-8
Moresete-Gate, A-6
Na época do Antigo Testamento,
Na terra prometida,
Nabateia, D-9, 159 D-7
Naftali, C-2, C-2
Naim, E-4, B-8
Nazaré, C-4, C-4, D-4, B-7
Neápolis, B-2, B-2, B-2
Neguebe, B-9, C-5, D-5
Nilo, B-5, B-4, A-6, B-5, B-5
Nínive, F-2, B-2, E-1, D-3, F-2
Nipur, F-3
No C-6
No tempo do Novo Testamento,
Noph, B-5
Obote, D-4
Ocidental, A-6
Om, B-4, B-5, A-5, B-4
Oriental, B-6
Pafos, E-6, E-6, E-6
Palestina, F-7, F-7, F-7
Panfília, D-5, D-5, D-5, C-2
Pata, F-3
Pasárgada, H-4, F-3
Paulo, viagens de,
Pedro, primeiras viagens de,
Pela, D-4, D-5, D-9
Pereia, D-6
Perga, D-5, D-5, D-5
Pérgamo, C-2
Persépolis, E-4, F-4
Pérsia, F-4, H-4
Petra, E-5
Pisga, E-3
Planície costeira, B-4
Planície do Aco, B-2
Planícies de Moabe, D-8
Platô da Transjordânia, C-4
Ponto 165, D-1. *Ver também* Bitínia e Ponto
Portão Essênio, B-4

Pórtico Real (templo de Jerusalém), C-3
Potéoli, B-1
Ptolemaida, C-3, C-3, C-2, F-7, F-7, F-7
Punom, D-10
Andar superior, B-3
Qubelbeh, C-6
Quiriate-Jearim, C-6, C-5
Quedes, C-2
Qumran, D-7, D-7
Rabá C-4, E-6, F-5, E-5, E-3, C-5, C-3, C-3, D-4
Ramá, B-5
Ramote-Gileade, E-4, F-3, E-3, E-3, D-4
Região mediterrânea (moderna),
Régio, B-2
Reino dividido,
Reino unido,
Rio Arnom, D-8, D-9, D-6, D-6, E-4
Rio Eufrates, E-3, G-2, C-3, F-3
Rio Hális, D-1
Rio Jaboque, D-5, D-6, D-4,
Rio Jordão, C-4, H-3, E-3, E-4, D-2, D-5, D-4, C-3, C-4, D-5, F-5
Rio Quisom, C-4
Rio Litani, C-2, E-2, C-3
Rio Tigre, F-3, H-2, D-3, F-3
Rio Jarcom, B-5, B-6
Rio Jarmuque, E-3, D-3, D-2, E-3, F-8
Rodes, C-5, C-5, C-5
Roma, D-3, B-1
Rota do Cume, C-7
Rúben, D-6, D-5
Sagartia, F-4
Salamina, F-6, F-6, F-6
Salmona, D-5
Samaria (cidade), C-5, C-4, B-4, C-3, C-5
Samaria (região), C-5, C-5, A-9, C-4
Sansão, B-5
Sardes, B-2, C-2
Sarom, B-3
Sebaste, C-5, C-5, C-5
Séforis, C-3, C-4, D-4, B-7
Selêucia Pieria, F-5, F-5, F-5
Sangar, C-2
Sefelá, B-5
Sícar, C-5, C-6
Sidom, C-1, C-1, D-2, B-1, C-2, C-3, D-3, C-3, C-1, B-1, F-7, F-7, F-7 E-4
Siló, C-5, C-5
Simeão, B-7, B-6
Sinai, C-5, C-6, C-4
Siquém, C-5, D-4, D-4, D-4, C-6, C-4, D-3, B-4
Siracusa, B-2
Síria, H-4, C-3, D-1

sistemas de estradas e caminhos em,
Sitim, D-3, D-7
Socó, B-6
Sodoma, E-8
Sogdiana, G-2
Suméria, I-5
Suném, C-4
Superior, E-2
Susã, E-3
Susã, H-4, G-3, E-3, G-4, E-3
Tadmor, D-3, G-1, D-2
Tafnes, C-4
Tamar, C-10
Tanaque, C-5, C-4, B-4
Tanque de Israel, C-2
Tanque de Siloé, D-6, C-4
Tanque do Pardal, B-2
Tanques de Betesda, D-3, C-2
Tariche, D-3
Tarso, C-2, C-2, D-2, C-2, F-5, F-5, F-5
Tebas, C-6
Templo de Jerusalém, D-4, C-2
terra prometida
Tessalônica, A-2, A-2, A-2
Tiatira, C-2
Tiberíades, D-3, D-4, F-3, C-7
Tiro (região), C-2
Tiro, C-3, C-2, C-2, E-2, B-2, C-2, C-3, D-3, C-2, A-3, F-7, F-7, F-7
Tirza, C-5, C-5, B-4
Trácia, B-2, C-2, C-2, C-2, D-2
Traconites, F-3
Trôade, C-2, C-2, C-2
Ugarite, C-2
Ur, I-5, F-3, E-3, F-4, E-4
Vale da Grande Fenda, D-5, C-3
Vale de Hinom, B-4
Vale de Hula, C2
Vale de Jezreel, B-3, C-2
Vale de Zerede, D-9, D-7, C-7, E-5
Vale do Líbano, C-1
Vale do Quidron, D-6, C-4
Vale do rio Jordão, C-3
Via Ignácia, C-2, C-2
Viagens de,
Yeb, B-6
Zebulom, C-3, C-2
Zife, B-6
Zoa, B-5
Zoar, D-9, D-8
Áreas geográficas,
Zorá, A-5

Índice de mapas

Esta obra foi impressa no Brasil e conta com a
qualidade de impressão e acabamento
Geográfica Editora.

Printed in Brazil.